广播电视新闻专业“十二五”规划教材

媒介批评

李 智 著

中国传媒大学出版社
·北京·

目　录

第一章　媒介批评概述

本章内容

1. 媒介批评的界定
2. 媒介批评的功能与价值
3. 媒介批评的主客体与实践

本章是对媒介批评的概要性描述。通过对媒介批评的历史、现实和方法的概要性阐述，了解媒介批评的基本概念及其发展历程。本章将阐释媒介批评的功能与价值，增强对媒介批评的整体认知，更好地把握批评在传媒工作中的地位。此外，本章也对不同的批评客体进行分类，进而对批评主体的素养提出要求。

第一节　媒介批评的界定

媒介批评

媒介批评是对大众传播媒介的分析与批评，是对媒介现象、媒介问题的理性思考。媒介批评覆盖了对一切与媒介有关的问题的解析与评判。“批”指评判，“评”指议论，核心诉求是分析阐释、指陈是非、评点优劣。

顾名思义，媒介批评是对大众传播媒介的分析与批评，是针对媒介现象、媒介问题的理性思考。媒介批评覆盖了对一切与媒介有关的问题的解析与评判。“批”指评判，“评”指议论，核心诉求是分析阐释、指陈是非、评点优劣。

一、媒介是什么

传播是人类诞生伊始就存在的现象和行为，传播媒介在人类发展史中扮演了重要的角色。它以技术为支撑，对人类文明演进、社会文化发展等起到的作用不可估量。如果将人类的文明史划分为口语时代、文字时代、印刷时代和电子媒介时代四个时期，我们可以清晰地看到媒介在各个时期所发挥的重要作用。

著名的媒介理论家、思想家麦克卢汉（Marshall McLuhan）曾经提出“媒介是人体的延伸”的观点。在他的笔下，万事万物都是媒介。例如，衣服是皮肤的延伸、汽车是脚的延伸等等。在麦克卢汉看来，媒介无时不有、无处不在。只要能让人与人、人与事物、事物与事物之间产生关系的物质都是广义的媒介。

进入 20 世纪后，在二极管和三极管等技术的基础上，无线电技术逐步完善。1920 年 10 月，美国匹兹堡市私人经营的 KDKA 广播电台取得了美国政府发放的营业执照，对外开始播音。该电台开播一周后，就播出了美国总统大选的新闻并报道了结果。它成为美国也是世界上第一家正式的广播私营商业电台。随着媒介技术的革新，1936 年英国开始进行电视播出。之后，以互联网为基础的新媒体技术蓬勃发展，也对媒介整体生态产生了深远影响。

20世纪50年代，美国社会学家德弗勒（M. Defleur）也对媒介的定义进行了探索。他认为从广义的角度来看，媒介可以是任何一种用来传播人类意识的载体或一组安排有序的载体。在这个定义中，媒介更多体现为一种人类意识的传播渠道和平台。

不过，人们对于媒介的认知总是处于一种不甚清晰的状态。如《媒介社会学》的作者巴勒特（Barrat,D.）就认为，媒介是指承载并传递信息的物理形式，包括物质实体和物理能。前者如文字、各种印刷品、记号、有象征意义的物体、信息、传播器材等；后者如声波、光、电波等。这种理解将媒介与符号混淆在了一起。还有一些学者认为媒介就是传递大规模信息的载体，是通讯社、报纸、杂志、书籍、广播、电视、电影等的总称，后一种认知又将媒介仅仅局限在了大众媒介。中国学者邵培仁则认为，媒介就是指介于传播者与受传者之间的，用以负载、传递、延伸特定符号和信息的物质实体，它包括书籍、报纸、杂志、广播、电视、电影、网络等，及其生产与传播机构。

媒介技术的更新变化促进了人们对于现代媒介本体认知的发展。从早期的报业到当前的卫星广播、互联网络、广电集团，媒介不再是一种具体的媒介形态，也包括多种媒体在内的大型实体。与此同时，新的媒介不断涌现：手机报、微博、微信……这些平台借助媒介的发展变化与人们的日常生活密切关联。可以说，媒介形态变化带动了内容的革新，受众也被带入了全媒体时代。

当前的中国处于社会改革的转型期，作为党和人民喉舌的中国媒体责任重大，任重道远。如何构建一种和谐的媒介环境，让生活于其中的中国人民更好地发展自身，是新时期中国媒体人和媒介研究学者不得不思考和亟待解决的问题。

二、媒介批评的界定

批评，对应的英文为criticism，本身就含有评论、评判之义。它可以指泛化地对事物加以是非比较，评定其是非优劣；也可以指针对每一种媒介形态，例如书籍或文章进行品评批注。不同的批评有不同的范畴，文学批评面对的是文学作品，电影批评面对的是电影作品及其现象，媒介批评指涉的范围要比文学、电影和其他艺术广泛得多，虽然不讳言政治与经济，但又比一般的社会批评庞杂得多。总的来看，批评似乎包含了两个层面的含义：一是指出对象中的缺点与错误；二是针对这些缺点和错误提出意见与建议。

媒介是大千世界的组成部分，同时也反映了五光十色的客观世界。人们对媒介有众多的解释路径。媒介首先是信息载体。在当今世界，人们越来越重视媒介的作用，大量的信息借助媒介平台得到了传播。而且，在媒介中隐藏了知识、观点等广义的信息，媒介因而成为人类扩充思想的平台。

大众传媒在信息传播过程中，会形成一个拟态环境。所谓拟态环境，是由大众传播活动形成的信息环境，它并不是客观环境的镜子式再现，而是大众传播媒介通过对新闻和信息的选择、加工和报道，重新加以结构化以后向人们所展示的环境。

拟态环境有如下特点：一方面，拟态环境不是现实环境“镜子式”的摹写，不是“真”的客观环境，而是或多或少地与现实环境有偏离。另一方面，拟态环境并非与现实环境完全割裂，而是以现实环境为蓝本。李普曼（Walter Lippmann）认为，在大众传播极为发达的现代社会，人们的行为与三种意义上的“现实”发生着密切的联系：一是实际存在着的不以人的意志为转移的“客观现实”；二是传播媒介经过有选择地加工后提示的“象征性现实”（即拟态环境）；三是存在于人们意识中的“关于外部世界的图像”，即“主观现实”。人们的“主观现实”是在他们对客观现实认识的基础上形成的，而这种认识在很大程度上需要经过媒体搭建的“象征性现实”的中介。经过这种中介后形成的“主观现实”，已经不可能是对客观现实“镜子式”的反映，而是产生了一定的偏移，成为一种“拟态”的现实。

不少媒介为了吸引受众的眼球，会通过各种方式博取较高的收视率，同时，有的媒介机构在文本生产、制作、传播等过程中，会不自觉地流露出某种立场、观点，以及对于社群的态度，这些内容的传播，会造成文本对受众的负面影响。因此，需要有研究者和批评者对相关的现象进行分析和批评，正本清源。这样建构的拟态环境与客观真实的环境存在很大差别。虽然说所有的媒介文本都有主观意识的参与，但在媒介批评的视野中，媒介生产，包括新闻报道，应该做到主观与客观的统一，不以主体意识来改变客观实际。从报道立场来看，所有的新闻报道都有一定的话语倾向，代表了一定阶级或阶层的利益。媒介批评要求批评者以客观的标尺来对媒介进行要求，新闻报道也必须对新闻事实进行全面的反映，要体现新闻事实的本质，不能根据主观意识更改。这是对于媒介客观性的要求。

总的来说，媒介批评是一门学理性、思辨性很强的学科，同时又非常注重实践性和应用性。它是充分运用媒介批评的相关理论方法，对媒介事物、媒介产品、媒介现象进行批评思考的学科。在实践中，很多传媒人往往重视媒介的制作，但却忽视对批评的应用，所以对于实践的理性认知和反思始终停留在比较低的水平上。因而，重视关注媒介现状，学会用科学的媒介理论去分析研究媒介的各种现象，对传媒人来说无疑是十分重要的。

延伸阅读

不同文献中对“媒介批评”的定义

顾名思义，媒介批评就是对大众传播媒介的批评，是对媒介产品以及媒介自身作用的理性思考。（吴迪：《媒介批评：特性与职责》，《现代传播—北京广播学院学报》1995年第5期。）

媒介批评是以传播学为基础，按照一定社会和阶级的利益和理想，根据一定的批评标准，对大众传播媒介及其产品——大众文化的是非、善恶、美丑等问题所作的价值判断和理论鉴别。（雷跃捷：《新闻理论》，北京广播学院出版社1997年版，第66页。）

传媒评论以新闻传媒及其报道为对象，以新闻传媒与社会关系为背景，因而，它区别于以往微观、局部的新闻报道评析，与仅限于传播行为与效果分析的传播学也不等同。它的意义在于，为媒介设置一个“反光镜”，随时审视新闻传媒的行为与报道，并且，从新闻与相关产业、与社会经济文化的互动关系中，评析新闻业的走向、合理的发展速度与结构比例。新闻传媒评论，同时还关注从业者的素质与道德行为。(《中国新闻出版报》1997年1月17日第3版。)

新闻传媒评论学是对新闻报道评论的“理论概括”，以更高层次的学说体系提高人们评价新闻现象的自觉性、科学性和系统性；新闻传媒评论学不仅研究传媒即报道行为，而且研究如何评价传媒即报道行为。(刘建明：《建立新闻传媒评论学》，《声屏世界》1997年第3期。)

新闻传媒评论是一种主体性活动，即由评论者根据个人的体验和理解评价新闻传媒行为，无疑具有强烈的主观色彩。(哲峰：《行为传媒评论：主体、客体与标准》，《中国新闻出版报》1997年1月17日第3版。)

三、媒介批评的发展脉络

媒介批评的发展经历了较长时间的历程。应该说，媒介批评活动是随着媒介的诞生而出现的。只是在人类使用媒介的早期，这种评论并不是正式的。

从美国现代新闻来看，媒介批评与新闻专业规范的建构、解构密切相关。媒介技术的发展带来了传媒使用的兴起。特别是进入资本主义时期后，报纸和印刷等行业也在流水线式的大工业背景下得到了巨大的发展。19世纪末20世纪初，对新闻煽情主义与商业主义的批评，确立了专业规范的前提，对新闻专业主义观进行了商榷；20世纪20年代，对媒介管控与商业操纵的批评引发了新闻专业核心理念客观性的规范；40年代对自由放任主义进行了批评；而近期的公共新闻运动，则对传统新闻提出了挑战。

媒介批评活动是一个长期发展的过程，也许其源头已经无法考证，但在训诂学等文献研究的工作中，我们依然可以看到媒介批评活动的存在。

经中国新闻史研究专家的考证发现，中国自古就有了广义的新闻传播活动。同时也诞生了以邸报等为对象的批评活动。“以媒介批评而言，我国古代史上早有明确的记载，邸报的出现及对邸报的评论就是最突出的例子。唐末人孙可之（孙樵）在《经纬集》中评述《开元杂报》。有‘系日条事，不立首末’的描述，也有‘樵后得《开元录》验之，条条可复云’的评价，这里对《开元杂报》的真实性做了肯定，对其‘不立首末’的形式做出说明，这恐怕是世界上最早的媒介评论。”①

“五四”时期的媒介批评是中国现代媒介批评的肇始，而新中国的媒介批评，也随着

① 刘建明：《媒介批评通论》，中国人民大学出版社2001年版，第26页。

新闻传播的发展逐渐丰富。

20 世纪 90 年代中期以前，我国的媒介批评活动在大众传播媒介的各个领域，不同程度地开展着。其中，“报刊审读”是我国较有特色的媒介批评工作。1988 年 11 月 9 日，原新闻出版署颁发了《关于加强对报纸、期刊、图书审读工作的通知》。至 1990 年，国内 24 个省（市、自治区）的新闻出版管理单位都普遍开展了报刊审读工作，设立专职或兼职审读人员，并办有 17 种审读交流刊物，初步形成了审读网络。

此外，“新闻阅评”也是较有中国特色的媒介批评形式。在具体实践中，新闻阅评的评论依据与标准大多是国家政策、新闻法规、宣传纪律、新闻规律等，在批评的内容上则侧重于对媒体舆论导向的监督，具有较强的政策性和法规性。其实施的过程，也主要是各级党委宣传部在中央、省、地市三级开展。①1995 年中宣部新闻局新闻阅评小组成立，推出名为《新闻舆论动向》的刊物，后来改为《新闻阅评》刊发阅评文章。1996 年 8 月，中宣部在烟台市召开关于加强新闻舆论宏观调控的会议，会议要求各地仿效中宣部的做法，建立新闻协调和新闻阅评制度，进一步全面、及时、有效地加强新闻舆论的宏观管理。随后，从中央到各省、自治区、直辖市，包括一些省辖市，都先后建立了新闻阅评机构，开展阅评工作。②

在媒体前沿，自 1992 年《中国新闻出版报》开设“媒体观察”专栏之后，《中华新闻报》也开辟了“媒介观察”专栏。不少新闻专业期刊都开设专栏，开始登载媒介批评的文章。如《新闻战线》的“一月谈”“读者论坛”“作品评析”专栏；《新闻爱好者》的“好稿评介”专栏；《新闻与写作》的“新闻阅评”专栏；《电视研究》的“作品评析”“各抒己见”“多棱镜”专栏等。与此同时，一些专门评价新闻媒体的书籍也出版了，这些书的内容集中在广播电视的批评领域。包括《解密中国电视》《电视影响评析》《电视批判——理性的思考 建设性的评判》《超越：北京交通广播解析》《聚焦〈焦点访谈〉》《娱乐旋风：认识电视真人秀》等。

随着互联网的发展，互联网的批评也逐渐多起来。从 1999 年到 2002 年，中国新闻传播学评论网站推出“新媒体观察”“学子读网”“大洪观点”“老魏说法”“新媒体观察”等栏目，千龙网有“评报论刊”，央视国际网站《电视批判》频道开办，该频道以“理性的思考，建设性的批判”为理念，设有相应的栏目，追踪并评断电视文化现象，打造了一个互动式的网上交流平台。

不过，从媒介批评研究的角度来看，由于缺乏系统的理论指导，媒介批评基本处于自发、零散的状态。20 世纪 90 年代中期，在北京广播学院（中国传媒大学前身）出现了国内比较早期的关于媒介批评定义的争鸣。朱光烈在论文《批评，从我开始》中提出了他对媒介批评的定义，“顾名思义，媒介批评应是以媒介为研究对象的批评。”③从这一界定来看，

---

① 参见刘祖禹：《新闻宏观管理和新闻阅评工作》，《新闻与写作》2005 年第 10 期，第 3 页。

② 参见赵文丹：《我国新闻阅评工作制度建设规范性的理论探讨》，《新闻界》2007 年第 1 期，第 56 页。

③ 朱光烈：《批评，从我开始》，《现代传播—北京广播学院学报》1995 年第 4 期。

相对还是比较简单的。在这个定义中明确了批评工作的对象是媒介，对媒介批评的具体内容则没有表述。同年，吴迪在《媒介批评：特性与职责》中给出的定义为："顾名思义，媒介批评就是对大众传播媒介的批评，是对媒介产品以及媒介自身作用的理性思考。"①整体来看，这一定义较之前的更加具体，不仅将批评的对象集中限定在了大众传播媒介范畴，还突出了媒介产品和自身作用两个方面。1996年，北京广播学院学报编辑部在《'96想法》中提出了媒介批评的定义："所谓媒介批评，主要是指在哲学和文化学层面上对传播现象（作品、人物和其他传播现象）进行分析研究。它不同于一般的评论，它关注的主要是文化思潮和社会走向。"②这一定义强调了批评的方法层面，同时也试图区分媒介批评与其他类型批评的关注点。

北京广播学院学报上的争鸣也引起了学术界的关注。1997年，《中国新闻出版报》推出了"媒介批评"专栏，刊载了一系列相关领域的研究文章。哲峰在《行为传媒评论：主体、客体与标准》一文中就新闻评论提出："新闻评论是一种主体性活动，即由评论人根据个人的体验和理解评价新闻传媒行为，无疑具有强烈的主观色彩。"③当时的《中国新闻出版报》也提出了关于"媒介批评"的界定："传媒批评（媒介批评）以新闻传媒及其报道为对象，以新闻传媒与社会关系为背景，因而它区别于以往微观、局部的新闻报道评析，与仅限于传播行为与效果分析的传播学也不等同。它的意义在于，为媒介设置一个'反光镜'，随时审视新闻传媒的行为与报道，并且，从新闻与相关产业、社会经济文化的互动中，评析新闻业的走向、合理的发展速度与结构比例。新闻传媒评论，同时还关注从业者的素质与道德行为。"④这些学术界定也引起了一定的反响。当年，雷跃捷在《新闻理论》中提出："媒介批评是以传播学为基础，按照一定社会和阶级的利益和理想，根据一定的批评标准，对大众传播媒介及其产品——大众文化的是非、善恶、美丑等问题所做的价值判断和理论鉴别。"⑤从这一时期对于媒介批评的界定来看，其定义更加明确了媒介批评与新闻传播的关联度，对媒介批评的方法、对象、运用范畴等都有更加具体的规定。

2001年再次出现了关于媒介批评界定的学术争鸣。刘建明在《媒介批评通论》中给出的定义为："（媒介批评是）分析媒介现象，反思新闻报道的得失，评价记者的作品，从而形成相应的新闻观念。"⑥在同一本著作中，他还提道：媒介批评是指在解读新闻及媒体的过程中评价其内在的意义及对社会的影响。媒介批评以解读新闻作为范畴支点，对媒体和新闻作品展开一系列评价活动。王君超在其博士论文《媒介批评——起源、标准、方法》

① 吴迪：《媒介批评：特性与职责》，《现代传播—北京广播学院学报》1995年第5期。

② 《北京广播学院学报》编辑部：《'96想法》，《现代传播—北京广播学院学报》1996年第1期。

③ 哲峰：《行为传媒评论：主体、客体与标准》，《中国新闻出版报》1997年1月17日第3版。

④ 《中国新闻出版报》编辑部：《媒介批评专栏·前言》，《中国新闻出版报》1997年1月17日第3版。

⑤ 雷跃捷：《新闻理论》，北京广播学院出版社1997年版，第266页。

⑥ 刘建明：《媒介批评通论》，中国人民大学出版社2001年版，第1页。

中提出："媒介批评在本质上是一种价值判断，它是对新闻传播媒介系统及其各要素进行批评的过程。"[①]同年，孙坚华在《传媒业应得到更多的关注》一文中也提出："（媒介批评是）对于传媒业（包括传统媒体与网络媒体）的及时深入报道与评论，对传媒业发生的重大变化即时做出反应。"[②]这一时期的界定，不仅对媒介批评活动本身有所涉及，也指向了其价值建构。同时，其研究范畴突破了传媒媒介，比较清楚地将针对新媒体的批评也引入到了定义当中，这与 21 世纪以后互联网媒体的蓬勃发展密切相关。

此后，关于媒介批评的界定活动仍然没有停止。2003 年，雷跃捷在《媒介批评是对大众传媒和大众文化的反思活动》中提出了媒介批评"是对大众传媒和大众文化的反思活动"[③]。2005 年，李岩在《媒介批评：立场·范畴·命题·方式》一书中提出："媒介批评是对大众传播媒介及其所有相关要素的批评。它包括了分析、判断、思考和反思等主体性活动，它通常是基于个人的社会体验和价值理想，所以强烈地显示出主观评判色彩。"[④]2007 年，雷跃捷在《媒介批评》一书中提出："媒介批评的逻辑起点是对新闻传播活动的批评。"[⑤]

媒介批评是随着人们对于媒介的使用而诞生并逐渐发展起来的。在媒介活动愈加频繁的今天，认识并完善媒介批评，不论是对媒体从业者还是媒介研究者，都有非常重要的意义。正确的媒介批评，将引导媒介活动向积极、健康的方向发展。

第二节　媒介批评的功能与价值

媒介天然与政治存在联系。在中外各国，媒介都倾向于通过对政治信息的传播，推动统治阶级政治理念的宣传，形成社会共识。隐含的政治观念会透过媒介作用于普罗大众，影响不同阶级和阶层。在媒介批评中，能够拨云见日地看到媒介运行中包含的政治理念，对其政治诉求有精确的把握，能够在政治上清醒坚定，反映人民的思想，进而推动社会的健康发展。

一、媒介批评的功能

首先，媒介批评是一种价值判断工作。

---

① 王君超：《媒介批评：起源·标准·方法》，北京广播学院出版社 2001 年版，第 15 页。

② 孙坚华：《传媒业应该得到更多的关注》，《新闻出版导刊》2001 年第 1 期。

③ 雷跃捷：《媒介批评是对大众传媒和大众文化的反思活动——对国内有关"媒介批评"定义的辨析》，《现代传播—北京广播学院学报》2003 年第 3 期。

④ 李岩：《媒介批评：立场·范畴·命题·方式》，浙江大学出版社 2005 年版，第 210 页。

⑤ 雷跃捷：《媒介批评》，北京大学出版社 2007 年版，第 10 页。

大众媒介包括报纸、书籍、广播、电影、电视、互联网等等，这当中有些被我们称为平面媒介，如报纸和书籍；有些是电子媒介，如广播电视等。媒介批评，是针对人类的媒介使用，以批判为原则，按照一定的价值标准体系，对人类的媒介使用和大众传播进行价值判断的过程。

其次，媒介批评促进大众传播媒介朝着正确的方向发展。

媒介批评是以大众传媒为主要的批评对象，分析媒介现象，对媒介问题特别是新闻报道的得失进行反思，对媒介传播活动进行监督和批评，从而形成相应的科学的媒介传播理念。在对媒介进行监督和批评的过程中，需要把握新闻发展的基本规律，促进新闻媒介向着更加健康、专业的方向发展。

媒介批评通过对传媒活动、新闻报道等媒介现象的解析与批评，对媒介实践中存在的问题进行解析，用理性的眼光审视、剖析媒介实践过程中所取得的成就与存在的问题。这当中既有监督，也有维护，目的是为了让大众传媒更好地为人民服务。

在我国，大众传播媒介是党的舆论喉舌，在社会中起着上传下达的作用。随着社会主义市场经济的发展，媒体的一些理念和行为也在发生改变。在此过程中，媒介批评的实践可以促进大众传媒朝着正确的发展方向前进。

延伸阅读

如果说广义的文学批评是对一切文学现象的探讨和评估，是理论研究和实际运用这两个极端之间的一切活动。那么，广义的媒介批评则是对一切与媒介有关的问题的分析和评判。一般说来，大众传媒总要涉及三个层面——文化层面、本体层面和现象层面。

文化层面指的是传媒与社会、与人类、与科学技术的关系；本体层面指的是大众传播学研究的基本范畴——传者、受传者、传播工具、传播内容、传播效果等；现象层面指的是传媒生产、传递给我们的各种信息，这三个层面都要被媒介批评所涉及。如果说，现象层面是它的舞台，本体层面是它的幕后，那么文化层面则是这一切活动的编导。也就是说，它要通过对各种信息的分析、综合与评判来诊断我们所处的社会环境，我们所拥有的精神世界，我们所面临的文化脉动。媒介批评是大众社会不可取代的观察者和监督者，是现代文化不可或缺的思想者和建设者。媒介批评是一门新兴学科，它所致力的，是引导大众文化方向，推动现代化的健康发展。因此，从本质上讲，它是一种特殊的社会文化批评。

（吴迪：《媒介批评：特性与职责》，《现代传播—北京广播学院学报》1995 年第 5 期。）

二、媒介批评的价值

1. 有利于坚持正确的新闻舆论导向

在经济建设过程中，媒体间的竞争日益激烈。为了吸引受众的注意，获得更多的经济效益，进而获取更大的生存与发展空间，媒体往往忽视了所应承担的社会责任，出现了一些失范的行为。

把握正确的舆论导向，是社会主义新闻工作的根本任务。大众传播媒介的宣传报道应该以正面报道为主，就党和政府着力解决、人民群众关心的问题发挥舆论功能，扶持正义，给人民以力量。

在大众传媒逐渐走向市场化的过程中，需要有强大的监督和批判力量对媒介进行制约与规范，引导媒体发挥正确的舆论导向功能。坚持正确的舆论导向，就必须始终坚持以社会主义核心价值体系引领社会思潮，不断提高主流舆论的引导能力，高度警惕市场经济对大众传媒的影响，始终坚持将大众传播媒介的社会效益放在首位。

在媒介批评过程中，应当充分发扬独立思考的品质和监督批判的精神，将积极的表扬和充分的、公开的监督批评结合起来，通过深入的分析，褒奖媒体正确的活动与报道，对不正确和不妥当的媒介现象、新闻报道提出商榷与批评，使我国的新闻舆论导向始终与党中央保持一致。

2. 有利于践行新闻专业化

新闻从业者被认为是无冕之王，新闻的目标是服务大众，而非某一利益集团。但在新闻媒介实践活动过程中，有来自方方面面的力量影响、左右着新闻媒体的报道。媒介批评的实施，可以提升新闻媒体报道水平，减少新闻腐败，防止媒体公信力的缺失，提升新闻专业化水平。

新闻专业化要求新闻媒介和从业人员保持中立与客观，在具体实践中要抛弃个人情感与偏见，按照新闻价值进行新闻报道，做到事实与意见的分离。媒介批评有利于以新闻专业主义的理念指导、监督新闻媒体，把公众的诉求作为奋斗目标，在新闻报道中体现出其价值。

3. 有利于建立媒介与受众之间的沟通桥梁

媒介批评本来只是在专业批评人、媒介、媒介从业者之间展开。随着媒介的发展，在全媒体的时代背景下，受众有了更广阔的发声通道。普通受众可以针对媒介现象发表意见、交流观感，对媒介活动和新闻报道提出自己的评定和判断。

当然，不同受众的媒介素养不同，其关注的视点与评判的水平不一定都能达到专业标准。但不可否认的是，普罗大众的媒介批评缩短了民众与媒介之间的距离，也让媒介放低身段，不再是高高在上的精英，而是真正从百姓的维度上思考问题，进行传播。由此，媒介批评变成媒介与受众之间沟通的一座桥梁。

此外，优秀的媒介批评，可以全方位、多层次地为受众解读媒介现象和进行具体的新闻报道解析，使得受众以冷静的心态、理性的视角来看待媒介及其活动。受众通过媒介批评，可以透过新闻传播的表层现象，了解其背后更深层次的话语和意义，进而提高受众的媒介素养。

第三节　媒介批评的主客体与实践

媒介是一种话语权，掌握着传播的通路和话语平台，有时甚至可以主导社会话语的演进方向。

一、媒介批评对主体的要求

媒介批评的主体，由政党机构、媒介组织、专家学者及社会公众四个方面的力量组成。批判主体应具有批判精神，对于隐藏在作品中的话语立场和意图进行解释和剖析，指出其内在的意义。从更加宏观的层面上看，媒介批评是社会文化的观察者与监督者，同时参与了社会文化的反思与构建，它可以推动文化向健康的方向发展。因此，当批评主体对媒介进行批评的时候，本身需要具备多种素养。

要做到价值判断、理性审视和全面评析，媒介批评主体就要把握好三个标准：第一是理论的标准。已有学者分别从文本分析、机构与制度分析、叙事理论、结构主义理论、女性主义理论、政治经济学、意识形态分析开展媒介批评及进行相关研究，极大地拓展了媒介批评的理论视角。第二是法律、法规及政策标准。我国党政机关普遍开展的新闻阅评和政府新闻出版管理部门开展的审读（审听、审看）工作，基本的依据就是法律和政策。第三是道德标准。新闻从业人员在大众传播活动中应该遵循职业道德规范和新闻伦理准则，体现人文关怀和人本精神。媒介传播内容及相关要素是否符合社会主义价值观，是媒介批评的一个重要标准，是衡量媒介传播效果的重要尺度。

具体来看，需要做好以下几个方面的工作：

首先，批评主体必须具备思想的高度和理论的深度。在对媒介现象进行拨云见日地分析的过程中，要求批评主体运用理论对媒介活动进行分析，对正面的、优秀的媒介活动给予赞扬，对不合理、不规范的地方进行批评。在批评过程中能够由浅入深、言之有物。

其次，批评主体对理论的掌握要比较到位，能够熟练地使用理论对媒介现象进行分析和品评。在 19 世纪的后半叶，媒介对于社会的影响与日俱增，尤其是以西方传媒为代表，常常在社会生活中表现出巨大的作用，例如，对于战争的宣传，对于选举的影响等。这些重要的现象，同时是令人反思的现象。不少的思想家、理论家，甚至是记者或普罗大众，都对媒介引发的现象发表看法，形成批评意见。

再次，在批评的过程中，并不是完全沿用传播学的方法。在西方，传播学包括对信息传播规律的研究，会对媒介特征、传播通路、信息特点、传播模型、受众维度，以及宏观的传播体制等进行全方位思考。同时，批判传播理论中的符号理论、叙事理论、话语研究、女性主义等，也在反对美国经验学派的基础上形成与传播学的交融。批评的主体，需要对这些理论进行全方位地把握和认知，在此基础上来展开自身的批评。

最后，批评主体要能够形成有自身特点的、专业化的批评话语。媒介批评依靠语言文字进行，要更好地形成思想影响力，批评主体也要相应地具备文字的操控能力，善于使用大众能够理解的、鲜活的话语进行批评，从而形成富有个性的媒介批评话语体系。

媒介批评作为一种理论和社会评价，以前一直是在掌握理论和话语资源的精英阶层中展开。精英阶层的批评，舍弃媚俗选择，以敏锐的、见微知著的分析，对一些新闻活动和媒介现象做出恰如其分的评价。可以说，精英阶层和知识分子对大众传媒的批评是媒介批评的重要力量，对媒体的繁荣有着巨大贡献。

在媒介越来越深入大众生活，越来越娱乐化的今天，需要有一批人保持相对清醒冷静的头脑。无疑，知识分子应该是大众传媒冷静的审视者与批判的参与者。他们应该充分发挥自身的知识优势、理论储备，在整个大众传播活动中做出自己的选择和贡献，促进整个传播环境良性发展和整个国家国民素质的提高。

不过，我们也要看到，在媒介更加复合化的今天，媒介批评也在大众化通俗层面实现，这种巴赫金“复调理论”(或称为“群言式批评”)下的媒介批评，往往更加具有活力。如果说知识阶层的媒介批评虽有真知灼见的议论，却常常出现曲高和寡的局面，那么新媒体平台上的媒介批评则更加具有了网络属性。当然，这些包含了“民间高手”的大众媒介批评，有时也会限于表面现象的观察，缺乏深入思考。

从更加广阔的视野来看，媒介批评的发展急需多层次主体的积极参加，只有不同视野的社会公众的对话、互动、碰撞，才能使媒介批评产生更大的效果，才能促进中国媒体的健康发展。

二、媒介批评对客体的把握

批评可以分成多个维度。首先，批评的对象不只是内容，也包括形式。西方新批评派认为，只有对作品结构、形式、技法的批评才算是精神产品的批评。艾略特(Thomas Stearns Eliot)在著名的《批评的功能》中写道：我所说的批评，意思当然是指用文字所表达的对于艺术作品的评论和解释。新批评派认为，相对于作品的内容，形式更加重要。一部作品如何言说，可能会对内容表达产生非常重要的作用。

其次，在媒介批评中需要注重媒介的总体规律、运作机制与传播效果。从更深远的层面来看，媒介产品总是在一定的语境中产生，并且会对一定的受众群体产生影响。作品产生的原因、为什么人群服务、其产生的效果是正面的还是负面的，都可以进入到媒介批评的视阈中。媒介批评，可以对媒介的行为进行评价，进而约束和规范其行为，产生实际的影响。

媒介批评总是着眼于各种各样的媒介现象：宏观如媒体的整体发展与变化，微观如具体电视新闻节目的制作和播出等。一般来讲，媒介批评只是针对媒体内容，但广义来看，对于各种媒介现象，媒介批评都可以将其纳入到自身的批评视域当中。包括电影产品、流行歌曲等。在媒介批评的实践过程中，批评者会运用大众传播学所研究的基本范畴：传者、受传者、传播工具、传播内容、传播效果等，对媒介现象和媒介问题进行分析；此外，批评者也会综合运用其他的理论体系针对媒介现象和问题进行研究。

针对对象进行媒介批评，需要确定批评的目标，寻求评价的客体，抓取媒介现象的是非优劣进行评价。可以说，媒介的各个方面都应该成为批评的对象，包括各类媒介现象、媒介产品，以及与之相关的方方面面的内容。以电视新闻为例，作品的体裁、类型、受众，都可以成为批评视野中的评价对象。

不过，媒介批评的重点是对媒介从业者和媒介本身进行评议。这并非意味着媒介作品不重要。媒介作品是一个界面，通过作品，作者将社会、受众等不同方面联系在了一起，并通过作品来影响社会。因此，在批评的过程中，我们必须要透过作品，做深入肌理的分析。通过对作品的分析，来完成对于更为广阔的社会层面的把控。

延伸阅读

若用几个关键概念来概括媒介批评所应遵循的思路和体系，不妨做出如下归纳：

1. 关注权力。权力分配机制的存在是媒介批评作为一个理论体系和一套实践得以存在的前提，而发掘社会结构和集体无意识中的权力因素，也是媒介批评的根本使命。关注权力的分配机制，不仅需要研究者拥有广博的学识和批评的技能，最重要的是培养批判性思维，亦即“反思的倾向和技巧”。当然，所谓批判性思维并非质疑一切、推倒重来，而是对社会结构中的权力因素保持敏感与警醒。优秀的媒介批评者善于透过媒介现象的表面发掘深层的、隐藏的“病灶”。这种能力的获取，需要综合性的社会科学训练以及大量的案例分析实践。

2. 价值多元。文化研究的基因中固然存在鲜明的西方马克思主义元素，但其基本政治诉求在于至少在生活方式上实现社会群体间的平等，而价值观的多元化，尤其给予弱势群体的价值观以合法地位，是平等的前提。文化研究的上述追求也许不再通过阶级斗争或武力暴动的方式实现，而更多体现在文化生产、意义流通与符号消费等领域，但其最终目的（或带有乌托邦色彩）始终未变。如保罗·吉尔罗伊（Paul Gilroy）所言：我们需弄清楚衡量相似性与差异性的标准是否已经发生有益的转变，进而淡化了人与人之间的疏离感……人与人之间的共同之处远远多于相异之处，我们有能力进行对话、互相尊重。如果我们不想再犯错误，就必须在普遍人性的规范下约束自己的行为。一个建构于单一价值观基础上的批评理论体系，其解释力注定是羸弱的。

3. 解释与改变。如所有肩负重任的社会科学一样，媒介批评不应止步于思辨与清谈，而应通过理论探索与现象阐释来切实地参与到推动社会进步的实践之中。如台湾政治大学冯建三教授所言：媒介批评是手段，真正的目标是从批判与纠正之中，逐次建构合适的传播生态，使传媒不但拥有不必担心动辄得咎的消极自由，并且会拥有积极权力与充分资源，为人们提供丰富多样的信息与娱乐，协助人们借由传媒而温故知新、领略人生。既然权力分配的不平等是构成媒介失范的根本原因，那么对这一不平等机制的考察和纠正自然就是媒介批评的重要使命。媒介批评不仅是传播学者的禁脔，更应是一切关注媒介现象、追求平等秩序的普通人的武器。具体来说，媒介批评理论研究应当与广泛意义上的传媒改革以及媒介教育相结合。这一点，文化研究的大本营——英国——做出了很多可资借鉴的努力。例如，以斯图亚特·霍尔（Stuart Hall）为代表的英国一批优秀的媒介理论家在20世纪70年代纷纷加盟以平民教育为主要理念的开放大学（Open University）执教，就是参与社会变革的重要形式。另外，英国政府从20世纪80年代起大力推动媒介素养教育的发展，也为媒介批评的理论建构与社会实践提供了更多的空间与土壤。以大众传媒（尤其是互联网）为载体而展开的批评活动，也值得倡导。

（常江：《文化、权力与多元性：关于媒介批评学科体系建设的思考》，《国际新闻界》2012年第3期。）

三、媒介批评的实践

媒介批评的实践是在一定的理念指导下完成的。《现代新闻理论》对新闻观念做出了如下的界定：对新闻性质、功能的综合评价，称为新闻观念，是新闻职业观的总和，又是新闻学术思想的总结。只有形成一定的新闻观念，才能对具体的新闻作品和媒介行为做出评价，新闻观念无疑是新闻批评的意识母体，是构成媒介批评观念的基础。

媒介批评是对新闻活动和媒介报道的诠释与评价。既要对媒介作品、新闻报道等十分具体的媒介活动做优劣高低的分析评价，也要对媒介现象、媒介伦理等宏观问题，借助相关理论做是非曲直的监督批评。

批评的对象，包括大众传播媒介内容及其相关因素，如媒介体制、媒介政策、媒介管理、媒介理论、媒介从业人员、媒介与人类其他活动的关系等。媒介批评要符合新闻传播的规律，同时也要服务于批评的实践。专业化的媒介批评，可以使得效果最大化。媒介作品并不是外在于社会的，相反，媒介作品中总是蕴含着最丰富多彩的社会生活元素。分析媒介，其实也是在阐释媒介所表现的社会生活，这也是媒介批评重视价值判断的原因。

首先，媒介批评是主观与客观的统一。

有些批评家认为，媒介批评纯粹是个人化的评价，是针对媒介作品和媒介现象的评析，表达了对批评主体的观点。这种观点本身并没有错，因为媒介批评的确需要借助批评主体的视角，展开对批评对象的解析、评断。但更为重要的是，批评主体需要使用一定的媒介理论和方法，对批评对象进行客观认知，从而得出批评的结论。因此，媒介批评本身是主客观相结合的产物。

其次，媒介批评是理性与感性的统一。

作为一种价值判断活动，媒介批评不能仅仅停留在感性认识层面，而必须通过理性的反思，借助严谨的分析得出判断。媒介批评是以媒介产品或媒介现象为批评客体的分析活动。例如，媒介批评中有一类是对电视新闻作品进行解析和评断的。这需要批评者对影像语言的认知与审美能力，符合电视语言的实际特点。因此，其具有感性的一面。同时，在分析过程中需要借助各种理论方法，需要避免主观随意性，强调对于材料进行纵向历史和横向类别的比较，将之放置于更加宏观的评价标准和体系中做出评断，这对于批评主体的理性思维能力具有一定的要求。所以，媒介批评中的理性和感性思维必须兼备，缺一不可。

思考题

1. 媒介批评的定义是什么？
2. 媒介批评在中国的发展历程有何特点？
3. 媒介批评实践需要如何实施？
4. 媒介批评对于媒介文化的引导作用是如何实现的？

第二章　媒介批评的思维框架

本章内容

1. 阐释学与媒介批评
2. 媒介文本解读的逻辑路径
3. 阐释与批评文本的建构

媒介批评是对文本的分析与评断，既需要运用高度抽象的思维能力对客体进行解析，也需要借助一定的理论视角对批评对象进行评定。在对文本进行解读时要坚持相应的原则，才能保证判断和批评的准确性。本章论述从媒介解读到文本批评之间的思考路径，如何通过阐释学抽象的框架思维实现媒介批评。

第一节 阐释学与媒介批评

媒介批评的主要对象是各种类型的媒介文本，当然也包括各种类别新闻作品中的文字、声音和画面。只有对文本做精准的理解分析，才可能实现较为科学的阐释与批评。批评者假定文本背后隐藏了作者的意图，同时，批评者的任务就是通过对文本的分析和批评，呈现作者的意图，并对其价值标准进行评判。

阐释学

又称诠释学（hermeneutics），是一个解释和了解文本的学术视角。它也被描述为诠释理论并根据文本本身来了解文本，强调忠实客观地把握文本和作者的原意。

此外，从宏观角度来看，作为媒介领域中的其他文本形态，包括规章制度、宣言声明、策划文书、协议文本、动态记录等，均可以视为媒介文本的组成部分，透过这些文本，批评者可以对产业和行业态势做宏观观察与分析，因此也被纳入到媒介批评的范畴之中。

当然，英美“新批评派”和哲学阐释学也曾提出文本与作者意图之间的割裂，意即文本并不能完全表现作者的意图。但这等于间接否认了文本与作者之间的意义连接，也让批评行为失去了客观的标准。因此我们还是需要借助文本分析，将文本理论引入到媒介批评之中。

媒介的意义是由文本建构的，同时文本中也包含了多于作者本身传递的意图之外的意义。因此，批评者从文本切入，从更深的层面上对新闻作品进行分析，解开形式的层层包裹，抵达文本的真实意义。

因此，在新闻领域，运用解释学的基本原理和方法，解读新闻作品，被称为新闻解释学。新闻解释学是新闻批评理论的延伸。

一、新闻文本的构成

文本由形式和内容两方面构成，作为文本的形式，包括文本内容的建构方式和表现内容的外部形态，构成了新闻文本的完整外在样态。同时也要看到，新闻的内容与形式是一体两面的，内容附着在形式上，由形式所呈现。

新闻文本通过其语言，建构起了一个意义的空间、一个思想的载体、一个文本的世界。人们通过对文本的理解，认识了现实。在新闻作品中，记者通过报道对新闻事件进行呈现。在新闻文本中，通过批评我们可以看到新闻的多维价值。

文本不会是毫不相关的只言片语，而是围绕核心事件被建构起来的整体。同时也要看到，文本不再是由演播馆导语、记者采访、现场同期声所构成的体裁样式。它所表现出的意义甚至与记者的意图不一致。作为一个语言的文本，将之放置于社会语境的坐标系之中时，产生出与最初意义不同的意义空间。

解除了即时性的新闻文本，也超出了记者最初报道意图和新闻价值的呈现，在历史、社会、心理等框架体系内，呈现出更加复杂、更为重要的意义。由此，新闻文本的意义空间被拓展了。

我们来看下面这一则获奖新闻：

案　例

十七公里的救援

演播馆：受地震影响，加上连日来的山体滑坡，四川省绵竹山区的清平乡和天池乡近千人受困达6日5夜。18号，陆地空中大联合，经过突击抢救，已经将近百名群众营救出大山。

记者：我现在是在四川绵竹市的汉旺镇，在这个大山里面，依然有两个受灾非常严重的乡，一个是天池乡一个是清平乡，此刻海军陆战队的30名成员正紧急地前往里面，我们跟随他们一起去打探一下前方的情况是什么样子的。

空镜头

记者：这就是我们前方的路，满眼全是从山体上滑坡下的巨石，满眼全是被毁坏的植被。我在地图上看了一下，从汉旺镇到清平乡，就是短短17公里左右，但我想走起来一定远不止此，更别说救援队员身上还要担上沉甸甸的担架。

解说：经过7个多小时的艰难跋涉，小分队抵达清平乡。受地震影响，当地的道路破坏比较严重，一些受灾群众自己已经徒步走了出来，乡镇上还剩下一些孤寡老人。

记者：在山上被困了6天5夜的大爷被成功地救援了出来，据我们了解，这位获救的老人来自清平乡，在地震灾害当中，他的腿受伤了，所以目前生命没有大碍，神智还是比较清楚的。尽管是这样，我们可以注意到救援队员依然是在乱滩的路上一路小跑，争取能够尽早地把他送进医院。

现场同期声：

被救老人的儿子：感谢所有的官兵们，谢谢他们救了我父亲的命。

解说：在成都军区某炮兵团的帮助下，在当地进行科学考察，已经被困了4天的13名生物学老专家，通过直升机被营救。我们一路也看到，参与救援的还有不少志愿者。这是一支来自湖北的医疗救助队，他们以外科医生为主。这些是退伍军人，这些是中国登山协会的搜救队员。

现场同期声：

甲硝唑片，这是消炎的，这是治感冒的，还有麻醉的。

感触很深，所以想尽点力，能救一个是一个。

在部队的时候，也参加很多这样的抢险救灾活动，在这样的时候，大家就不能在家里呆着，呆不住。

我们了解到，在清平乡向北9公里的小木岭村，因为山上有一个磷矿和一个伐木场，依然有近千名群众被困，空军十五军某部的空降兵们正在全力营救。相关部门已经通过空投的方式，给受困的群众补给物资。

以上是中国新闻奖评选的获奖作品——新闻特写《十七公里的救援》，是一个电视新闻的短消息文本。西方阐释学理论家认为，文本就是由书写而固定下来的语言。由以上的界定可以推断，上面的案例《十七公里的救援》通过文字的描述、影像的编辑所建构起来的，正是一个新闻文本。

在上面这则新闻中，《十七公里的救援》是整个新闻的标题，表现了在地震中的一次救援行动。因为地震导致了深山中的居民受灾，年富力强者可以自行走出大山，但是对一些老弱病残的人来说，山路已经是巨大的障碍，何况还有地震造成的塌方。而解放军战士不畏艰难，冒着危险，深入到大山之中，解救大山之中的普通百姓，正是这则新闻的落点。透过新闻话语，我们可以看到解放军战士们奔忙在救灾第一线，用自己的行动挽救了百姓的生命。而同时，我们在新闻影像序列中也看到了很多的志愿者自发加入到了救援的行列中。此时，我们就可以看到一个在灾难发生之后，政府积极调动武警和军队进行救援，并且全社会互助互爱，形成了一幅积极生动、众志成城的营救画面。这对于遭受地震灾难的人和在地震灾区之外的人，甚至对于整个社会而言都是一种积极的正能量。这是蕴含在新闻作品中的内在意义，也是新闻在传播后可以实现的社会价值。

新闻文本是一个复合式的结构体系。在电视新闻的文本中，透过影像完成了新闻事实的显现，在声音与画面的组合中，传递出了价值和意义。

如果仔细考察其构成方式，我们可以看到：

第一，事实序列与事实之间的相互联系构成了新闻的显层与内在结构。新闻文本应该是内外结构的平衡与统一。事实序列，是人物、事件在时间链条上的逐次展开。可以说，人物和事件构成了新闻文本的核心。电视观众通过对人物、事件的观察与感知，对新闻事实有所了解。但新闻报道的真正价值，还需要联系新闻事实中的倾向性要素，才能真正体会到。

新闻文本的真正价值，一般不会在新闻中直接陈述，批评者需要借助对新闻事实显层结构的感悟，向其意义层迈进。新闻文本的显层是活泼的、具象的，而深层的意义层则是稳定的、抽象的。

媒介批评需要透过显层的具象符号，抽丝剥茧地对新闻文本进行分析。要对新闻事实和本质有感性的认知，同时有客观的了解，要兼顾两个层面。从而透过新闻文本直接告诉观众，抵达新闻的潜在意义。

例如，从上面的案例中我们可以看到，既有记者在新闻现场的报道，也有摄影者所拍摄的影像，有对新闻中人物的采访，还有解说词的阐述。这些视听元素相互交织，组成了信息传播的矩阵。透过这些视听元素，我们了解了发生在地震区的新闻事实。

第二，批评者需要认识到新闻事实与客观事实之间既有联系，又有区别。新闻事实是记者对客观现实的表述。在表述中包含了记者对于客观事实的认知。换句话说，记者在对客观事实进行报道的过程中，已经对事实进行了删留取舍。这种经过记者加工的客观事实，既反映了现实的情况，也带有记者本人的立场见解和意识形态。因此，可以说新闻事实是经过记者解释之后的客观事实。

如果将此过程放置于整个媒介环境之中可以发现，所有的新闻事实都是对客观事实的释义性的阐述，是带有媒介属性的事实呈现。这种媒介属性的背后即是意识形态的作用。而新闻文本正是通过这样的意识形态渗透，起到了对受众的影响作用。

很显然，在《十七公里的救援》的新闻现场，还会有很多别的事实，包括救援人员和救援故事，但记者将表现的主体对象锁定在了被救出老人的儿子、志愿者等的身上，在对现实的删留取舍之间，将客观事实做了处理，形成了新闻中的事实呈现，表达了记者的立场和观点。因此，对于这种选择的分析，就可以体现出新闻事实与客观事实的差异，也体现出记者的意识形态倾向性。

第三，电视新闻以及未来的融合式新闻，在文字之外，还有影像系统传情达意。这些符号系统共同构成了文本的外在和内在指称。在新闻之中，记者可以通过对符号的处理，以语言的方式传递，也可以通过对影像体系的删留取舍，即以非语言的方式来完成。在未来的融媒体新闻中，新闻标题的处理、版面的设计、嵌套视频的位置等，这些都可以成为新闻意义产生的通道。并且，在传统电视台的电视播出中，节目的编排顺序，也是按照一定的意图实施的。批评者可以通过这些来对新闻文本进行研究。

第四，新闻的语言使用是直接关系到文风的。不同的语言面貌会对新闻的呈现产生不同的效果。在进行信息诠释的过程中，记者一方面会根据客观事实来结构新闻的表述，另一方面也会根据自身对于新闻事实的理解，通过语段、修辞等对客观事实进行加工。在一种语言环境中，如果研究者不了解其词汇和修辞的文化内涵，就无法对新闻进行全面把握。

在《十七公里的救援》中，记者出镜时说道："这就是我们前方的路，满眼全是从山体上滑坡下的巨石，满眼全是被毁坏的植被。我在地图上看了一下，从汉旺镇到清平乡，就是短短十七公里左右，但我想走起来一定远不止此，更别说救援队员身上还要担上沉甸甸的担架。"其实，记者的目的是要说明救援人员的辛苦。地震之后，道路被毁，增加了救援难度，但救援的战士们还要抬着担架，更加深了救援的艰辛程度。但记者并没有直接表述，而是选择了对客观事实的描述性语言，通过对现实的描述，让受众在事实中去体会和感受。

总的来看，新闻是由显层结构和深层意指所构成的。显层结构是由语言和非语言元素所形成的表层形态。在《十七公里的救援》中，显层的结构是记者在地震发生之后现场的所见所闻，包括了被地震损毁的大山、解放军官兵、被救援的百姓、四面八方赶来的志愿者等；而在深层意指中，则是通过表层现象的展示，让受众看到了政府在救援中的作用，以及人们在灾难中的互助。对于这种双层的结构，需要批评者注意分析和综合判断，完成从文本现象到抽象思维整个动态的认知过程。

延伸阅读

西方解释学者认为：文本就是由书写而固定下来的语言。文本之所以被看作是言语的作品，因为它是一个构造起来的整体。这个整体已经不能还原为它的句子。同样，新闻作品的文本不是语言的简单组合，也不是由导语、主体构成的唯一形式，而新闻事实的有机整体，其意志和心理的意义具有不同的效果。一旦摆脱了报道者的即时性，文本可以超出报道者的语境所具有的种种历史的、心理的、社会学的限定，表现出更广泛、更重要、更奇特的意义。质言之，新闻文本及它说的东西，已不是记者要说的东西，它表现为文本内容要素的结构方式，揭示内容的外部特征与形态，以及揭示文本生成与构成的特征和规律解读新闻，把握媒介批评对象的主要程序。

新闻文本对于受众来说，是一个思想载体，能够沟通本体论与方法论。正是通过对文本和这个文本世界的分析和解说，人们才达到了对新闻的理解，使认识同现实联系了起来。通常，如果我们不能直接指出一个我们所说的东西或事情，我们至少可以将它置于一个对话者共有的、独特的时空网络。而在文本中，就不再有记者和受众的共同处境，指称的直接特征消失在作品中。新闻的指称是新闻文本中所指示的事物，它可能是直接的宣示，也可能是悬置的意图，受众不付诸联想就意识不到它的存在。新闻确实有指称悬置的现象，但这只适用于某种类型的指称，并不是一切新闻都把自己的意义悬置于文本之外。

（刘建明：《媒介批评的文本理论》,《现代传播—北京广播学院学报》，2000年第5期。）

二、从新闻解读到文本批评

新闻分析最便捷的方式是通过语言的解读来完成的。透过对语言的分析，批评者可以到达意义的所指，进而对所指做出自己的判断和理解，完成对意义的再阐释。这个过程，既是一个解构的过程，也是一个重新建构的过程，实现了主体与客体的对话与交流。

解读是一种感觉的活动，人们通过视觉器官对新闻的视听符号进行认知，并将这些符号转化成为概念，送达大脑。概念在这里相互组合，进而发展成为复杂的思维活动。解读，需要受众用自己已有的知识概念，与新闻中的概念进行碰撞；同时，受众对相关的知识概念进行提取和筛选。因此，新闻解读包括了对作品的理解、阐释和对意义的获取，是一个复杂的思维过程。例如，在新闻解读中体现的是批评者与新闻作品的情感和理智的交织互动。

案　例

廉价蒲草“编”出亿元淘宝村

主持人：我省的博兴县湾头村生产一种很有特色的产品，在淘宝网上的销售额一年超过一个亿，这个偏僻的乡村是如何搭上网络经济的快车，到底又是什么东西这么抢手呢？“双十一”这一天，记者来到了湾头村，感受庄户人的网络狂欢。

解说：时间刚刚划过零点，博兴县湾头村的村民安宝康就开始了一夜的忙碌。

同期声：现在又一笔，六笔。

安宝康是淘宝网华康工艺网店的老板，为了“双十一”，他包邮、让利，拿出了最大的优惠。

记者：一边干活，一边看着网店？

安宝康的妻子：嗯，要不打包打不完了。

解说：湾头村紧邻博兴麻大湖，盛产芦苇和蒲草，村民就地取材，手工编织成实用的器具，这种流传了600百年的手艺，让一个八零后看到了商机。4年前，安宝康从湖北工业大学毕业后，一门心思开起了网店。

安宝康的母亲：气得我不给他做饭，在家卖吧，你卖一天也卖不上一件，吃啥？喝啥？

安宝康的父亲：上学为了啥？不就是为了有出息啊，来家有啥出息啊！

解说：父母觉得，这是不务正业。坚决反对这看不见、摸不着的生意。安宝康就偷偷地干。最初网店信誉低，一连十几天都不开张。

安宝康：刚开始这些货都攒下很多，卖不出去。

解说：好不容易熬来了一单生意，但新的问题又来了，物流跟不上，只能到博兴县城发货。

村民周曙光：你走不出货去，发货很是问题，很头疼。

解说：看到安宝康和村里其他淘宝店主都遭遇了物流瓶颈，湾头村村委决定吸引物流公司入驻，谁来村里就免除一年水电费，免费提供一间库房。

村委书记安江民：他们看到我们这个态度，很多快递就被吸引过来了。

解说：现在湾头村已经有20多家物流公司入驻，安宝康“双十一”这一天卖出了两万多的货物，比平时增长了3倍，今年销售突破两百万已不成问题。

安宝康的家人：今天打不起来，光打好的单子50多张，光发货就发3天。

解说：像安宝康一样，越来越多的年轻人回到了老家，做起了网店。

村民杨小珊：但凡能识字的，家里有电脑的，基本都开着淘宝店。

村民贾培晓：它改变了一批年轻人的生活轨迹，老人眼里的坏孩子，现在也变成了一些好青年。

解说：在年轻人的带动下，年近60的张洪文也琢磨着开个淘宝店。

张洪文：a o e ......

解说：从这张一块钱买来的幼儿汉语拼音字母表开始，张洪文用了两个月的时间学会了打字。

张洪文：一开始感到有点别扭，亲？亲是啥意思？

解说：现在，张洪文成了村里年龄最大的淘宝店老板，卖出的货物遍及全国。

张洪文：西藏、新疆还都有，内蒙古、甘肃、香港，香港我卖了好几次了。

张洪文妻子：能干的就多干点，干不多的就少干点，也耽误不了接孩子，也耽误不了烧火做饭。

目前：在湾头这个不大的村子里，淘宝店已经有了500多家，由此也带动了产品设计、草柳编加工、五金店销售等周边产业的发展。

村委书记安江民：年轻人搞工艺品创作和电子商务这一块，中年人搞工艺品加工，老年人搞编制这一块。这样一来，我们村形成了工艺品加工的一条线。

解说：8月12号，阿里巴巴研究中心专门在湾头村发布调查报告，数据显示，湾头村草柳编产品1年的销售额超过1亿元，成为全国最大的草柳编产品专业淘宝村。

电话连线陈亮（阿里巴巴研究员）：它以传统手工业，为它的主打产品，这个在全国淘宝村里面是独一无二的。

这是2014年中国新闻奖一等奖的获奖作品，在这则电视消息中，记者通过丰富有力的表现手法，将一个小村庄搭上网络经济快车的事实报道得淋漓尽致。

首先，在导语中，记者通过悬念设置的方式，将偏僻的山村和淘宝网上1年1个亿的销售额结合起来，形成了吸引力，并且在句式设计上，以问句的方式，形成了受众的期待视野。

进入报道之后，先是一段同期声，配合天空的月亮，显示出紧张的工作气氛。解说时提到“时间刚刚划过零点”，将紧张的气氛提升起来。跳出来看，记者在编辑此条新闻的时候，先将受众带入到一个现场当中。这种现场的形成，给受众很好的带入感。而在这样的现场中，人物登场了，将人物放置在现场中，也会形成对人物较好的认知。

完成安宝康及家人的工作现场摄制之后，随即解说词将博兴县湾头村的背景呈现出来，介绍了这个村落的草柳编传统，并且通过解说“这种流传了600年的手艺，让一个八零后看到了商机”，再将叙述的视点带回现实。

此时，新闻的编辑开始了倒叙，讲述安宝康从大学毕业回家投身网上经济的过程。难得的是，记者还原了人物面临的困境，包括家人的不理解、物流条件跟不上等，在困境中展示人物的奋斗过程。并且，记者还通过以点带面的方式，带动了叙述。

在后半段的叙述中，张洪文的选择是一个亮点。典型人物选择本身能够很好地呈现新闻的主旨，这种呈现，更多的时候是以人物故事、人物行动、人物经历形成的事实叙述，更加有感染力。正如片中张洪文同期声提到的“亲？亲是啥意思”，生动地展现了一个老年人接触网络经济时的不适应和新鲜感，也让短短的新闻充满了意趣。

由上面的案例可以看到，批评者在直觉感受和理性认知结合的基础上，能够形成对作品的整体把握。

新闻的解释是在解读的基础上，对文本的现象和意义做出的说明。还需要把作品放置到一个更加广阔的坐标体系中，去判断分析出作品隐含的价值空间。

例如，上面这则新闻能够获得中国新闻奖一等奖这样的好成绩，除了出色的视听语言组合之外，还有一个很重要的原因是由于该片契合了国家所提出的“互联网+”的战略，在完成新闻报道的同时，展示了国家政策的一个具体成功的案例，无形中会形成很好的示范效应，带动政策的推行，从而发挥出媒体的重要功能。

同时，批评者用理性、精准的语言对其进行阐述。因此，媒介批评总是需要借助一定的理论方法。

有的时候，阐释者、批评者之间的理解与新闻记者的表述之间不尽一致，甚至是南辕北辙，这是很常见的。新闻的词义和理解之间有明显的差别。批评者借助理论的视角，从更高的层面上对新闻作品进行观测，给新闻的解读提供了不同的路径。这种解读本身阐发了新闻记者可能都没有意识到的盲区。

换句话说，在新闻文本中有记者的原意，这是公开表达的文本意义。记者的意图通过文本的符号组合传递出来。批评者不仅要看到新闻作品的“原意”，还要探究“为何记者如此表述”“记者的表述会带来什么”等一系列更深层次的问题。

在理解的实现过程中，新闻的意义在整体符号系统中显现出来。不过，在批评者从新闻文本解读到批评的过程中，虽然有批评者的个人化解读，批评主体也要克服主观的情绪化认知，克服个人的偏见，以及文化、社会、历史的偏狭理解，避免对批评有主观化处理。解释是对理解的开拓，是对历史的拓展。

在新闻的阐释和批评中，不可避免地会使用语言。这里既包含了新闻文本中的语言，也包含了批评者自身的语言。这些语言的运用，使得批评有源有本。也让文本阐释可以在不同视角、不同维度、不同背景下进行，这也体现出了解释的多元性。

如果将批评阐释的文字放置在整个历史文化坐标体系中就可以看到，无论是新闻文本的语言，还是批评者所使用的语言，以及新产生的批评文本的语言，都是历史话语不可分割的一部分。因此，批评话语存在于绵延不断的历史中，包含了过去，阐释了当下，指向了未来。

不过，无论借助何种方法，批评者总是用自己的经验做一把尺子去衡量新闻文本。这种来自批评者本人的经验、视野，会在批评过程中产生出局限性。要意识到批评本身的局限性，并且客观地评价它。一方面，任何人都无法完全地穷尽认知，因此，局限在所难免。另一方面，如前文所述，个人的视野也造就了一种独特的认知视角。批评者的理解和阐释，借助了恰当的理论和方法，经由深入思考之后获得阐发，便成为一种创造。

总之，虽然从个体的角度看，批评难免有偏狭，但从历史的角度来看，不同的视角、不同的阐释相互弥补，总体上构成了一个宏大而客观的认知体系。正如在微观上看，每一条新闻难免主观，但整个体系本身是客观的。

延伸阅读

新闻解读和媒介批评，不可分离地联系在一起，二者互为条件，互为因果。这表明解读与批评是一脉相承的。但从本质上看，解读是批评的第一步。解读切入文本的实体，化身于文本，对作品本体进行细致地重构；而媒介批评则是把这种解读表达出来，对新闻文本进行判断和评价，带有浓厚的思辨成分。媒介批评产生于解读，又独立于解读，因为它需要组构一个新的文本。媒介批评超出解读活动，是解读的升华，也是同新闻理论并行的另一种理性化。解读的目的是要达到理解文本意义，批评则不仅要把握文本意义，而且还要创造新的文本揭示这种意义。因此，解读可以加深对新闻的批评，但又不等同于新闻批评。

（刘建明：《媒介批评的文本理论》,《现代传播—北京广播学院学报》，2000年第5期。）

第二节　媒介文本解读的逻辑路径

每个文本都是一个情感与理性的融合体，都融入了创作者的理性思考和感性认知。解读文本需要运用各种方法，不同的方法会给作品带来不同的阐释空间。找到适合的方法，便找到了对作品进行观测的合适路径，才会更加准确地对新闻进行解读。

一、新闻文本解读的原则

解读新闻作品，必须兼具整体性原则和解构性原则，在两者之间形成动态的平衡，从而更科学地对作品进行分析。

任何的媒介作品都是一个完整的结构。在中国古典叙事中的“虎头、猪肚、豹尾”的说法，是指作品需要开头精彩，内容丰盈，结尾有力。从宏观的角度看，这就是一个完整的结构。如果缺乏对于整体的认知，会造成对作品整体结构的失察，无法看到完整作品所呈现的均衡、和谐的美感，间接造成解读和批评的残缺不全。

在媒介文本的整体结构中，每一个部分之间都是有机联系的，每一个部分都承担了相应的功能。因此，在新闻文本解读中，需要运用宏观性原则，对作品的每一个部分都能进行深入观察和分析，从整体上把握新闻文本，从而对作品进行关注。

2013年中国广播影视大奖获奖作品《祖国接我回家》，是济南广播电视台播出的专题。当时济南有3家公司在北非国家利比亚参加援建工作。他们突然遭遇到了对方国家国内局势的动荡，3,000千多人处在危险的境地。《祖国接我回家》展现了他们突破重围，在祖国的帮助下，安全回国的经历。他们是大灾难的亲历者，也是见证者。

在片子的一开始，并没有展开叙述整个经历，而是展现火车站台。

案　例

《祖国接我回家》片段

时间：3月5号

地点：济南火车站

解说：下午5点，5岁的张秉浩和妈妈早早就等在了站台上，他们要等候一辆半个小时后进站的列车。

记者：来接谁的，告诉阿姨。

张秉浩：等爸爸，想爸爸了。

解说：秉浩的爸爸张秀林是中建八局二公司的职工。张秀林已经在利比亚工作了3年。

张秀林妻子阮菊：当时就想着，只要能安全地回来，我就心满意足了。

解说：虽然站台上人头攒动，可是张秀林还是一眼就看到了儿子。

记者：现在什么心情？

张秀林：感动，感谢祖国！

解说：一句话，让在场的七尺男儿眼圈红了，回家了，那些曾经的不安，都变得踏实起来。一家人团聚在一起，就是幸福。

同期声：我们回家啦。

解说：3月5号上午十一点，2,000名员工手持国旗和横幅走下飞机。他们脸上写满了回家的欣慰和开心，他们是最后成批回国的山东人。他们也是我国最后一批从利比亚撤离的员工。回家了，幸福的泪水尽情流淌；踏实了，对祖国的感恩紧紧贴在胸前。这一幕幕的温暖和感动，都源于那场史无前例的大撤离。

这一段叙述，从一家人的团聚开始。以这种方式开场，见人见事，能够很好地传递出人情味。然后编导话锋一转，说到了当天上午有两千多名员工的集体撤离。在解说词的设计中写道，“回家了，幸福的泪水尽情流淌；踏实了，对祖国的感恩紧紧贴在胸前”，采用了对仗的修辞，并且与画面结合，将画面中员工们紧紧握在胸口写着“感谢祖国”字样的字牌，与解说中所提到的“对祖国的感恩”对应起来，融情于景。在最后一句解说“这一幕幕的温暖和感动，都源于那场史无前例的大撤离”。将叙事带回到过去。

从全局的眼光来看，这种倒叙式的处理，较好地完成了从现在往回述的眺望。并且，一个由点带面的处理，很好地完成了开篇的整体基调的铺垫。

与整体把握相对应，需要对作品的细节进行分析。这种对具体环节的观察，要求批评者具备“拆分”的能力。即能够将整体拆分开来，以一种具体而微的关注，对构成整体的各个部分进行分析。

在新闻文本的解读中，需要对整体做全面的了解，然后对具体做细节的关注，最后再回到全局性的视野中。因为细节是全局中的一部分，不能割裂整体去讨论细节，评价细节。换句话说，对于细节的评价，需要放置在整体结构中，从整体的功能出发。有些细节，看似不合理，但从整体的角度看，是有必要的。

案 例

《祖国接我回家》片段

解说：在转移的人群中，还有一位美籍台湾同胞，他也是济南中建建筑设计院的一员。

郭仪：我们第一个想的就是互相照应，希望不让一个兄弟脱队。

解说：犀利的枪声中，匆匆撤离的济南设计师们忐忑不安，郭仪慌乱中不慎摔倒在地。

郭仪：我一摔下去的时候，我的眼镜掉了。我戴了一辈子眼镜，我有深度的近视、弱视和散光。前面一片漆黑，我当时既无助，又绝望，又紧张。

解说：就是郭仪最无助的时候，他的同事段振余冲了回来，扶起他一起往前跑。

段振余：然后我给他扶起来，郭先生说眼镜没了，我说给他再摸摸再找找。走的时候我就合计，郭先生岁数有点大了，能帮帮一把，毕竟我还年轻。

郭仪：这种兄弟情感，我就觉得说我不孤单的，有这么多人，我们将来一定有希望逃出重围。

解说：摔倒了有人扶起来，掉队了有人会拉一把，所有人在相互扶持下，安全转移到了中国水电集团项目工地，与这里的800多名工人顺利会合。他们暂时安全了。

以上是一段员工撤离过程中的叙述。由于撤离的事情已经发生过了，所以编导使用当时员工们拍摄的照片、视频和后来的采访等素材完成了叙述。所以在这一段叙述中，就将这些素材编辑起来，结合解说词进行讲述。在叙述中提到了一个细节，那就是美籍台湾同胞郭仪的眼镜。郭仪的眼镜掉了，情况变得更加危急。危难之中，是大陆同胞伸出了援手。眼镜的细节，丰富了整个故事的叙述，也表达了在危难时刻一种出于本能的互助精神。在分析和批评过程中，需要认识到这个细节的重要性。

此外，对于新闻作品而言，语言是非常重要的观测点。对新闻文本的分析，往往需要以语言为切入点，并且以语言为旨归。语言本身就是一个框架体系，它通过词汇、语句、段落构成了全篇。在电视新闻中，个别的镜头、局部的声音，也都可能构成全局中的一个细节。有些时候，这些细节对于表现整体意指具有重要价值，因此需要重点分析。

案　例

《祖国接我回家》片段

解说：此时，我国政府租用的希腊游轮威洛格尼斯号已经在港口等候他们多时。

公司负责人林永波：工人那个泪哗哗掉下来了，当时想，终于离开这个鬼地方了。

解说：登上了希腊游轮，饥渴交加的工人们终于能踏实吃饭，敞开喝水了。3月1号上午10点，稍稍安定下来的工人们，在甲板上看到了一幕不一样的地中海风景。而这一幕让所有船上的中国人惊喜不已。

公司负责人林永波：一咋呼一声，说船来啦，我们祖国的徐州号护卫舰来了。

同期声：工人们的欢呼。

解说：随后，游轮广播传来的声音，更是让所有人欢欣鼓舞。徐州号护卫舰给他们带来了祖国的问候。

徐州号导弹护卫舰政委韦建华录音：经中央军委批准，首次派我军舰赴海外，来为你们警戒护航。请同胞们放心，我们一定会保证你们安全抵达目的港。祝你们早日归国，与亲人团聚。

公司负责人林永波：全船人都起来了，我们齐声吆喝祖国万岁，祖国万岁！

字幕：3月2日，济南三家公司3,000多名工人全部安全抵达希腊和马耳他，分批乘我国包机顺利回国，费用全部由国家承担。

截至今天，我国在利比亚有回国意愿的35,860名公民被安全转移出利比亚，这是新中国成立以来最大规模有组织撤离海外中国公民的行动。

以上这一段文本，描述了工人们脱险，以及最终登上中国政府租用的希腊游轮回国的经历。其实在此前的一段解说中提到了一个背景，随同中国工人逃到港口的，还有越南和孟加拉国的工人，但是他们自己的国家却没有租用游轮来接他们。那也就意味着他们依然身处险境。虽然最终经过协商，他们也跟中国工人一起登上了中国政府租用的游轮，但相形之下，其含义不言自明。

在这一段中，解说词提到了一句“在甲板上看到了一幕不一样的地中海风景，而这一幕让所有船上的中国人惊喜不已”。此时的“不一样的地中海风景”，并不是普通的海上风光，而是徐州号护卫舰前来护卫。这一幕“不一样”，让大家感受到了祖国的关怀。

而片中使用了工人们自己拍摄的视频，这些视频是非常好的素材。这种亲历者的所见所闻，以无可辩驳的史料，记录了徐州号护卫舰护送本国公民回国的经历。这不仅让每一个在游轮上的工人感动不已，也让每一个电视机前的中国人感受到了祖国的伟大。

在最后，编导以字幕的方式强调了两点，一是“费用全部由国家承担”，二是“这是新中国成立以来最大规模有组织撤离海外中国公民的行动”。这些背景信息，都折射出国家的强大和人民的幸福。

二、判断和批评的准确性

意义的判断是批评的出发点，同时判断的准确性也决定了批评的深度和准确程度。在批评的过程中，这两者一体两面，缺一不可，是新闻批评的两个重要维度。

电视新闻中的影像和文字是批评者理解新闻的界面，通过对“字义”的分析，可以深入到表层之下，通过对人物、事件、动机、行动等进行判断，进入到文本的意义层面判定其价值和意义，从而形成有深度的准确判断。

中国广播影视大奖获奖作品《阳关夫妇》真实地记录了一对敦煌的普通农民夫妇，在远离城市的沙漠腹地，相扶相携、乐观向上，为敦煌植绿护绿、阻挡风沙的真实故事，展示了大西北的原生态生活现状，流露出对敦煌脆弱生态环境的深深担忧。该片选题新颖、结构严谨，人物性格丰满，画面形象优美，解说简练生动，充分发挥了电视专题片的优势，集思想性与艺术性于一体，播出后反响热烈，也引发全社会对敦煌生态问题的高度关注。

观众在看片子的时候，会思考这对夫妻的动机，他们为什么要做这件事情？是因为缺钱还是因为别的原因？他们工作价值何在？在评析中，需要对作品做细致入微的观测，才有可能对人物和故事做出客观的评断。

案　例

《阳关夫妇》片段

解说：晚饭后是休息时间，但是魏忠却起身向外面走去。天快黑了，他要出去干什么呢？原来，他要往家里打一个电话。

魏忠：喂，魏亚平，你们在干什么呢？家里都好吧，好着呢啊，我们也好着呢。

解说：打一个电话的代价是要走20分钟的路程，因为只有半公里之外的高坡上，才会有手机信号。电话是打给儿子的。魏忠的家在阳关镇，以出产优质葡萄闻名全国，是敦煌最富裕的乡镇。这几年全镇50%的农户在城里买了房，60%的家庭买了小汽车。魏忠家有8亩地，按说，务好这几亩葡萄地，每年应该有不错的收成。但是他和妻子总是放心不下长期坚守着的那片绿地。思前想后，两人狠下心来，将葡萄地扔给儿子打理，这样一来，他俩可以专下心来，驻扎崔木土沟。儿子去年刚刚成家，女儿正在上初中，他很是牵挂。

片中这一段较好地展现了人物的真实状况。该段落从一个打电话的细节切入，引出了魏忠家所在的阳关镇的情况以及他本人的家庭情况。从解说词所给出的背景信息可以发现，魏忠的家里种了8亩葡萄，如果要致富，靠管理好葡萄就能获得不错的经济收入。同时，我们也可以想到，葡萄地需要有人手去打理。从家庭成员的角度去了解，儿子去年刚刚成家，女儿正在上初中，还都需要人照顾。从这些信息，更加深刻地描绘出魏忠夫妇防风种树的初衷，既不为名也不为利，一心要驻扎崔木土沟，为阻挡沙化奉献自己的力量。

三、解读和批评的限度

如前所述，一切批评都是有局限性的。每个人的认知都有局限，所选择的批评角度也有局限，理论的视角总是在一定程度上适用，所选择的文字也无法穷尽文本的意义空间，这些都造成了批评始终只能在一定的范围内实现，使得批评呈现出一定的相对性。

首先，由于批评者自身的理论视角不同，导致对媒介文本的理解有差异，进而在文本的批评中，呈现出批评的个人化倾向。这种个人化倾向一方面构成了独特的阐释路径，另一方面也不可避免地存在误读或其他不完善之处。当然，同一位批评者对某新闻作品进行多角度、全方位批评是相对比较困难的，甚至是没有必要的，能够从一个角度分析透彻就已经很有价值了。

其次，阐释活动不能随意进行，必须遵循一定的原则与理论依据。批评的目的是要通过揭示新闻作品的价值，分析其优势和不足，判定其重要性，并以此来完成批评者某一个面向历史和未来的观点论断。因此，解读和批评需要依照作品创作本身的规律进行，不能随意对作品进行肢解或过度解读，过度阐释也会导致批评滑向谬误。

最后，从普通读者的角度来看，每个人对新闻作品都会有自己的解读，不论这种解读是深是浅。读者对于新闻批评的阅读，也往往从自己理解的角度，选择自身比较认可的路径，通过批评来强化自己的认同。因此，很难说哪一种批评能够完全让读者全盘接受。不过，批评可以开启读者的认知，一定程度上突破原来视域中的局限性，达到对主题更深的理解。不同的批评为什么会引起读者不同的反应？怎样的批评能够获得读者更多的认同？显然是那些更符合实际情况，既能对新闻作品进行科学解读，又能使用科学的方式进行批评，并且能够引导读者向更深层次理解迈进的批评文本。

第三节　阐释与批评文本的建构

媒介作品的批评分为两个阶段，第一阶段是对作品的解析，第二阶段是通过文字进行评断与阐释。这两个阶段同样需要批评者遵循客观、准确等原则。

一、在阐释中主观认知与客观分析的平衡

媒介作品的主题给阐释和批评指引了方向。阐释和批评虽然是主观意识指导下的行为，但研究的对象是客观存在的媒介作品，因此，阐释和批评必须以科学的方式进行，而非主观认定。任何一种主观认知路径都必须以客观媒介为出发点，不能因为阐释和批评的主观性而否定了其客观性。

媒介作品是创作者提供的一个完成的文本，也许存在某些方面的缺陷，但也是一个自建的意义结构。批评者需要做的，正是在其形式和内容中发现缺失的部分，完成其尚未完成的意义建构。这也需要批评者从客观实际出发，从原有的文本出发，对作品进行深入探析，然后再结合自我认知来建构新的批评文本。

案　例

杨圣满寻水计

字幕：河北省蔚县南部山区的柳河口村，自然条件恶劣，村民们世世代代喝的都是麻沆水。

为了改变这种状况，杨圣满做了村支书之后，开始寻水打井……

从1988年到2011年，23年，一次次的失败，杨圣满坚持着，演绎着寻水打井的故事。

杨圣满：这就是我们的麻花沆，以前老百姓就是从这里吃水，你看就那么混他也得吃。

村民：那时吃的水特寒碜，羊也在里头吃，牲口也在里头吃，吃完了人就吃，那水也不卫生，那也没办法，没水。

村民：我们这村里借钱都可以不还，但是借水得还，因为我们村吃水挺困难。这一桶水就可以吃一天，比吃油还难。

村民：为啥我们村光棍多，外面的姑娘没人敢来。

这是中国广播影视大奖获奖作品《杨圣满寻水计》的开头部分。该片一开始用大篇幅的字幕来讲述河北蔚县柳河口村恶劣的生态环境，然后通过对杨圣满和不少村民的采访来反映现实中缺水的窘境。

如果从技术层面来看，这部作品的制作是比较简单的，如在同期声的处理上还有一些瑕疵。但这部作品来自基层电视台，其水平反映了客观现实。值得鼓励的是，作品寻找到典型人物，并将人物放置于困境中，充分地挖掘和表现。从开头的设计中，就可以看出编导对于采访的对象，以及村民所说语言的选择等，非常具有表现力，很好地将当地缺水的现实状况表现了出来。因此，在分析批评的过程中，能够客观评估整体状态，不因为小瑕疵而否定整体的立意。

为了保证主观与客观的平衡，在阐释和批评的过程中，需要注重两个原则：

第一，客观性原则。

每一条新闻的产生自有其语境。这种语境包括了新闻产生的背景、新闻产生的触发事件、新闻现场的诸多元素、新闻播出的相关问题等，批评者在建构阐释与批评的时候，需要对新闻产生的客观现实进行深入了解，如果有必要的话，也需要对其进行文字梳理，将新闻还原到客观环境中，尽量让新闻与其产生的客观环境保持一致。在这样的梳理中，批评者真正消化掉了原有新闻文本的意图，并在现实的根基中建构出批评文本的框架。

第二，意义匹配原则。

要求批评者在客观性原则的基础上，对媒介文本的原本意义做出描述，并使批评文本与媒介文本的意义呈现出彼此符合的特征。这就要求从语义的角度入手，对媒介文本的原意做比较深入的剖析。即使是创作者的表达意义不明确，批评者也需要根据已知背景，还原出原有媒介文本的意图。这里有一个评价的标准：读者可以对原有文本和批评文本的意义进行比对，看是否获得一致的感受。这种意义的匹配对于进一步批评和阐释至关重要。只有在原有文本意义清晰的描述下，才有可能对文本做出更加深入、更加确切的解读和批评。

二、阐释与批评的意识及其实现路径

在客观性原则和意义匹配原则的基础上，批评者需要借助一些路径来完成批评文本的建构。

1. 有搜集其他文献的意识

一个媒介文本的出现，不是孤立的，一定存在与之相关的事件、背景以及文件。这些都需要批评者通过搜索整理的方法进行查找，并将这些资料与媒介文本关联起来，发掘出其中的必然联系，进而完成文本背景的描述和呈现。

例如，专题片《“蛟龙”探海——中国载人深潜海上试验纪实》讲述了载人深潜是中国历史上具有里程碑意义的大事：“蛟龙号”7,000 米级载人潜水器海上试验成功的事实。这次成功，也标志着我国迈入世界深海探索第一梯队，实现了中华民族几代人的梦想。

该作品层次清晰、条理分明，把高、尖、深的科学试验，用最朴实、最生动的电视语言从不同侧面、不同角度表现出来，把重大的历史背景融入到丰富的细节中，完整地展示了我国载人深潜事业的历史进程。该作品深刻阐释了载人深潜试验对我国深海科考事业的非凡意义，彰显了我国从海洋大国走向海洋强国的魄力和实力，表现了海试队员不畏艰险、搏击风浪、献身深海科考事业的勇气和决心，以及团结一致、报效祖国的奉献精神。这部作品产生了广泛的社会影响和良好的社会效果。

在分析和评断中，不仅要从视听语言的角度进行分析，还需要了解到 2009 年到 2012 年，记者连续 4 次跟随海试团队从青岛出发，真实记录了潜器从出厂到装船，再到海上试验的全过程，专访了多位海试队员，积累了丰富的素材，并运用多种电视手段，从不同角度、不同侧面，对我国载人深潜从 2009 年到 2012 年的 4 次海试，以线性手法进行了全方位背景信息展示。只有充分了解这些相关的背景信息，才有可能对作品做出准确的分析和评断。

2. 有整体观意识

将媒介文本放置在文化语境中，对文本做更加全面的关注。

文化语境指与言语交际相关的社会文化背景。它可以分为两个方面，一是文化习俗，指人民群众在社会生活中世代传承、相沿成习的生活模式，是一个社会群众在语言、行为和心理上的集体习惯，对属于该集体的成员具有规范性和约束性。二是社会规范，指一个社会对言语交际活动做出的各种规定和限制。

从媒介批评的视角来看，文化语境是一种整体的文化氛围。文化语境会给作品的制作、解读带来某种影响，形成某种规约。语境也控制着交际者对语言符号的选用。批评则需要从全局上，有时甚至是跳脱出来对媒介文本做关注和阐释。

例如，2008 年以来，中国纪录片摆脱了低迷状态，开始以产业化的姿态复苏。广电总局出台了促进国产纪录片产业发展的政策，央视成立的纪录频道，现象级的作品《舌尖上的中国》问世，在全社会掀起一轮纪录片的热潮。对于这些媒介现象的批评，需要从文化语境入手，从纪录片的文献价值，以及跨文化传播价值重新被重视等角度切入，看到政府、业界的联动，这样才能真正透视现象背后的原因，对发展做历史性的把握。

3. 有批判的意识

大众传媒不是固定不变的，其中包含了从业人员的主体创造，背后隐含的是理念与目的。因此，在大众媒介的批评中，需要对其价值和人们生活的关系进行分析。

媒介机构是工业和商业的组织，以工厂装配线的方式生产文化产品，以扩大利润为主要目的。在流水线生产过程中，很容易抹杀掉个性。因此，批评者应该从媒介创作的角度，以批判的精神，包括独立判断能力、否定性思考能力、启蒙思想，透视媒介中的意识，剖析媒介中的物化关系。促使媒介批评的受众反思，并拓展媒介创作的方式。

近段时间打开电视，观众都可以发现明星真人秀节目充斥荧屏，有些是明星参加各类游戏，进行对垒；有些则让女明星们换上朴素的休闲服，洗衣、做饭、挤牛奶等。对于明星们在镜头前的窘态，或者是故作的窘态，节目制作部门会给特写并将其放大，在节目预告片中做噱头、博眼球。明星类真人秀在荧屏泛滥，放大了明星生活中不为人知的一面，跟观众心目中的固有印象形成巨大反差，从而营造出娱乐效果，满足了公众的窥探欲望。

此外，当前电视业内复制现象成风，继相亲节目扎堆荧屏，接着亲子类节目、明星穷游类节目相继霸占荧屏，然后是明星真人秀节目跟风出现。不少电视台花巨资请所谓的明星，炮制真人秀节目，文化品位低俗，市场反映也一般。有些电视台盲目引进外国的节目模式，不加入本土元素，毫无创新地糊弄观众，这样只会引起观众的反感和吐槽。

2014 年 10 月 15 日习近平总书记在文艺工作座谈会上指出：低俗不是通俗，欲望不代表希望，单纯感官娱乐不等于精神快乐。精品之所以“精”，就在于其思想精深、艺术精湛、制作精良。

从媒介批评的视角来看，媒介除了娱乐功能之外，还肩负传播文明、传递正确价值观等教化功能，不能娱乐至死。在节目内容的设定上，应该寓教于乐、文以载道。如近来央视举办的《中国成语大会》、某地方台的《最强大脑》，在娱乐节目泛滥的荧屏中以黑马之势获得居高不下的收视率，既传播了传统文化知识和小人物身上的正能量，也给当下娱乐跟风的真人秀制作带来了反思。

由此可以看到，批判是一种独立判读的意识。批评者在对材料进行充分占有的前提下，结合自身已有的知识架构，对媒介文本的价值观做出判定与评价。需要注意的是，对于媒介文本和现象的批判，是针对媒介行业和文本中存在的外在与内在问题进行评价，在评价中需要有度的把握，过于偏激的批评往往会失去客观性，这也是要避免的。

媒介批评者对于媒介与作品的解读，包含理解、诠释、阐发，以及每一个环节，都需要借助文本理论进行全方位的思考和表达。媒介批评针对的语言文本，是对媒介作品的文字化处理。媒介作品本身由文字、画面和声音构成。画面和声音中，也包含了语言文字。甚至在纯粹的画面内，也可以借由语言思维，形成思维的逻辑。媒介指称，正是媒介文本中所指示的事物，这些事物在视听层面呈现出来，同时也需要有受众的思想参与，才能将深藏的意义发掘出来。媒介批评对媒介作品所指称的文字文本或者影像文本进行分析，同时也建构起一个崭新的批评文本。

总的来说，媒介的形态正在发生着日新月异的变化，人们接触媒介、使用媒介的方式也发生了翻天覆地的变化。媒介的信息传播改变着人类的生存方式。在媒介工作中，一些媒体人忽视媒介的思想涵化作用，不注重对媒介生产的反思，对批评中提及的问题不予重视，导致传媒工作的失当。当然，媒介批评必须以理性态度为立足点，要坚持理性认识和判断。

思考题

1. 结合案例，谈谈新闻文本的构成。
2. 结合案例，试论述文化语境对于批评的重要性。
3. 批评者的阐释是否能做到客观?

第三章　媒介批评实现路径：样态解析（一）

本章内容

1. 电视新闻样态解析概说
2. 短消息类电视新闻的解析
3. 长消息类电视新闻的解析
4. 系列报道解析

媒介批评可以分为样态解析和理论评断两个层面。通过样态的解析，批评主体可以按照不同样态的文本结构，对媒介文本进行读解。由于媒介文本有不同的样态，不同的样态呈现出不同的特征，把握住不同样态的特点，按照该样态的标准去规范、要求媒介文本，是实现批评的重要路径之一。本章将重点结合广播电视新闻中的短消息、长消息、系列报道和连续报道，对四类新闻的批评方式进行分析。

景别

由于摄影机与被摄体的距离不同，而造成被摄体在电视画面中呈现出的范围大小有所区别。

第一节　电视新闻样态解析概说

一、类型带来的样态差异

系列报道

围绕同一新闻题材和新闻主题从不同侧面、不同角度作多次连续的报道。

连续报道

一般来讲，从时间轴线按照事物发展过程和顺序展开的报道，我们称之为连续报道。

在新闻作品中，不同的分类方式可以做出不同类别的划分，例如，按照题材性质可以分为政治新闻、民生新闻、体育新闻、娱乐新闻等；按照节目体量，可以分为短消息、长消息、新闻专题；按照体裁，可以分为直播、评论、访谈、调查等。

不同的节目样态，会带来不同的行文样式，形成不同的阅听感受。例如，短消息会借助于短平快的操作模式，侧重新闻信息的呈现；访谈节目则通过对人物的采访，揭示人物的内心世界，让观众能够走近并了解新闻人物；评论类节目通过专家、节目主持人、观众等不同维度的观点集纳，形成观点的交锋，从而仿照新闻调查类节目针对新闻热点问题展开调查，探索事件背后的故事；专题类节目以新闻事件为核心，通过深入地展示相关事件的背景、成因、过程、趋势等，对新闻做出完整的呈现。

在现实工作中，常常是多种形态相互融合的节目样态。如在新闻直播类节目中，会包括短消息、评论等。这就要求批评者对各种类型节目做细致的了解，对其使用的元素做深入的剖析，从而获得相应的批评路径。

二、新闻作品的结构分析

新闻用事实说话，选用什么样的事实，如何去表达立场，这些都构成了新闻的重要形态。新闻的力量就是真实的力量，新闻的艺术是选材的艺术。

在对新闻结构分析的过程中，需要从宏观角度看到新闻的框架，也要从微观角度看到新闻中的事实与宏观框架的关系。

新闻中的事实，不是抽象的概念，而应该是具体的、生动的事实。从新闻学的角度看，事实就是信息，信息构成了事实。而结构的重要作用就是选择事实、捕捉信息、呈现观点。

新闻的结构包括两重含义：一是新闻事实的组成方式，二是新闻要素的组成方式。前者强调倒金字塔写法，后者强调第一要素，即把第一要素排在前面，其他要素则按照逻辑关系层层递进。

三、视听语言的分析

在对新闻作品的解析中，特别是对电视新闻的解析，需要注意视听语言的分析。声画合一是电视媒体的优势，在做新闻的分析时，一定要注意对镜头语言进行观测，有张力的镜头语言可以起到解说词无法起到的作用。

1. 镜头类别

在摄影机机位不变、光学镜头的焦距不变等条件下拍摄到的画面，即固定镜头。在消息类新闻中，常常会包含此类镜头。固定镜头稳定性较强，可以给受众带来静静观察的心理感受，因此也被认为主观情感色彩较少，更符合新闻的基调。

推镜头，是指通过镜头调整，受众视觉上的镜头画框外围逐渐缩小，画面内的景物逐渐放大，受众的注意力将集中到某一局部。

摇镜头是通过摇摄而产生的一种电视镜头语言。在摇镜头中，摄影机的机位不作位移，只有机身作上下、左右的旋转等运动。在电视新闻类节目中摇镜头可以起到介绍环境、从一个被拍摄主体转向另一被摄主体的作用。

移镜头即把摄影机安装在移动轨上或者配上滑轮，还可以将摄影机安装在升降机上进行滑动拍摄，由此形成一种富有流动感的拍摄方式。移镜头的语言意义与摇镜头相似，只不过比摇镜头的视觉效果更为强烈。

2. 景别

景别是指由于摄影机与被摄体的距离不同，而造成被摄体在电视画面中呈现出的范围大小有所区别。景别的划分，一般可分为五种，由近至远分别为特写（人体肩部以上）、近景（人体胸部以上）、中景（人体膝部以上）、全景（人体的全部和周围背景）、远景（被摄体所处环境）。画面的景别，取决于摄影机与被摄物体之间的距离和所用镜头焦距的长短两个因素。不同景别的画面在人的生理和心理情感中都会产生不同的反映，形成不同的感受。

大全景一般用来表现新闻现场的环境全貌，展示新闻人物及其周围广阔的空间环境、自然景色和群众活动大场面的镜头画面。它相当于从较远的距离观看景物和人物，视野宽广，能包容广大的空间，人物较小，背景占主要地位，画面给人以整体感，细部却不甚清晰。

全景是指以人物全身为景别划定的基本范畴，能够看清人物形体、动作以及人物与环境关系的景别。在电视新闻中，全景常常用来拍摄新闻人物在会场、课堂、集市、商场等一定区域范围中的动作。在全景画面中，应该有清晰的视觉落点或结构重点。在新闻节目中，全景是一种解释性和说明性的景别，可以揭示主体人物与周围环境的关系，是塑造环境中的人或物的主要手段。

中景是指以人物膝盖为景别划定的基本范畴，能够看清人物的动作、人物与人物之间互动关系的景别。在电视新闻的中景景别内，人物还可以有一部分的动作保留，另一方面，人物之间的关系得到呈现。

近景是指以人物上衣第二颗纽扣为景别划定的基本范畴，能够表现人物表情的景别。在电视新闻中，近景更多用来表现人物的面部表情、语言交流等状态，是展示新闻人物的重要景别。

特写是指以人物脖子以上为景别划定的基本范畴，细致表现人或物体细节的景别。在电视新闻中，特写更多用来表现物体的细部特征。

总的来说，在电视新闻中景别越大环境因素越多；反之，所展示的细节因素越集中。景别越大，摄影机与被摄对象的距离越远，这也影响到了受众的观看心理。因为景别的加大，距离会让细节弱化，人物的形象也更抽象，受众的心理越趋于冷静，情感的参与程度也就越小。

小景别的镜头因为突出了环境中的一个局部，在画面的删留取舍中也放弃了无需注意的部分，让视觉的观察更简单，有利于受众对画面内的信息做出判断，形成客观的认知，也就从情感的生成上更容易达成共鸣。

在对景别的分析中可以发现，摄影机和被摄对象之间的距离越远，我们观看时就越冷静；也就是说，我们在空间上隔得越远，在情感上参与的程度就越小，这是一个有趣的现象。较远的镜头本身有一种使场面客观化的作用，这首先是因为远景镜头中的空间关系是清晰明确的。远景镜头可以拍下很大的范围，但是加大距离会使我们看不清楚细节，从而使形象抽象化，使我们只能了解较少的东西。大部分远景镜头所拍摄下的范围和站在摄影机位置上所看到的范围比起来要小得多，即使放映在最大的银幕上，从很远距离拍摄的镜头也只能显示很少的东西。远景镜头可能向我们提供它所描绘出的特殊信息，这种信息本身在主观上可能是让人兴奋的；但是，它的视觉形象却表现为传给我们感官的客观信息，由于远景镜头包含的细节多于近景镜头，因此它对我们的感官提出更多的要求，这就会使我们在感情上对自己正在看的场面采取超然态度。

较近的镜头一般能使我们在感情上更加接近人物，这是因为可以突出环境中的一个小部分，它挑出这个部分不仅是为了强调与之有关的某种东西，而且还为了有意忽视其余部分。由于这样的镜头没有挤进来无关的东西，因此视觉的观察是比较简单的，我们对于出现在眼前的实际形象可以立即做出客观的解释，这就为我们留下了更多的余地，使我们可以在情感上作出反应。

景别的选择应当和影片实际相结合，符合每部影片的艺术表现要求，要努力把风格同内容结合起来，使每个镜头都能够统一在完整的叙述中。

3. 光线与色彩

在光线的划分上，根据光的位置的不同，可以分为顺光、逆光、顶光、底光等。根据光的类型的不同，可以划分为直射光和漫反射光等。

顺光是指光线从摄像机这一侧射向被摄物体那一侧。顺光可以使现场的照明显得比较均匀，但缺乏层次；与之相反，逆光是指光源在被摄物体的那一侧，摄像机成像中会形成一种逆光的效应，如果人物在光源之前，则可以形成剪影的效果；顶光是指光源从上部直射下来，如果被摄人物形成了顶光照明，眼窝容易出现黑色的不受光区域；同样的，底光是指光源从下部而来，如果被摄人物形成了底光照明，额头等部分容易出现不受光区域。顶光和底光的过强，都容易让人物呈现一种怪异的视觉效果。在艺术影像中，为了达到特定的艺术效果，顶光与底光的使用比较常见。电视新闻以客观真实为生命，一般根据新闻现场的光线直接使用，但在某些情况下，如夜间拍摄等，需要对现场光线做一定程度的介入，这就需要正确地使用光线，以保证足够的照度，同时也完成新闻现场的信息记录与还原。

电视新闻是视觉的文本，特别是在彩色成像技术普及之后，色彩不可避免地参与到电视新闻的视觉建构之中。不过，基于电视新闻的真实属性，记者和摄影师一般不会对现场的色彩状况进行干预，只需真实记录和还原现场情况即可。但在某些条件下，色光的介入会对物体本身的颜色造成影响，因此也需要注意色彩的使用规律，避免不当情况的发生。

第二节　短消息类电视新闻的解析

在对短消息的解析中，要特别注重考察记者对新闻现场的把控能力，这里包括对影像的发现、概括和表现思维等综合素质。由于消息类新闻时间短、体量小，只有抓取到了视觉化的、富有典型意义的动态新闻事件与人物行为，才能实现消息类新闻的价值。分析消息类新闻时，批评者也要具备相应的能力，对新闻的本质和价值做出相应的判断，看到记者和摄影在主题、内容、细节、画面呈现等方面的努力。找到了这些支撑点，才能真正对消息类新闻进行把握。

一、核心现场与动态把握

短消息往往是新闻工作者在事件现场抓抢得来的。新闻记者通过获取新闻事件的画面、同期声，展示出事态的发展过程。新闻的发生可能不只限于一个现场，但发现并呈现新闻事件的核心现场，是记者的重要工作。优秀的记者往往可以通过对核心现场的呈现，让观众了解新闻信息、清楚事态发展，进而产生出现场感和参与感。

案　例

新闻现场·浙江丽水：大客车高速路倒车酿惨剧

文字稿内容：昨天上午的9点52分，浙江境内金丽温高速的丽水段往金华方向的一辆大客车，在倒车的过程当中与一辆半挂式的大货车相撞，造成一人死亡，多人受伤。

现场视频：这是当时出事大客车上的摄像头拍摄到的画面，可以看到，车辆驶过丽水方向的出口时，有乘客走到驾驶室和司机说了一些什么。在停车大约30秒后，司机开始缓慢倒车，倒车持续了约30秒悲剧发生了。后边同向行驶的一辆半挂式大货车躲避大客车不及，从后面撞上，强大的撞击之下，两车都发生了侧翻。事故发生的瞬间，大客车上的乘客都从座位上飞了起来，司机和一名乘客还从开着的窗户里飞了出去。消防人员到达现场后发现，货车司机被卡在驾驶室里，经医护人员确认已经死亡，货车上的另一人也受了伤。大客车上的乘客也都不同程度骨折、挫伤。消防人员动用破拆工具对变形的货车驾驶室进行破拆，在吊车的协助下，将遇难司机遗体从车内抬出。目前，这一起事故正在调查当中。

2013年8月2日，在浙江金丽温高速上，一辆大客车开错方向后倒车与一辆大货车相撞。车祸造成一人当场死亡，十多人不同程度受伤。车内监控画面记录了事故经过。高速随意倒车，车上随意走动，如此不安全行为会导致严重后果。可以说，警方和媒体三令五申都比不上这起事故监控让人信服，也再一次证明了“现场为王”这一金科玉律。

这条短新闻真正考验了记者对新闻核心事实的把控能力和剪辑能力。最后，记者按照7∶3的比例，将事故发生瞬间的令人震撼的场面进行全方位的展现。该新闻画面震撼、叙事紧凑、剪辑干净、现场感强，不安全行车的危害性不言而喻，达到了“一句胜一万句”的效果。此新闻后被《新闻联播》采纳，补充采访后，发了3分钟多的单条新闻，取得了巨大的社会效应。

现场的影像和声音，是电视新闻富有生命力的特征所在，这就避免了声画剥离的“两张皮”新闻的存在。

由于新闻事件是动态发展的，在现场蕴含了许多的变化因素。在时长一分钟甚至几十秒的短消息中，要将变化的动态完全记录下来，是有难度的。这就需要记者能够在核心现场中发现最鲜活的瞬间，这也成为了考察记者能力的重要指标。

二、主题选择与意义呈现

在短消息的时间容量中，要表现多个主题的难度较大，单一主题的表现成为优秀消息类新闻报道的取胜之道。在分析新闻作品时，要重点考察记者是否对主题做了集中、明确、凝练的呈现。主题的集中，也可以让影像语言的建构、新闻信息的传播更加便捷有效。

案 例

我海警舰船在钓鱼岛海域巡航执法

今天本台记者黄蓉也跟随着中国海警2151船进行了一个随船报道。我们来看记者早前发回的报道。

黄蓉：我现在就在这次中国海警编队的指挥船上，那么大家可以看到在我身后不远的地方就是钓鱼岛的主岛。那么在这个天与水之间呢，钓鱼岛清晰的轮廓展现在画面上。与此同时，日本海保军的巡逻船PL62也是自始至终跟随着我们，试图干扰到我们的正常巡航。那么我们的维权执法工作人员也是积极应对，采取喊话驱逐的方式，宣示主权，捍卫我们的海洋权益。

中国海警舰船维权执法队员：日本海上保安厅巡逻船队，这里是中国海警2151船。钓鱼岛及其附属岛屿，自古以来就是中国的固有领土，其周边12海里为中国领海。你们已经侵入了中国领海，要求你们立即离开。

中国海警舰船指挥员陈建中：我这个编队一共由四艘中国海警舰船组成，我们现在以单纵队的形式，在钓鱼岛（海域）内进行巡航执法。同时在钓鱼岛另一侧呢，我们还有一个编队也正在开展钓鱼岛（海域）内的巡航执法。这次行动达到了体现存在、宣示主权、巩固钓鱼岛巡航执法成果（的目的）。

2013 年 9 月 10 日，时值中国公务船在钓鱼岛海域维权巡航一周年和“日本购岛闹剧”一周年，记者临时接到中央海权办“巡航钓鱼岛”的报道任务，第一时间赶往现场，登上巡航编队的指挥船。

在报道口径与现场形势不断变化的复杂情况下，记者有条不紊、安全完成钓鱼岛领海巡航直播，并在第一时间通过国家海洋局的网络回传现场消息。节目不仅记录了我海警舰船在钓鱼岛领海巡航的新闻现场，更是捕捉到日方公务船在我领海侵权的有力证据。这篇报道主题十分明确，就是报道了我国的海警舰船在钓鱼岛海域执法的现场。

此次报道，是“十八大”提出“海洋强国”战略并成立中国海警局之后，第一次在公共媒体上呈现我国在钓鱼岛维权工作的情况。新闻紧跟国家政治导向，对表明我国在钓鱼岛事件上的态度有着积极的意义。整个节目操作，独家且权威，播放后受到各大电视台、网络媒体的转载，有效引导了国内舆论。

尽管消息类新闻倾向于事件的陈述，但其中仍然蕴含了记者和媒体的价值取向。优秀的短消息报道，注重发挥新闻教育大众、引导思想、鼓舞人心等作用，通过意义的呈现达到视野上的拓展、思想上的启迪。

案　例

雨袭四川·德阳·现场：洪水来袭 手机记录惊险一刻

文字稿内容：在四川德阳的石亭江有一个磷矿员工被困在了洪水当中，河对岸他的工友，用手机拍下了这惊险的一幕。

现场视频：“快点跨过来，赶快！喊你快点！快点过来啊！”从视频上可以看到，一名男子被困在了一栋被洪水包围住的房子前，正犹豫要不要趟过洪水到岸边，而此时房子已被洪水冲垮了一半，工友们正催促他赶紧逃生。这名男子捡起一根木棍试探着前进，工友们也在岸边指挥他往水浅的地方走。这名男子刚走出不远，身后的房屋就被洪水完全冲垮了。最后这名男子快到岸边时，工友们用木棍将他拉到了安全地带，据什邡市气象局监测，持续暴雨使石亭江水流量达到了每秒 2,710 立方米，突破了有监测以来的最高水平。据了解，目前被困的两百多名员工和附近村民大部分已经安全转移。

片子最后，一名工友向被困者伸出援手，体现出在大灾大难面前互帮互助的可贵精神，使报道主题得到升华。节目播出后产生强烈反响，记者紧跟后续，多方联系找到当事人，采用当事人回述穿插当日视频画面的方式还原现场，采访到位，以当事人的感恩作为落脚点，再次提升片子整体质量。

这是一篇优秀的短消息报道，不仅用现场感十足的手机视频说明了此次暴雨洪水的严重性，更通过工友向被困者伸出木棍这一行为，宣扬了人民群众之间互相帮助的可贵精神，弘扬了主旋律，给予了观众鼓舞和启迪。

案 例

高铁上的爱心接力

文字稿内容：两天前在青岛开往北京的 G198 次列车上，为了救助一个患重病的农村儿童，300 多名素不相识的旅客伸出了爱的援手。现场人们用手机记录了温馨的一幕。

27 号晚，G198 次列车停靠济南西站，一位旅客推着轮椅挤进车厢。轮椅中的儿童插着呼吸管，昏迷不醒。

（采访音）G198 次列车列车长王帅：他说他孩子得了这个脑瘫，已经昏迷了很久。

解说：孩子的父亲说，孩子昏迷两个多月，花光了所有积蓄也没治好。现在，夫妇俩揣着最后的六千块钱，想到北京寻找一线希望。听到这些，列车长决定通过车厢广播来帮帮他们。

（现场音）列车员播报：在我们的列车上，有一名小男孩正在承受着脑瘫的痛苦……

而接下来的一幕，让王帅意想不到。300 多位素不相识的旅客毫不犹豫地慷慨解囊。

（采访音）G198 次列车列车长王帅：旅客基本就是 100，最多有 1,000 的，有四五岁的小朋友拿着三四百块钱（来捐款）。

解说：临到终点，列车员清点了募捐到的 25,662 元人民币，当场公示并交给孩子的父母。晚上 8：30，列车到达北京。带着全车旅客的浓浓爱心，孩子被护送下车，送医院急诊。昨天下午，记者到北京儿童医院探望正在接受治疗的患者陈文昭。

受助旅客陈利生 ：医生说调节体温的神经中枢烧坏了，我就想通过咱们电视台，对列车上的乘务员和列车长还有所有的乘客表示感谢。

该条新闻报道的是发生在 10 月 27 号晚，青岛开往北京的 G198 次列车上的感人故事。

为了救助一名患重病急需救助的农村孩子，300多位素不相识的爱心旅客慷慨解囊。

记者独家获得了旅客、乘务员用手机拍摄的画面，敏锐地判断出这个爱心故事在当前缺乏信任的社会环境中具有特殊价值和意义。事情虽然微小，但是却体现出“救人所难”“援手相助”的大原则，也为相对冷漠的人际关系寻找积极而温馨的社会正能量。为此，记者在获得手机视频的当天连夜赶制新闻，生动、真实地再现在高铁上为患病儿童积极捐款，不留姓名、不计名利的“爱心接力”。

该条新闻在29日新闻频道的上午首播，综合频道《晚间新闻》重播。节目播出后，多位社会爱心人士联系患者家属提供帮助，体现出主流媒体的传播力度和社会责任感。

通过以上几则案例，可以看到短消息类新闻在主题呈现和意义表达方面的特征，这也是分析时需要注意的。

三、迅速记录与及时传播

短消息类的新闻更多是记录事件的表层信息，对于事件深层及背后的原因一般无暇顾及。这也要求记者对新闻事件做出迅速的反应，并通过各种方式记录下来。

案　例

韩亚失事飞机与塔台空地对话

文字稿内容：那么在这起空难发生之后呢，美国波音公司的一位电子工程师也是发回了坠毁航班的实时空地对话录音。这个录音就显示在事发前空管人员其实已经获悉这架飞机出现了紧急情况。

这段对话录音大概持续了3分多钟，录音中，韩亚飞行员呼叫：紧急。随后，空管人员试图指挥飞机复飞。可是，在塔台的工作人员和飞机进行空地对话的过程中，信号不畅，地面无法清晰辨别机组成员的回话。

北京时间2013年7月7日凌晨，韩国韩亚航空一架波音777客机在旧金山落地时腹部着地，起火解体，造成2名中国人死亡，180多人入院治疗，机上大部分乘客都是中国人。此消息是当天的重大新闻、各大媒体的头条。飞机失事后不久，波音公司随即公布了飞机失事时与塔楼的一段空地对话，本条新闻主要围绕这段空地对话展开。

本条新闻抢发及时，带同期字幕的片子几乎与微天下等新媒体同步播出，新闻性强，且短短 1 分钟左右的新闻通过原声录音的再现还原了现场的紧急状况，现场感十足。由于当时飞机刚刚失事，机上大部分乘客生死未卜，所以这段录音透露出的信息显得尤其珍贵，也格外引人关注。当天本条新闻在多档节目中播出，播出率极高，且被《新闻联播》《焦点访谈》《东方时空》等重要节目采纳。本条新闻充分展示了飞行员与机场塔楼的对话，甚至将飞行员含糊不清的声音也原封不动地呈现出来，真实再现了飞机失事前后的场景。同时，本条新闻还结合录音，介绍了空管人员获悉飞机出现紧急状况派出各种车辆做好应急准备以及救援人员正赶往现场处理的最新情况，并配有事发现场的画面，现场感非常强。

此外，新闻的价值是随着时间的延续而递减的，短消息更是如此。在媒介融合的背景下，新闻源的垄断已经被打破，主流媒体更需要对重要事件的新闻进行及时传播，获得良好的新闻话语权。

四、镜头使用与细节表达

在消息类电视新闻的分析中，要特别注重对于镜头的分析。由于消息类新闻的时间长度有限，一般不会用具有纪实属性的长镜头全程记录事件的发展全貌，而是使用分切镜头的方式，对事件进行删留取舍，将新闻事件最独特的面貌集中凝练地展示给观众。

案　例

汶川草坡乡发生高位山体滑坡

7 月 22 号中午，四川省汶川县草坡乡祖湾村刘家河坝发生了高位山体滑坡，造成当地 20 多户民房、100 多亩农田被埋。

（现场音）四川汶川足湾村村民荣代芝：就在这里到那里，一片山掉下来，看着都吓人，从来没那样子垮过。

滑坡造成一人受伤，但下移的山体阻断了河流，形成堰塞湖，而天气的变化和未知的情况也随时可能导致次生灾害的发生。由当地预备役部队、武警、公安等部门 300 多人组成的抢险救援队边排险边全力组织草坡乡8个村近2,000名群众进行转移。转移现场，当地政府设立了物资、交通、电力通讯、医疗服务和车辆调度等多个保障组，确保被转移群众一下山就能领到食物和饮用水。截至目前，近2,000名受灾群众已经全部转移到安全地带。

这条新闻是2013年7月24日在《新闻联播》播出的。画面在播完演播室之后，首先映入眼帘的是高位山体滑坡的大全景，接着是全景，与此同时，同期声播出了人们的惊叫声。这两个镜头生动形象地揭示了此次山体滑坡的严重性以及给人们带来的严重影响。接着是当地的预备役部队和武警等救助灾民的紧张画面，这也表现出了此次灾情的程度和救助队的及时。

整个新闻的镜头用表意蒙太奇组合而成，形成了完整的逻辑。同时，灾民下坡时没站稳救助人员马上去扶，以及灾民手里拿着领到的救灾食物和水等这些细节镜头的运用，凸显了在此次灾害中人们的相互扶持和政府的高度重视，提升了新闻的报道价值。

在消息类新闻中，一般都会使用小于4秒的短镜头。通过镜头对新闻事件的空间进行取舍，对新闻事件的时序进行调整，并通过蒙太奇的镜头组合完成了整体叙述。消息类叙事讲求真实客观性，蒙太奇将不连续的画面组接起来，通过逻辑关联传递了信息情感并形成了主观评价。

案　例

洛杉矶国际机场发生枪击事件

文字稿内容：美国洛杉矶航站楼当地时间1号上午发生枪击事件，造成1人死亡。据美联社报道，包括枪手在内，共5人受伤。

当天的枪击事件发生在9：20左右，1名男子走到3号航站楼的一个安全检查口，从包里拿着1支突击步枪扫射，1名机场安检人员遭枪击身亡。枪声响起后，现场的乘客迅速卧倒或逃离。

目击者：我们听到枪击，都卧倒下来，几秒钟后，我看见枪手乘着电梯上来，离我们大概只有3米远，手里拿着枪指着我们……（啜泣）

机场安全人员随后展开行动，在击中这名男子后将其逮捕。据介绍，开枪男子名叫保罗·安东尼·钱恰，23岁，目前还不清楚他的作案动机。美国联邦调查局也还没有将其定性为恐怖袭击事件。受枪击事件影响，当天共有746班进出港航班受到影响。

本台出镜记者陈云轩：虽然警方和机场方面表示，机场的秩序将很快恢复，但是在现场我们仍然可以看到更多的旅客以及前来迎接亲朋好友的人，他们被迫在这里滞留了数个小时。

洛杉矶国际机场是全美第三大机场，也是全美乃至全世界最繁忙的机场之一。半个月前，洛杉矶国际机场曾连续两天发现干冰炸弹。

这条新闻是在洛杉矶国际机场3号航站楼发生枪击事件后，央视驻洛杉矶记者迅速赶往现场，带来的现场报道。

当天的《新闻联播》播出了这条短消息。在内容方面，稿件短小精悍，既有枪击事件发生的经过又有现场目击者对当时情况的回忆，尤其是在描述中有“心有余悸地流泪”这样的话，非常具有感染力。此外稿件中还关注了枪击事件对洛杉矶国际机场进出港航班的影响。在背景方面，交代了洛杉矶国际机场是全世界最繁忙的机场之一，让观众对这一事件的严重性更加关注。稿件的最后还提及了机场在前一段时间曾连续两天发现干冰炸弹这一信息，让人们对该机场的安检系统产生了质疑。

而在画面方面，这条新闻选取了最具震撼力的现场手机拍摄视频作为开场画面，画面外警察催促人们快跑的声音让观众一下子进入紧张的情绪。此外，全片还综合使用了案发现场最具冲击力的画面，并且制作了3号航站楼的动画示意图，在画面的使用上非常丰富。

优秀的消息新闻镜头语言善于捕捉细节，同时注重提炼典型语言。在一条消息类新闻中，片子中要有一组能够展示新闻事实的本质特点、补充新闻信息、吸引受众注意力的镜头，不仅能减少节目的长度，而且能加强信息传递的效果。细节不仅能使节目具有浓厚的现场感，还能凸显人物的个性、情感和性格，从而聚焦与提升报道的新闻价值。

第三节　长消息类电视新闻的解析

长消息与短消息的区别首先体现在时间长度上。如前文所述，一般来讲一分半钟之内的是短消息，3分钟左右的则属于长消息的范畴。此外，在选题分量、内容层次、意义厚重等特征上，长消息也与短消息形成了区别。

在选题方面，长消息体现出的特征包括：许多党和国家的路线方针政策，以及相应的中心工作、重点工程、重大动作等需要通过长消息进行传达；重大的新闻题材、新闻事件需要借助长消息来总结经验、宣传成就、传播典型、针砭时弊。一些在短消息中无法说明说透的人或事都可以在长消息中得到清晰完整的呈现。这也是长消息的新闻在《新闻联播》中占主干支配地位的原因。

一、新闻由头与独家报道

新闻由头即新闻根据。在新闻的定义中提到，新闻是对最新发生或正在发生的事实的报道，其“新近性”就对新闻传播客观事实必须有一定的根据或契机。换句话说，必须找到事实新近发生或发现的一个缘由。在电视新闻中，新闻由头可以成为新闻导语或者导语的部分内容。

案　例

记者调查：揭开PX神秘面纱

这则新闻中，开篇主持人口播，“近来，国内一些地方新建PX项目引发争议。不少人关心PX工厂会不会污染环境，PX本身对人体有没有影响。”以此为新闻由头，将观众一下子吸引到这件最近和自身相关的事情上，体现了新闻的新近性和接近性。

紧接着，由导语转到画面解说，把专业的化学知识用生动形象的动画表现出来，直观地解释了PX的中文全称与化学特性：“PX的中文名称是对二甲苯，常温下是一种无色透明液体。它存在于汽油中，是汽油高性能抗爆性的重要组成部分。PX还可直接用作颜料、油漆稀释剂和工业溶剂等。此外，PX是生产聚酯的重要原料，用PX制成的聚酯材料可生产饮料瓶和各种绝缘包装。”四句话说明了PX的基本概念，最后，以一句“可以说我们的日常生活离不开它”作为总结，完成了一个从新闻由头到新闻点的完整过渡。

“独家新闻”是西方新闻学的专业术语，强调在众多媒体中对一则新闻进行独家的刊载或发布。报道的往往是涉及政治经济或社会民生等方面的重要事件，独家报道对该事件的权威言说，使该新闻也随之具备了特殊的新闻价值。

当然，独家新闻并不是长消息类新闻所独有的特征，而是所有新闻领域的一种普遍现象。独家新闻的出现，除了令新闻机构能够凭借自身的采集、传播通道抢先发布新闻之外，也指涉了新闻记者的素质，要求记者能够以更加专业的视角发现、以更加专业的手法呈现新闻。

案　例

奶企多美滋“贿赂事件”　多美滋的“贿赂名单”

婴幼儿奶粉安全是近年来普遍关注的民生问题，为了抢占“第一口奶”，著名奶企多美滋不惜贿赂医院而引起轩然大波。《奶企多美滋“贿赂事件”多美滋的“贿赂名单”》这则新闻，生动直观地体现了记者将新闻敏感与新闻判断力放在首位的特点，以充分的证据和细节展现，体现了独家新闻的权威性与震撼力。

调查有如侦探破案般的节奏，将真相抽丝剥茧似地一步步呈现。首先，我们看到3个表格的名称，“这是今年4月北区汇款情况及改错文件。可以看到有3个表格，知情人告诉我们，第1个表格上显示的是打款账号发现错误情况的一个统计。第3个表格是给医护人员的一些讲课费。而第2个写着‘私’的表格就是多美滋公司给医护人员私人的汇款。”

接着，解说词进一步揭开了这份秘密表格的细节，“我们隐去收款人的姓名，对涉及的省市区进行了一个粗略的统计，一共包括北京、辽宁、吉林、河北、天津、内蒙古、黑龙江等7个省市区。”

而同期声中，知情者的答话更让人出乎意料，“这只是北区，全国6个区呢，那都是相关的医务人员。”“我们所有的工作都需要向我的老板汇报的，没有他的准许我们是不能做的，公司会走流程的，不批这些钱打不出来。”

知情者爆料之后，我们又进一步听到了详细的数据解说，“根据电子邮件显示的数据，记者计算了一下，仅仅今年4月份这1个月，多美滋公司就给这7个省市区的医务人员打款将近50万元。”

这则长消息不仅充分使用了获得的一手资料，也巧妙地将知情者所透露的信息与证据结合，通过流畅的声画配合以及动画的运用，一步步揭露了重要的内幕消息将丑闻曝光，成为一则有理有据的独家调查性新闻，产生了巨大的社会影响。

在对新闻进行解析的过程中可以看到，所有新闻单位都力争对重大题材的新闻报道进行首发或首播，因为这是各新闻单位形成社会影响力的重要渠道。同时，我们还看到不少新闻机构借用了巧劲，有效地使用了文字、图片、声画等元素，以期获得良好的传播效果，并从新颖的角度对新闻报道进行了全面的挖掘与解读。

二、信息传达与背景挖掘

信息是事件或人物的表征和内涵，表征外显于外部，我们称之为外在信息，内涵则蕴藏在内部，我们称之为内部信息。外在信息需要记者通过对新闻现场的捕捉来完成，内在信息则需要通过记者的挖掘来呈现。内部信息和外部信息的交融，是新闻信息表达的最佳状态。

案　例

急速拦截

节目以一起酒驾肇事案为内容，充分展现了车祸发生时的紧张感、现场感，让观众充分体验到案发时那种急迫的感觉。导语概括而生动地描述了事件的核心内容："在山东济宁的一个交叉路口，面包车肇事后不顾前轮爆胎，还快速逃逸，甚至在前轮脱落的情况下仍不减速，依然摇摇摆摆地疾驰。""肇事""爆胎""逃逸""疾驰"，主持人用短短 4 个词便将最精彩也是最关键的信息表达出来，让观众迫不及待想要获知事件的具体情况。

解说：这辆疯狂逃逸的就是肇事的面包车，民警发现，车的左前轮已经爆胎变形。逃逸过程中，驾驶员看到了前轮这一情况，但是并没有停下来，反而继续开着车逃窜，任由它摇摇晃晃地前行。看到追到眼前的民警后，司机竟然还面带微笑地打了个手势。

考虑到安全的问题，民警没有强行拦截，而是跟在后面继续喊话。

面包车驾驶员在行驶过程中，竟然还把车开向了对向车道，令人惊出一身冷汗。而这时，面包车的左前轮在剧烈的摩擦下不时冒出一股股的烟尘，并慢慢脱离轮毂。而在左前轮仅剩下一个轮毂的情况下，这辆疯狂的面包车依然没有停下来的意思，反而加速前行，现场的民警能够听到明显的金属摩擦地面的声音。

之后，这辆面包车拐上了一条小路，惊险的一幕再次出现。在与一名推车路人擦身而过后，这辆面包车继续逃窜。

在又拐了一个弯以后，面包车终于被民警驾驶的车辆逼停。

解说用300多个字描述了这次惊心动魄的追捕全程：追捕过程中不时出现新的险情，最后民警终于将司机控制住。

在这个过程中，几个重要信息通过细节捕捉得以展现。一是肇事车辆的左前轮已爆胎变形，这意味着随时都可能发生严重事故；二是司机明知故犯，甚至还对民警微笑，这就让人感到匪夷所思，不禁怀疑司机是否清醒，也为后续引出酒驾的事实做了铺垫；三是当面包车不断冒烟并只剩3个轮子时，肇事司机反而提速前行，严重背离了正常的驾驶规范，因此最后查证其为无证驾驶并受到惩罚。

在3分钟半的时间，记者以最快的速度和最佳的现场效果，完整地记录了这起疯狂的酒驾逃逸事件。声画并茂的纪实拍摄，将事件发生的前因后果一一呈现，既表现了外在最直接的司机醉酒肇事后逃逸事件本身，也挖掘了内在信息，即肇事者属于无证驾驶这一违法事实。节目具有很强的警示意义，向人们警示了无证驾驶、醉酒驾驶等违法驾驶行为造成的危害。

新闻事件指的是新闻报道的核心事件。长消息要注重新闻事件内容的表达，内容要鲜活，就需要用事实说话。

长消息需要交代新闻的背景，因为新闻是在一定的背景之下才会发生的。长消息不仅要注意对新闻信息的筛选，还需要对新闻产生的背景进行分析。对新闻背景的分析，有利于理清新闻产生的原因，对说清新闻产生的来龙去脉有重要的作用。在长消息中会对新闻事件的发生背景进行梳理，这种背景包括了事件背景、知识背景、历史背景等。

案　例

记者调查：揭开PX神秘面纱

由于PX是工业生产中广泛使用的一种化学物质，因此这是一则典型的交代知识背景的非事件性长消息，其中使用的语言也浅显易懂，通过记者在实验室的观察，我们了解了酒精的易燃性和爆炸范围都超过PX，在普及科学知识的同时，也更令人信服，从而有益于帮助公众消除对PX的误解。

对于此段原视频的解说如下：

作为一种低毒类化学品，PX的主要危险在于易燃性。针对PX的易燃性，记者观察了实验室PX同常用的乙醇，也就是酒精的对比实验。实验表明，PX发生闪燃的最低温度是27摄氏度，而酒精发生闪燃的温度是13—14摄氏度。两者就易燃性比较来说，PX还不及酒精易燃。

随后，工程师也做了PX气体的爆炸极限测试。实验结果表明，酒精发生爆炸的浓度范围比PX更宽，两者相比较而言，酒精更易发生爆炸。

此新闻由头围绕公众对PX的污染性产生质疑，并强烈反对一些地方的新建PX项目展开，因此除了对PX的概念进行科学阐释之外，此条长消息还给出了一定的历史背景，如关于我国的PX产量等。依然借助动画的演示，新闻中给出了如下数据：2011年全球PX产量在3,040万吨以上，而中国PX年产量只有870万吨，远远满足不了市场需求。2011年，我国PX进口依存度已高达44%。数据进一步解释了为何我们需要新建PX项目，结合前半部分在实验室对PX的真相揭秘，充分的事实有益于加强公众对PX的理性理解、消除恐慌。

此条长消息回答了“PX究竟是什么？”“对人体有没有危害？”“我国又为何要增加PX产能？”这3个问题，但仍缺乏一定的事件背景，若能结合实际情况提供适当的信息，解释为何不少人开始关心PX是否会污染环境，以及对PX项目的争议背景等，这些问题的解决将对证明PX的“清白”起到更好的反衬效果。

时间的延伸带来了一定的广度和深度。长消息不可以仅停留在对事实表层的叙述上，而是需要具备一定的深度和力度，要用有限的内容去反映新闻事件的本质。相对于一般的短消息而言，长消息的深度需要记者深入采访，获取大量的第一手素材，发现事实的规律，并将它放置于较长的坐标体系中，以历史的眼光来审视和关注它，从而高屋建瓴地显现出事物的意义。

三、题材差异与叙述角度

长消息因表现题材不同，可以分为事件性长消息和非事件性长消息两类。事件性长消息比较好理解，即围绕核心的新闻事件形成的新闻报道。非事件性长消息往往是针对先进人物、先进经验、某项生产、科研成果，甚至针对社会问题或社会现象等进行的新闻报道。优秀的非事件性长消息报道，往往需要很好地寻找到切入点，即通过对新闻由头的把握找到好的新闻切入视角。

案 例

互联网思维带来了什么？

互联网思维是本时代的一个热词，其带给社会生活方方面面的改变已无法忽视。这篇报道从实业科技创新角度出发，选取小米与海尔两个企业为代表，很好地将互联网思维与中国制造业的现实结合起来，是一则非常接地气的经济报道。

导语一开始，便在一句话内用8个字概括出互联网思维的核心，并且设置了一个悬念：实业难做，要看怎么做，在互联网高速发展的今天，信息交互，知识分享的互联网思维正在改变着中国的制造业。

“如何改变”，正是节目吸引观众继续看下去的重点。报道由小米公司员工讨论时的同期声引入，“上周五，我们的老人模式已经发出去跟用户见面了，看了一下用户的反馈，这个界面上的设置还是有点复杂。”配合生动的画面，观众渐渐进入小米公司讨论用户需求的氛围中。下一句解说紧接着补充道：“这样的讨论会每天都有，并且研究的都是来自小米用户提出的各种改进想法。”

对于所有这些花样百出的用户需求，如何解决来源渠道问题至关重要。首先，小米科技副总裁黎万强的话包含了关键信息：“我们把用户当朋友，根据他们的意见来改进产品，我觉得这是最大的变革。”互联网思维，让企业已经能够更顺畅地了解客户的需求，保持这个渠道畅通，并且形成一整套工作流程，让客户的需求快速地变成产品，这是小米科技的独到之处。解说紧接着配合数据讲故事，演示了小米用户每天如何参与手机的改进过程，这在这则科技创新题材的新闻中更显贴切。

解说：数以千万计的小米用户成了小米研发的外援团，每天大量对手机的需求、意见、建议，都会通过微博、微信、论坛的渠道传递给小米，根据不同需求，小米手机的系统每周都会进行更新，每次更新都会发布几个甚至十几个功能，这其中就有三分之一是由用户提供的。

说完互联网汇聚企业创新的用户需求，接下来新闻的视角一转，过渡到互联网为解决需求所提供的途径上，例举的代表企业是海尔。

解说：在海尔的空调实验室，这台即将量产的新型空调正在做最后的出厂测试，与我们常见的空调不同，这台空调的出风口就在这个圆洞里。

同期声：

海尔立式空调企划总监雷永锋：我们把这一圈叫环形出风口，它是出冷风的，但是同时，从这个洞的后面可以带动自然风过来，吹上去就会很舒服。

解说：别小瞧这么一点变化，要用到空气射流等技术，海尔原有的研发力量根本做不到。但令人惊讶的是，样机在一年内就做了出来，比以往的研发速度快了两倍。

解说：帮上大忙的就是海尔搭建不久的全球研发资源整合平台，这个平台整合了全球10万个知名高校、专家学者、科研机构，涉及电子、生物、动力、信息等诸多领域。海尔只要将自己的研发需求放到这个平台上，就可以坐等科研资源找上门了。

从海尔依靠全球研发资源整合平台获取解决方案这个角度，我们再一次领略了互联网思维带来的机遇。若海尔自身的研发力量跟不上客户需求，就可以通过互联网的平台，广发英雄帖，将自己的研发需求分包给世界各地的科研机构，并与之形成利益共同体，让研发变得事半功倍。和新兴科技公司不同，海尔等传统制造业公司在这方面也许不是起步最早的，但却是与实业对接最好的，若能恰当地使用互联网平台带来的创新和活力，那么解决的不仅是技术难题，更意味着节省了大量的时间与金钱。

创新题材很难电视化，有时候还很难说清楚。这篇报道的两个事例讲了两个故事，表达了互联网思维带给我们中国制造业变革的两个方面。两个故事讲述得非常清晰，整个片子的节奏把握到位，画面与同期的处理很精准。这篇报道在社会上引起了相当大的反响，对海尔和小米的做法，人们给予了很高的评价。

长消息类报道中常常会有人物出现，人物的表现一般分为整体式和集纳式两种。所谓整体式即针对核心人物的报道；集纳式则以主题为核心，是从不同的侧面涉及多个人物的报道。在围绕人物呈现的长消息中，需要利用视听语言挖掘人物的内心世界。

在对长消息类新闻的分析中，还需要注重分析其叙述角度。叙述角度即新闻角度、报道角度。不同记者在对同一新闻事件的观察、思考、挖掘、还原中，会选择不同的叙述角度，这关系到叙述立场、主题选择，也会直接影响到传播效果。

案　例

大迁徙直播架起中非交流合作桥梁

解说：这几天，北京自然博物馆的非洲马赛人生活展区挤满了好奇的孩子们。

同期声：

记者：马赛人不同的服饰和生活习惯都让他们充满了好奇。通过“我爱动物小课堂”，给两地的孩子创造了一个面对面提问和交流的机会，增进了他们对彼此的了解。

非洲小朋友：你们出门的时候也会遇到野生动物吗?

北京小朋友：我们一般在路上的时候是没有遇到过野生动物的。

老师：那我们在哪看野生动物?

北京小朋友：都在动物园里。

北京小朋友：请问你们平常最喜欢什么课?

非洲小朋友：喜欢上科学课程，因为通过科学学科可以了解很多知识，而且将来总要有人去成为一个科学家。

解说：课堂上，孩子们穿上马赛人的传统服装“束卡”和“坦卡”，更近距离地感受非洲。此次直播也打开了我台与非洲电视机构合作交流的新窗口。我台与肯尼亚、坦桑尼亚国家电视台组成了电视直播的联合团队。

同期声：

肯尼亚国家电视台记者温妮：我觉得这是一个非常好的想法，因为我们之前从来没有尝试过，而我们这次进行的联合直播，给民众留下了深刻的印象。

坦桑尼亚国家广播公司记者本·瓦帕加：央视在世界范围内有广泛的受众群，所以这次合作对坦桑尼亚国际广播公司是一个好机会。

解说：肯尼亚、坦桑尼亚两国国家电视台在派出主力记者的同时，还在主要频道开设了直播窗口，让国内观众同步观看家门口的新鲜事。

同期声：

肯尼亚观众：太震撼了！众所周知这是七大奇观之一，太棒了！

肯尼亚观众：我觉得节目应该继续做下去。

坦桑尼亚观众：我们很感谢央视来到坦桑尼亚，这样也能帮助我们保护野生动物，非常感谢！

本报道采自《东非野生动物大迁徙》直播特别节目。播出期间，节目通过首次搭建的直播报道平台，独辟蹊径地报道了暑期正在北京自然博物馆参观非洲馆的小朋友们，非洲马赛人的生活展区引来孩子们驻足观看，而在直播特别节目中设计的“我爱动物小课堂”版块上，孩子们更是穿上了马赛人特有的传统服装，近距离感受非洲。与此同时，远在非洲的记者也走进了当地的一所学校，通过先进的技术手段使国内的小朋友可以和非洲的小朋友隔空交流，答疑释惑的同时也让孩子们深受教育，立志共同保护美丽的地球。通过非洲小学生和北京自然博物馆的孩子们的交流，真实自然地展现了两国少年儿童平等交流、真诚沟通的情景。

直播特别节目也得到了非洲电视机构的大力支持，报道中分别采访了肯尼亚和坦桑尼亚国家电视台的记者，从他们的视角评价此次央视的直播。而两国民众对节目的期待与观感更透视出在面对面的交流和手拉手的合作中，中国与非洲之间的关系正在不断拉近，升华了报道的主题。

这次报道本是一条综述性的静态报道，但并没有平铺直叙和简单处理，而是一改以往综述高大全的叙事方式，创新性地加入了透过直播系统搭建的交流平台，展示了两国孩子间朴实的交流，显得动态感十足、并令人信服。

第四节 系列报道解析

央视在2011年春节期间，推出了电视系列短片《新春走基层·回家的礼物》。2012年春节期间又延续了这一栏目，从腊月二十二到腊月二十九的8天时间里，《回家的礼物》共播出14集，总计时长近100分钟，基本每集都在新闻频道滚动播出；同时，在《新闻联播》开专栏连续3天播出，其中《在外打拼四年 酿酒敬亲人》被列为联播头条。每集一般有4个人物，每个人物平均展现两分钟左右。记者用精心充分的安排和设计在两分钟的时间里刻画出一个又一个充满命运感的角色。

该系列短片以小小的礼物为载体，小切口、大落点，将中国人最传统的道德情感不着痕迹地跃然屏幕，引起百姓的普遍共鸣。

在节目中，呈现了许多礼物，有刚过门的媳妇给婆婆买的手机，“要屏幕字大的，她的话费就绑定在我的手机上，省得她舍不得打”；有美发师给母亲买的按摩器，“就像儿子在给她按摩一样，我妈不识字，买个按键简单的”；有上大学的女儿给远在大山里的父母带回的水果，“他们没见过更没尝过，等我有能力要让他们尝更多没尝过的东西，去更多没去过的地方”；有给家在农村的妈妈带回去的蝴蝶兰，尽管“花被冻死了也要让我妈看一眼”；有特意给出嫁到台湾的女儿晒的萝卜干，因为这是“大陆的味道”；还有自己舍不得吃但一定要带回去给家人的马鲛鱼，因为要“攒着第一次的味道跟家人一起分享”，等等。这些礼物包含了对亲人深深的思念、对团圆的期盼、对父母的感恩，一个个感人的故事凝聚了中华民族五千年亘古不变的民族精神。

同时，该系列短片还通过小小的礼物折射出时代的变迁和社会的进步。如：很多人的礼物是打进家人银行卡里的钱和各种数码产品；回家的方式也变得多种多样，打拼多年的菜贩也可以开着面包车回家过年，选择礼物不是传统的去商场而是选择“网购”，等等。该系列短片将国家的飞速发展体现在了百姓的寻常感受之中，这一份份“回家的礼物”，在“变”与“不变”中更具味道。

《回家的礼物》以一个全新的视角深刻地解读了“基层”的概念，真实地展现了中国人的生存状况。它打破了历年春节报道的常态，更加注重契合百姓的情感诉求，在中国人心中最重要的传统佳节里，展示出最真实的社会文化现状和人文情感。

该系列短片的成功，在于放大“原生态情感表达”这一要素。记者把他们的采访对象当成亲人朋友一样去关心，在他们的生活中去切身体会，真正发掘他们的所思所想，感受他们生活背后向善的力量。用故事化的表达手段，将这种隐含在节目背后的社会主义核心价值观于无声处融入观众心中。

中国电视学编辑委员会、北京广播学院电视系学术委员会编著的《中国应用电视学》对系列报道的定义：围绕同一新闻题材和新闻主题从不同侧面不同角度做多次、连续的报道。

与连续报道题材的正在进行时态不同，系列报道常常为过去完成时态。系列报道多数是围绕一个典型现象的报道。在系列报道中，往往通过每一次的报道，完成每一个方面、每一个部分的分解再合成，形成由此及彼的整体报道组合，最终给观众留下一个整体的印象，并对观众产生深刻的启迪。

就其结构而言，系列报道是在特定的时间断层上对新闻人物或新闻事件进行持续的全方位的报道。系列报道注重空间方位的展开，是新闻人物或新闻事件多种横向联系的广泛集中。

在分析系列报道时，主题与结构的同一性、影像与内容的序列感、信息与影响的覆盖面等，成为分析的要点。

一、选题的重要性与主题的同一性

系列报道是电视新闻宣传中的“重型炮弹”，以其立意新、开掘深、容量大和连续性而形成舆论强势和宣传力度，从而给人们的心灵带来震撼，留下较为深刻的印象。系列报道作为我国新闻业的特有样式，在主题的选择上一般侧重于重大、重要题材的报道。系列报道主题的选择应符合广大群众的生活，反映当前社会关心的重要问题，这样才能有效地引起受众的共鸣，从而更好地体现系列报道的作用，发挥新闻舆论引导的职能。优秀的系列报道能紧扣政策、贴近民生、反映社会热点、关注时事，具有政策指导、监督社会和引导公众的功能。

系列报道采用的是通过多次报道强调和突出总主题思想的报道方式。系列报道有时虽将同一个新闻事件或新闻主题分成若干个侧面，而每一个侧面又相对独立地构成一条新闻，但在连续播出过程中，组合起来就构成了一个完整的主题。

优秀的系列报道需要前期整体策划，即确定新闻的总主题、总基调，甚至要策划推出时机等。作为多次报道的集合，系列报道的主题同一性体现在精细的标题设计上。只有这样才能产生巨大的影响力。

在党的十八届三中全会前夕，《新闻联播》重点播出了四集《黑龙江现代农业改革试验见闻录》，以《黑龙江现代农业改革试验见闻录》为总标题，又为四集报道分设小标题，《第一篇：地，由谁来种？》《第二篇：种地，风险谁来扛？》《第三篇：粮，怎么卖？》《第四篇：人，往哪里去？》通过看标题，我们即可初步评价出这篇系列报道的优秀之处。

首先，选题抓得准确及时，切合当下土地流转、粮食流通、劳动力转移等三农以及社会热点问题。其次，标题成系列，看起来整个见闻录逻辑缜密，视角全面。篇章标题中四个问句一步步道出了农民心中的疑惑，循序渐进地引导农民了解国家政策。

从定义可以看出，系列报道从事物的各个方面围绕中心去多次报道。与连续报道一样，系列报道也是新闻多次报道的集合。不过，各条报道之间没有外在的时态连续，是内在的逻辑关联。系列报道的多个独立报道集合在同一主题思想下，以求对新闻事实做比较系统、全面、有一定深度的报道，其主题具有同一性色彩。

二、影像与内容的序列感

系列报道是指把相同或相类似的事物，按一定的秩序和内部联系组合而成整体。因为是在同一个报道主题和报道思想指导下进行的报道活动，无论是新闻的整体构思、结构安排还是以后的有序播出，都呈现出一种序列感。

案　例

香格里拉旅游乱象调查

系列报道之一：强迫消费加恐吓　导游“生猛”生财

主持人（男）：欣赏完祖国的大美景色，我们再来揭秘一下旅游的乱象。到云南玩的朋友一般都听说过云南的十八怪，什么鸡蛋用草串着卖啊，摘下斗笠当锅盖，等等。这些独特的民俗可以说曾经是云南旅游的卖点。

主持人（女）：大家谈起这些心情都很好，但是接下来我们要说的这些怪事呢可能大家都不太愿意听到。我们的记者去云南体验了香格里拉一日游，旅途当中真是怪事连连。大家都知道，自费旅游的项目一般是自愿的嘛，自愿参加。不过呢，很多游客在云南报团的时候，都必须要参加一个自费项目，叫做“藏民家访”。

主持人（男）：大家注意到我们用的字眼，“必须参加”。您说，这算不算一件怪事呢？

系列报道之二：不交钱就赶下车　游客投诉遭斥骂

主持人（男）：那如果我作为游客我的态度很明确，我拒绝参加这个“藏民家访”，会怎么样呢？

主持人（女）：给你个答案哈，“请下车”。

系列报道之三：一天卖药 40 万 医生透露经营秘诀

主持人：这些人真是把游客的心思琢磨透了，近年来，香格里拉每年都有游客向监督部门投诉文嘛楚卡文化城，网上也是投诉不断。但是奇怪的是文嘛楚卡文化城不仅没有关门，反而是游客越来越多，药品生意越来越红火，这其中又是什么奥妙呢？

上面三段导语来自 2013 年 10 月 6 日央视新闻频道《朝闻天下》和《新闻直播间》播出的《香格里拉旅游乱象调查》的系列报道。该节目正值《中华人民共和国旅游法》正式实施之际播出，社会反响尤为强烈。报道的主要内容是记者调查香格里拉旅游乱象最有代表性的两件“怪事”：第一件“怪事”是导游强迫游客参加“藏民家访”自费项目，记者先后两次跟团暗访，第一次遭导游威胁，第二次被导游赶下车，找旅游部门投诉遭斥骂；第二件“怪事”是一些经营场所假冒藏医诱骗游客，他们先对游客进行洗脑，然后诊断为癌症诱骗游客购买天价药，有的“藏医”一次开出 20 万元的天价“药方”，这些经营场所每天卖出 40 万元以上的藏药。多少年来不断有游客发现上当后投诉，香格里拉有关部门也多次整顿市场，但这些打着“藏医”幌子的经营活动仍在继续。经过记者近两个月的调查，不仅让观众看到了香格里拉旅游乱象的种种表象和“凶险”“强悍”的紧张程度，也看清了这些“怪事”背后的利益链黑幕和相关部门的监管不力。

创作者将主持人放在新闻报道中的重要位置，通过主持人的插科打诨表现出“旅游”这一主题的轻松，但本是轻松的旅行却遭遇如此“怪事”，导语部分先是给观众以带入感，随后又起到转折作用，是整篇报道结构的重要组成部分，使得报道结构更立体。

优秀的系列报道会把握住总主题和总基调，不仅保证每篇报道的内容有内在联系，而且要让无序的报道之间也有了有序的联系，同时能够充分调度电视新闻报道元素（画面、声音、字幕、主持人……），呈现出完整统一的节目效果。电视新闻的系列报道要做到互相联系、点面结合，“点”指的是新闻的主题，“面”指围绕主题开展的多个侧面、角度、层次、阶段的独立报道。

从主题看，系列报道中的每一个单独报道都是围绕同一核心议题展开的。在分析系列报道结构时，关键看主题切入点是否选择合适，报道的角度是否能够强化核心信息与各篇报道内容间的联系或者是否能够充分呈现主题意义。只有选择适合事件报道的切入点，才能从不同侧面、多角度地进行大范围报道。系列报道要打破时空的局限全面铺开报道，充分反映新闻事实，同时要保证报道的深度，透过复杂的新闻表象发掘其内涵。

三、意义的强化与影响力的扩大

对系列报道的处理，很容易流于一般的消息报道形式。当今，人们不仅想获取更多的信息，还想更深刻地理解这些信息所蕴含的意义。因此，优秀的系列报道除了传播信息外，还会通过诸多手段使信息的传播得以强化。

系列报道各集之间主要是横向的、空间上的联系。但就每集报道本身又要注意纵向发掘。今天的成就离不开昨天的历史，离不开昨天的资料。系列报道要重视资料的挖掘运用，在今天要用新的视角开掘整理过去的事实，从而提炼出新的信息价值，这是成就性系列报道信息的特性。同时选择具有价值的背景材料进行报道，在信息加工方面可以采取多种不同的手段，强化信息与主题之间的关联。系列报道不能单纯地只报道新闻，而要向大家传递丰富的信息，并对观众产生一定的影响。优秀的系列报道能够充分利用信息整合，调动数据信息，用不同形式进行描述，增加报道形式的多样性，同时加强报道内容的说服力与厚重感。

案 例

日本政治向右行

第一集《桥下先生，你的出位让他上位！》

导语：提到日本，自从泡沫经济崩溃以后，日本经济一直都处于低迷状态，这也使得日本在政治上的保守和右倾化的倾向变得越来越严重。挖掘日本右倾化的本质，剖析日本右翼势力罔顾史实，急于摆脱战后体制的危险化趋势。今天的第一集就先让我们认识一个人——桥下彻。其实，桥下彻这个名字我们并不陌生，他的那点儿故事我们都很熟悉，之所以能在短时间内获得那么大的知名度，桥下彻还真得感谢他那张什么都敢说的大嘴。不过从日本政坛的明日之星再到今天日本右翼政客的弃子，桥下的嘴巴给他带来的麻烦可是远多于他所夺得的人气，而他的这种出位的言论其实是帮助了竞争对手的成功上位。

【新闻内容】解说：东京都议会选举被视作是日本国会参议院选举的前哨站，维新会这次派出了 34 位候选人，结果只有 2 人当选。（标题：维新会惨败，自民党大胜）议会席位比选举前减少了一个（由日本 NHK 提供的画面加字幕：2013 年 6 月 23 日 日本东京 东京都议会选举现场 桥下彻与石原慎太郎共为党首的维新会惨败）。维新会惨败，作为维新会共同党首的桥下彻难辞其咎。

同期：

维新会共同党首 大阪市长 桥下彻：已经彻底失败，这是我的责任。如果再给我一次机会，我还想继续努力。

【动画＋字幕】同期采访画面定格后转场，画面变成了灰色调，左面为桥下彻张大嘴巴的漫画形象，右面列举出桥下彻的出位言论。

解说：声称战时“慰安妇”有必要，建议美国驻日本冲绳军人多利用当地色情行业，释放性压力；第一时间支持东京都前知事石原慎太郎的购岛计划，扬言日本应该在钓鱼岛长期派驻警察；在公开场合宣称：现在的日本政治缺乏的就是独裁。

大嘴桥下曾靠这些极右言论博得眼球，但也在今天让自己四面楚歌，并连累所在的维新会遭选民冷语。（人物黑掉，有声效）

【动画＋图例】解说：与桥下彻的失意形成鲜明对比的是安倍晋三的踌躇满志。（图例呈现选举结果）安倍所在的自民党在东京都议会选举中大获全胜，59 名候选人全部当选，议席还较选举前增加了 20 席，重新成为东京都议会第一大党（字幕突出）。这场选战的胜利意味着不久之后安倍可能以相似的优势赢得全国性的国会参议院选举。应该说，桥下彻帮了自民党一个大忙，他的表现不仅淡化了安倍政府的一系列强硬态度，还把维新会的选票推进了自民党的怀抱。让自民党在参议院一党独大的趋势愈发明显。

【专家评论】同期：

中国社科院日本研究所研究员 杨伯江：从目前的情况来看，在 7 月 21 日进行的参议院选举当中，自民党将取得胜利，这个几乎是毫无悬念的。

【背景资料】解说：实际上，就在桥下彻的慰安妇必需论横空出世之前，（标题：桥下冲锋，安倍冲关）安倍本人正因他自己兜售的侵略未定论和在“靖国神社”上的强硬态度，以及推行修宪等一系列不正视历史的言行遭受多方指责。就在桥下彻成了众矢之的后，参透选民心理的安倍则一改往日的强硬态度，在历史问题上突然变得低调起来。

【专家评论】同期：

中国社科院日本研究所研究员 杨伯江：桥下和安倍两个人，在思想体系、历史观等等很多问题上，几乎是同出一辙的。

【历史背景】（画面是画中画的形式）解说：右翼是日本社会的毒瘤，桥下彻的表现只是其中的冰山一角。二战后，日本并没有彻底清算法西斯主义，众多的前政府官员议员进入战后日本政界。如甲级战犯东条英机内阁的大藏大臣贺屋兴宣（照片），在战后甚至还担任了池田勇人内阁的法务大臣，安倍晋三的外祖父甲级战犯岸信介（照片）也曾是东条英机内阁的商工大臣，战后还当选为首相。这些进入战后政坛的战前政客，就成为日本右翼势力的源起。日本右翼很喜欢用“忧国”一词（字幕：忧国），安倍就长将“忧国之念”这样的话挂在嘴边（字幕：忧国之念），但实际上日本最值得忧虑的问题恰恰是右翼自身，如果让右翼势力掌控了日本的前途，不仅难以拯救日本，还会将日本再次带入严重的危机。

【信息整合】解说：5 月 30 号，正在桥下彻的“慰安妇言论”还在持续发酵的同时，德国《民进周刊》报道称，德国政府与总部位于纽约的犹太人索赔大会达成一致，承诺在未来四年内向分布全球 46 个国家约 5.6 万名二战纳粹大屠杀幸存者赔付 7.72 亿欧元，而此前从2011年开始，德国联邦政府已经赔付了5.14亿欧元，每一位幸存者平均每月能获得200欧元至300欧元不等的赔偿金。（用图表的形式将2011、2014、2013三个年份联系起来，辅佐文字和声效，突出数字）犹太人索赔大会负责人说，（画面并用字幕表明：德国犹太人大屠杀纪念馆）赔偿协议关乎的不是钱，而是德国承认这些人曾经遭受的苦难，是德国对历史负责的又一证明。日本的桥下彻们缺少的正是这种正视历史的勇气。

2013年7月初，为剖析安倍政权上台以来推行的激进保守路线，使民众清醒地认识到日本右倾主义的危害性，对日动向保持警惕，央视新闻直播间的特别报道组策划并制作了七集系列报道《日本政治向右行》，从多个角度有理有据、有事实有分析，挖掘日本右倾化的本质，深刻剖析日本右翼势力罔顾史实、急欲摆脱战后体制的危险性。

上面的例子就是其中第一集《桥下先生，你的出位让他上位！》的文稿部分。该集以东京都议会选举结果中维新会惨败、自民党大胜的新闻为报道切口，讲述作为维新会共同党首的桥下彻因他那张什么都敢说的大嘴让维新会遭选民冷语，他的战时“慰安妇”必需论等出位言辞帮助了竞争对手成功上位。之后，引用桥下彻在选举结果公布后承认“已经彻底失败，这是我的责任”的同期声论证前面解说中的观点。随后，又列举了桥下彻的出位言论，陈述日本老百姓并不买这些极右言论的账，所造成的后果就是帮对手自民党大获全胜。安倍成功上位的背后是他领悟到了选民的心理，一改往日的强硬态度，在历史问题上低调起来。学者评论“桥下和安倍两个人，在思想体系、历史观等等很多问题上，几乎是同出一辙的”让观众了解到安倍其实与桥下彻是一样的，安倍的上台也会将日本政治向右推行。最后加入对日本右翼势力源起的背景介绍，与德国政府尽力赔偿犹太人的行为相对比，用犹太人索赔大会负责人对德国承认历史和对历史负责的态度，来反衬日本右翼政客缺少正视历史的勇气。

通篇来看这个报道，思路清晰、逻辑合理，有事实陈述也有分析论证，前者有具体的例子，后者辅以权威专家的观点。在屏幕表现形式上手法多样，借助图板、动画、照片、历史资料、漫画等多种手段和资源，呈现了较好的屏幕效果。同时列举了大量的数据增加了报道的说服力，让观众在获知整篇报道信息后能够深刻地理解日本政治向右行的趋势，并明白日本政府所采取的不被民众支持、不正视历史的右倾政策必将走向失败。

四、系列报道与连续报道的辨析

系列报道和连续报道是围绕同一题材、同一主题、同一形式，从不同时序、不同角度、不同方面进行的多频次的报道。一般来讲，从时间轴线按照事物发展过程和顺序展开的报道，我们称之为连续报道；而将以横向的各个方面展开的报道称之为系列报道。由此可以看到，事件性报道在连续报道中所占的比重非常大。系列报道则被更多地用于展示重大主题、重要题材的典型性报道。

连续报道需要注重主题与形式的连贯性，保持立场、观点、语态、风格的一致性，让事件的呈现前后呼应、次第展开。

优秀的连续报道，在新闻事件发展的过程中，能够体现出记者发现典型性细节的能力。通过这种典型性的细节展现，可以增强新闻的可视性和影响力。记者需要按照情节提供的线索抓取细节，同时也抓住观众的注意力。

连续报道不是电视剧，不能虚构情节；连续报道也不是小说，不可以完全自由地完成时空的来回跳切。但在连续报道中，同样需要注意叙述的方式和方法。由于是对同一事件在不同阶段的关照，需要采用倒叙、插叙等手法来完成瞻前顾后式的叙述。

系列报道是从事物的各个方面多侧面、多角度地围绕中心进行多次报道。围绕大主题和大中心，每一个报道基本各自独立，每一次报道都是一个小视角且独具特色，其意义指向主题。从整体来看，每次报道都是系列报道的一个有机组成部分，观众可以由此及彼地了解记者所要表达的主题，并对主题产生共鸣，从主题中得到一定的启迪。

连续报道起源于西方，而系列报道则是我国电视新闻界的创造，篇幅可大可小。由于系列报道的播出具有连续性，每个报道在内容、篇幅、主题思想方面都与核心主题保持一致性，电视系列报道各集之间通过不同角度、不同层次围绕主题展开报道，挖掘共同的新闻价值，反映共同的社会问题，能够使得信息的传播呈现矩阵式的格局，也让信息传播的广度和影响力得到扩大。在宣传党的路线、方针、政策和成就等方面，系列报道可以形成强大的舆论宣传效应，以引起社会的重视并引导社会舆论的方向。

思考题

1. 从类型差异的角度分析短消息和长消息的区别。
2. 结合案例，辨析系列报道和连续报道。
3. 为什么央视系列报道《你幸福吗》不如《回家的礼物》成功?

第四章　媒介批评实现路径：样态解析（二）

本章内容

1. 电视新闻直播报道的解析
2. 新闻访谈类节目分析
3. 新闻评论类节目分析
4. 电视新闻深度报道的解析

媒介批评可以分为样态解析和理论评断两个层面。通过样态的解析，批评主体可以按照不同样态的文本结构，对媒介文本进行解读。由于媒介文本有不同的样态，不同的样态呈现出不同的特征，把握住不同样态的特点，按照该样态的标准去规范、要求媒介文本，是批评实现的重要路径之一。本章将重点对广播电视新闻中的电视新闻直播报道、新闻访谈节目、新闻评论节目、电视新闻深度报道，这四类新闻的批评方式进行分析。

“包裹”

是现场报道的重要组成部分。“包裹”也叫“罐头”，是指在直播之前先期做好的一段短片。

新闻访谈类节目

是以记者、主持人、新闻当事人、参与嘉宾等人物之间的语言交流为主体的新闻节目样态。

第一节 电视新闻直播报道的解析

直播的基本功能是同步展现现场，包括演播室现场和新闻发生现场。2008 年汶川地震的直播报道是我国电视新闻发展历程中的一座里程碑，它改变了先前直播的奢华之风，使新闻直播走上了小型化、常态化的道路；它也改变了先前直播的预置静止的状态，把直播投向了突发、变化、结果不可预见的新闻事件上。

一条消息类直播新闻主要由两部分构成：一是记者的现场报道；二是电视短片，通常也被称为“包裹”。

一、现场报道

在直播过程中，现场报道有着特殊的意义。

首先，表明记者置身于新闻事件的现场。记者亲自在现场走访了解事实的真相，在现场观察、感受和体验，然后把所见所闻、所思所想直接报道出来。记者所传递的信息不是抄袭和转述，而是第一手的材料，也是最直接的播报。镜头中所展现的画面是记者所观察到的景象，记者在现场看到了什么，就用镜头记录什么，遇到了目击者和当事人就用镜头拍摄并采访，听到了现场的人声、环境声就用摄影机录制下来，真正做到了细节的真实、现场的真实、事件的真实、展现的真实，大大提升了新闻报道的真实性和可信度。

其次，记者的现场报道在直播中担负着重要的使命。由于新闻报道是用事实说话，记者可以按照事情的逻辑联系跳跃式地报道事实，通过对事实的选择体现其态度和立场。因此在现场报道中，记者选择什么不选择什么，这样表述或那样表述，先说什么后说什么，采用这样的语气或那样的语气，皆能从一个侧面表达记者的倾向性。即记者并不需要直白地表达理念、讲述道理，可以借助于一系列间接因素体现态度和立场。诸如：选择事实的角度、表述事实的方法、事实排列的顺序、陈述事实的语气等，从而显现出客观的态度和公正的立场。

再次，记者借助于现场报道可以揭示画面背后的内容和相关的新闻背景。一方面，直播画面擅长于表现现在进行时，对于过去时态的展示往往力不从心，而记者的现场报道则可以通过语言交代出相关的历史史实和背景材料。另一方面，直播条件下所拍摄的画面往往是从特定视角取景，呈现出新闻现场的某个局部，因此画面的展现是不充分的。而现场报道则可以进行全方位描述，既引导观众观看和思考画面上的重要内容，也揭示画面背后的事实和细节。一般说来，背景材料的报道在直播中是没有固定位置的，插入背景材料时，最好选择一个合适的切入点，使背景与现实紧密结合，将过去与现在融为一体。

最后，现场报道适合于成为一条直播新闻的开头与结尾。直播画面一般是新闻过程的记录，难于分出开场画面或结束画面，而现场报道通常可以成为一条新闻的开场或结束。

案　例

SNG 卫星连线：雅安 7.0 级地震直播报道

2013 年 4 月 20 日，四川省雅安市发生 7.0 级地震。地震发生后，多路记者赶赴现场，向外传递灾区信息。

在成都电视台的一则 SNG 卫星连线报道中，现场记者来到被山石阻隔导致交通中断的国道 318 线。记者首先介绍了所处的位置和基本的情况，然后对现场的情况进行了详细报道。

记者：这个地方现在道路已经完全中断了，只剩下一个非常窄的路线，车辆必须在交警的疏通之下通过。

我们可以看到的一个现状是：我面前横亘的这块石头几乎就像是一个巨大的油罐车或者是一个集装箱的体量。从山顶上直接一路坠下，把山上的山石全部砸毁，然后掉落在路面上。现在整个现场的通行能力也因此变得非常的狭窄。（配画面：山石阻挡交通，只剩一个狭窄车道可以通行，交警在一旁疏通。）

同期声：

现场交警：让开呀，有个急救的病人。（车辆）来往后退。

（画面）一名交警从巨石另一头跑出。

现场交警：让……让！

现场交警指挥车辆退后：退后呀师傅，退后呀。

记者：现在我们看到通过这个非常狭窄的位置呢，从这个坠石的掉落点有一个（向）雅安方向从天泉驶回的救护车要通过这个路段，之前所有的应急车辆都在为它让道。（配画面：救护车摇晃着驶出后，交警帮助司机将因狭窄通行而收起的车辆后视镜打开，并伴有现场急救车鸣笛的同期声。）

我们现在看到这个车上有伤员，我们看到了护士，还有吊着的输液瓶，应该这就是救治伤员的车辆正在朝雅安的方向行驶。

我们现在看到的是第二辆救护车，因为这辆车的体量比较大，所以它的车身几乎已经擦到了道路旁边的水泥的围挡，在艰难地向前进。

同期声：

（画面）在交警指挥下，救护车从巨石旁驶出

记者：师傅你们车上有伤员吗？

司机：有有有……

记者：我们看到这辆车上有更多的伤员，现在这辆救护车正在朝雅安的方向行驶。

在报道山路被堵时，连线记者将所见所闻所感都通过镜头详细地记录下来，将同期声和记者解说相结合，利用细节强化现场的表现力。如通过车辆通行时需关闭后视镜来表现道路的狭窄，通过救护车司机快速应答提问来表现伤员救治的紧迫等。

同时，通过记者的解说，交代了摄影机拍摄到现场画面背后的内容和背景，如山石从何而来、如何落下等信息；记者及时把握住现场，向救护车司机提问车上是否有伤员，印证记者的所思所想，增强现场报道的可信度，并将交通与灾区伤员救治情况联系起来。

可见，记者在现场连线时并没有简单描述，而是通过山路被堵的新闻现场传递新闻信息：一为进出震中地区的道路有山体滑坡现象，导致交通不畅；二为急救车辆优先通行，伤员不断往外送出，灾区救治正在稳步进行。

虽然记者在报道中没有明确表示自己的观点，但通过现场的拍摄画面和记者解说，已经将记者的态度、倾向和建议传达了出来。一方面，山体仍有滑坡，为了避免交通堵塞、让行急救车辆，建议其他应急车辆推迟进出震中地区的时间；另一方面，现在灾区救治稳定，家属和观众可以放心，达到了现场报道的目的。

通常记者是如何展开一次现场报道呢？

首先，选择的现场应具有典型意义。其次，报道的记者要善于把握最佳报道时机。最

后，报道的记者要力争在镜头前展示新闻事实和细节。现场报道的记者要善于调动镜头，用镜头展现画面的细节，使画面成为自己报道的有力佐证。

我们对直播新闻中现场报道的解析，也可以从这几个角度切入。如在杭州电视台2008年《风雪同行·守望相助——抗击风雪特别报道》的直播报道中，有一段记者的现场出镜报道。

首先，观众可以看到记者选择了大衣、靴子等雪天的穿着，通过画面直观地感受现场的温度、大雪情况。接着，画面中的记者在一条有深厚积雪的道路上做出镜报道。记者先说明自己的年龄、身高，推测手掌的大小，再用手去测量路旁的积雪厚度。此时，摄影机调动镜头，用特写的景别来表现记者测量厚度的细节。记者随之解说，将手掌的厚度与雪的厚度相比，生动直观地表现了积雪之厚、风雪之大。同时，记者巧妙地利用现场背景，将报道与背景中亮着的路灯、空旷的早高峰道路相结合，突出平常繁忙的早高峰道路因为大雪而变得空旷，表现出大雪给市民生活带来的极大不便。

在对新闻事件的现场直播中，即时的远距离电话采访也是一种有效的报道方式。如在一些灾害性报道中，记者在灾害的核心区域调用各种手段把灾区的情况传递出来，其中使用最多的就是电话连线。电话连线与现场报道的结合，可以提高新闻的时效性和影响力。

观众在屏幕上看到的仅是记者的照片或一部电话机，传来的声音则是记者从现场发出的报道。这是在技术传输手段不够完备的条件下特殊的现场报道形式。主要借助于语言描述现场的情况，记者把现场看到、听到、感受到的情况用语言传达给观众，伴随着现场事态的发展即时播报，谈自己身处现场的感受和心理活动、对现场的分析和判断、对事件背景及相关因素的了解和推断。电话连线也可以采访新闻事件的当事人或目击者，这种访问一般紧紧围绕事件展开，使其以目击证人的身份说出真实的一切。

在此类电话连线的现场报道中，要特别注重语言的分析。记者借助语言来对现场进行描述，关键性的细节、有代表性的场景、事态的发展进程、未来亟待解决的问题等，这些都是在连线报道中可以观测的落点。

案　例

《浙江卫视：抗洪救灾挺进余姚》电话连线

主持人：现在已经马上要八点了，夜幕已经降临，余姚城区的生活情况到底怎么样，本台记者柳晓黎正在跟随一支民间志愿救援队向城区腹地挺近。我们电话连线柳晓黎，请她介绍一下。晓黎你好，给我们介绍一下你目前的位置。

记者：你好，我现在在余杭的主城区市中心的位置，我们刚刚涉水跋涉了一个多小时才赶到这里。现在我们看到民间救援队的队员们正在把橡皮艇五个串成一串，从货车里面往下卸物资。他们马上就要准备前往主城区的各个老小区里，去首先援救那里已经三天没有东西吃的群众。

主持人：刚刚报道也提到，他们可能晚上连基本的照明都难以解决。就你的观察是这样吗？

记者：是的是的。现在我们刚刚经过的这一段路是余姚市区原来的黄金地段，现在我们可以看到整个城区都是非常黑非常黑的，只能靠队员头上的这些应急灯来进行照明。整个城区都是在一片黑暗当中，偶尔从窗户当中出来的一些微弱的光亮都是些蜡烛的光。

主持人：就我们目前所了解到的信息，现在的瓶颈是，因为大量的人员和物资正在运往灾区，但是都基本上集中在杭甬高速的出口附近。现在要及时地把物资送往灾区，送到需要的人手中，这一段路可能是极难解决的。就你的观察是这样的吗？他们更需要什么交通设施去完成这一段路，打破这一个瓶颈？

记者：刚才我们就经过了一段非常深的水，这还是进入主城区的一个必经的道路。我的身高是一米六，但是水深已经超过我的腰部，将近有一米二、一米三的位置。所以这么深的水，一般的车辆是无法进入的，需要底盘非常高的重型大型卡车才能驶进主城区。所以现在缺的就是这样的重型大型的卡车把大量的物资运送到被困居民的手里面。

2013 年，浙江省余姚市受台风影响，形成内涝灾害。

在这段电话连线报道中，记者用语言交代了自己所处的位置和现场的情况，并通过“跋涉一个多小时才抵达现场”“现场照明只能依靠救援队队员头顶的照明灯”“水深到自身腰部”等关键性细节描述，回答了演播室主持人关于现场照明、运输的提问，具体地表现出受灾的严重性和对重型大型卡车的急需程度。

二、“包裹”

“包裹”，是现场报道的重要组成部分。“包裹”也叫“罐头”，是指在直播之前先期做好的一段短片。

在这段短片中，记者应在事件发生的第一时间拍摄到关键的场面，记录事件发生的全过程，并采访到相关的当事人或目击者；在现场转播车中，记者应迅速将新闻稿写出，编辑完成抓拍到的精彩镜头，并把解说词配到画面上，然后将“包裹”发回总部（通过微波或卫星）。

与现场报道相比，“包裹”的制作是多视角的。摄影师可从现场的多个角度实施拍摄，既有宏观场面的展现，又有内在细节的揭示。有时，也可多部摄像机同时拍摄，全方位、多角度地展示新闻事件。

“包裹”的表现形式是多样化的。既可以用画面对现场进行展示，又可以对当事人或目击者进行深入采访，还可以用字幕呈现抽象的、内在的、理性的内容以及背景资料。

“包裹”中的内容是相对丰富的。拍摄制作“包裹”时，记者会抓住一切有利时机，不放过任何蛛丝马迹，力争把所有关键的场面、画面、人物、过程统统记录下来，所以涉及的内容往往比较丰富。

“包裹”中表达的意见是多层面的。“包裹”中可以采访与新闻事件相关的人，他们出于不同的立场和态度，会表达不同的意见或看法，从而引导观众从多个侧面对新闻事件进行观察和思考。

如在上文中所提《抗洪救灾挺进余姚》的直播中，为了使观众更清楚地了解余姚被大水围困的受灾情况，在直播过程中插入了一段内涝前航拍余姚城区的“包裹”。

案　例

浙江卫视：抗洪救灾挺进余姚

（解说）记者夏学民：我们的六翼飞行器从余姚南端的高速公路出口起飞。大家现在看到的是南雷南路，全长1.5公里，双向车道现在都变成了河道。从高空俯瞰，大路两边的大楼也都被洪水围困。

这里是位于余姚城西的姚州大桥，大桥下面是明阳西路，我们看到大桥上面站着不少民众。飞行器从西向东飞行，画面的右侧蓝色部分就是余姚汽车西站，现在已经被洪水完全淹没，我们看到站内没有长途汽车，站门口有七八辆小车被淹没在水中。为了从城内撤离，有的民众乘坐皮划艇，有的甚至站在一块塑料泡沫板上。

我们的飞行器沿着舜水北路由北向南飞行，跨越的正是宁波到杭州的铁路线。这里就是姚江，左边是城市，右边是农田，不过现在已经没有什么区别，都变成了汪洋泽国。我们看到村庄和民房现在已经成为孤岛，而工厂比较集中的工业区几乎也都淹没在水中。

浙江台记者 余姚报道

通过这段航拍影像和解说，观众可以直观地从城市、交通、工业等角度感受到余姚受灾的严重程度。同时，航拍器的使用也丰富了直播手段，宏观地展现了受灾的方位和程度，补充报道信息、理清报道思路。

第二节　新闻访谈类节目分析

新闻访谈类节目是以记者、主持人、新闻当事人、参与嘉宾等人物之间的语言交流为主体的新闻节目样态。

在此类节目中，记者（主持人）与新闻当事人就某一新闻话题展开讨论，利用电视影像记录下人物的声音语言、肢体形貌，也记录下观点的交流和意见的交锋。观众通过语言信息的交汇，了解到新闻事件的背景和走向。

新闻访谈类节目包括新闻谈话节目和电视新闻专访两类。

具体来看，新闻谈话节目是由主持人引导，参与嘉宾、观众就新闻话题等展开的平等交流的节目形态。在新闻谈话节目中，不同的观点和意见都得以表达。

电视新闻专访是由记者对有关的新闻人物，就重要的新闻事件和社会问题进行专题访问报道的一种节目形式。新闻专访以新闻事件为牵引，可分为人物访问、事件访问、观念访问等。

新闻访谈类节目的分析，可以从以下三个路径展开。

一、话题

话题是新闻访谈类节目的灵魂。在新闻访谈中，话题都应该具有较强的新闻性，有新闻由头。优秀的新闻访谈类节目在话题设置上，往往能够紧抓时事热点，紧扣观众的心理，有利于嘉宾或受访者参与其中。

不同的人对话题的理解不同，存在认知上的差异，采取不同的立场，相互之间容易产生碰撞。这种碰撞是很有趣的现象，只要因势利导，会形成持续深入的对话氛围。

案　例

面对面——柳艳兵：另一份答卷

2014年5月31日，在江西宜春一辆公交车上发生了一起持刀砍人事件。高三学生柳艳兵不顾自身被砍的剧痛，上前夺下歹徒手中的刀，因伤势严重无法参加6月7日的高考，引发了社会的关注。在柳艳兵刚刚收到南昌大学录取通知书后，央视新闻访谈节目《面对面》对柳艳兵进行了采访，于2014年7月20日播出了《柳艳兵：另一份答卷》。

节目推出的时间十分巧妙，离事件发生时间已过近两个月，但该事件对柳艳兵的影响一直延续到收到这份录取通知书。从这个时间点回看，新闻当事人有更多的故事可以讲，对话呈现的人物也更全面。

《面对面》的主创人王志曾说："质疑是我提问的方法，我和被采访人之间，我永远都是个配角，我首先要倾听，再提出问题，我还要在倾听时想办法用我的问题配合他讲出他们内心的故事。我认为质疑是揭示真相的捷径。"他将这种"质疑"作为了节目的一种特色，他虽然掌握主人公丰富的资料，也参与叙事，但他更多是把自己定位为质疑的角色。

他把提问分解成三个部分："我关注""我怀疑""我仍不大相信"。"我关注"，所以我把你请来，我有很多问题；"我怀疑"，因为我不能站在你这边，我必须保持客观；"我仍不相信"，即使你回答了我的问题，我可能仍然保持质疑的态度。他的这种"质疑"特色，至今仍保留在《面对面》的节目中。

在《柳艳兵：另一份答卷》这集人物专访中，记者面对这位在5月31日江西宜春公交车砍人事件中见义勇为的夺刀少年，发出了自己的质疑，在观点碰撞中，有这样一段耐人寻味的对话：

记　者：当你去夺刀的时候，实际上这个歹徒已经把你给砍了是吧。出于人的本能啊，可能是在受伤的情况下先要保护住自己，你当时有没有这个本能？

柳艳兵：当时我就是没有想过这些。

记　者：但是你疼啊，人一疼难道不会保护自己吗？

柳艳兵：没有疼啊，当时差不多砍麻了，然后就根本就没有疼。

记　者：你知道自己已经挨刀了是吧？

柳艳兵：我知道，然后抹了一下，就是也没有感觉到疼，就以为自己伤得不重。

记　者：那伤得不重，你的第一个反应是什么呢？

柳艳兵：我的第一个反应就是看一下到底是怎么回事，然后看到一个人拿菜刀向别人砍去，然后下一个反应就是冲上去。

记　者：你去冲上去要夺他的刀，你这样做的目的是什么？

柳艳兵：就是保护别人。

记　者：保护别人。

柳艳兵：嗯。因为他当时已经从我身旁过去了。

记　者：已经开始砍别人了。

柳艳兵：他是在砍别人，他就是没有目的性地砍。

记　者：但是你想过没有，你在已经流血已经挨了刀的情况下去抢他的刀，你能不能抢下来？

柳艳兵：没时间去想。

记　者：没有时间去想，你就上去了。

记　者：怎么抢下来的？

柳艳兵：当时抢刀的时候也有点紧张，反正就是两个人当时一直在争，他是抓着刀，然后我抓着他的手，两个人在那搏斗，不知道怎么把他摁倒在地了。

记　者：抢下了之后呢？

柳艳兵：抢下来之后，当时我是一个手拿刀，一个手是按住歹徒，一个手按不住，然后他跑掉了。

记　者：那为什么这么多站着的人没有去帮你呢？

柳艳兵：不知道。如果就是最多只要有一个成年男的来帮我，那个歹徒一定能够当场制服。

记　者：但是有人这么做吗？

柳艳兵：没有。

记　者：你去夺刀的时候，你是希望他不要再伤害更多的人了对吧？

柳艳兵：但是他们可能还不知道发生了什么事吧。

记　者：你是这么理解的。

柳艳兵：当时坐着的人好多都在打瞌睡。

记　者：但是有站着的呀。站着的也没来帮你呀。那你想到这的时候，心里是什么感觉呢？

柳艳兵：就是不放在心里吧，然后这样自己心里舒服。

……

柳艳兵：当时也有记者问我，做这件事之后会不会后悔，其实我也是没有后悔。

记　者：一分钟都没有？一次都没有？但是如果说为了救别人，然后把自己的这么多年的努力很有可能白费，你觉得这样值得吗？

柳艳兵：但是说到那个点，当时我还有复读的可能性啊。

记　者：假如一切能重来？

柳艳兵：我还是会那样做。

记　者：你还会那样做？

柳艳兵：如果再发生这样的砍人事件，然后一个个都光顾着自己逃跑，那这个社会就不知道会是什么样子了。

整段对话语言朴实，但渗透出震撼的力量。面对记者对他救人时的心态与思考的质疑，以及一针见血地指出他所保护的人没有一位上前帮他的情况，柳艳兵的坚定与理解，让人深思。

正如节目结束语所说："错过了高考的柳艳兵在人生的考场上交上了另外的一份答卷。义勇之心很多人都有，但是多数人都会有理智地在权衡之后选择自保，也正因为如此，一个社会才会格外地珍视见义勇为所彰显的力量，这是一种为他人为公义而忘我的力量。柳艳兵年轻、善良，他的善良不只在于他出手夺刀，还在于他从来没有要求过和他同在车上的人也要和他一样义勇。对于这样的赤子之心，我们乐于见到他被命运垂青，也希望他的未来走得更远。但是我们更希望的是当下一次意外发生的时候，挺身而出的不只是像柳艳兵这样孤独的少年。"

新闻性的话题包罗万象，优秀的新闻访谈类节目对于话题的诠释要选择受众能够理解、易于接受的方式。比如，某些军事类、科技类的话题，需要结合受众群体的理解程度，过分专业的讨论容易造成受众流失。深入浅出的讲解与讨论，则会让受众也参与到话题行进之中。

案例

杨澜访谈录：马航 MH370 失联事件

在访谈节目《杨澜访谈录》中，编导将《生命的警示》作为以马航 MH370 失联事件为话题的特别节目的访谈主线，穿插着失联过程中涉及的一些航空和反恐的专业知识，让观众通过专业分析更加了解整个事件的过程，同时又从这一事件中得到警示和启示。

整个访谈没有过多的专业讨论，而是从一个普通观众的角度探讨这一事件对我们的影响。话题从专业角度转变到贴近群众，达到更好的参与效果。

在电视新闻专访节目中，记者所设置的问题往往是针对受访者的，具有明显的目的性。由此看出，优秀的电视访谈是有既定目标的对话，观众透过一问一答式的交流，了解了新闻事件和新闻人物，并对其观点、话题有较为深刻的认知。

如上文《柳艳兵：另一份答卷》的案例就准确地呈现了这一特点。记者问题层层递进，受访者回答真挚简短，透过多个回合的问答，观众对柳艳兵夺刀救人的整个过程有了更全面的了解，同时也对柳艳兵的义勇之举有了更深刻的认识。

二、人物

新闻访谈类节目需要通过人物的交流来完成。一般来看，此类节目包括了主持人（记者）、受访者（参与者）等不同类别。

1. 主持人（记者）

主持人或担任主持任务的记者对节目的整体把控有重要的作用。

首先，优秀的新闻访谈类节目的主持人或记者，需要掌握节目的进行流程，通过高超的提问技巧，将问题抛给受访者。因此，主持人或记者需要具备较强的采访能力、较高水平的设问能力，以及临场的应变能力。

案　例

面对面——杨振宁：大师别传

《面对面》节目主持人王志在采访过程中，就特别善于借势。王志在《杨振宁：大师别传》（2005 年 3 月 9 日播出）采访时正值“杨翁恋”的热点，为了避免杨振宁拒绝采访，在事先的沟通中，是保证不谈这些的，但等摄制组开进杨振宁家中，翁帆刚好在场，王志马上抓住了这个时机，抛出了这个问题：

王　志：您介意说一说她吗？

杨振宁：你今天要不要谈？

王　志：我们想问，当然大家非常关心。

杨振宁：你给我写的几条（提纲）上没有这一条。

王　志：是，我们君子协定，我现在向您请求，您要是不谈咱们可以不谈。

杨振宁：我想提一下可以，不必深谈……

王　志：好像您这一次引起大家那么强烈的关注，就是因为您的婚事。

杨振宁：是。这个问题我们预先想到了，我想大家觉得年龄差距这么大，毕竟是少有的，所以就发生兴趣了。不过我们觉得，这是我们自己的事情，所以虽然有压力，我们觉得我们可以承受。我相信我们这次结合，最后大家会认为是绝对美好的。

王　志：您不在乎吗？

杨振宁：当然翁帆跟我都有一点点在乎……我还记得我当时跟她说，我说不管现在别人怎么讲，过了三十年以后、四十年以后，大家一定认为我们结合是一个美丽的浪漫史。

王　志：其实我们大家都很希望杨先生幸福。能不能帮您的妻子说句话呢，她爱您什么呢?

杨振宁：我们没有仔细讨论过这个问题，不过我猜想，她觉得我这人是很纯、很真，我想这是她主要欣赏我的地方，这是我的猜想。

王　志：其实很多的担心都是出于关心杨先生，您不担心翁小姐那么年轻，她把你给骗了。

杨振宁：是。我想是有人这样想，还有更多的人我想是不是觉得我做了不道德的事情，是我骗了一个年轻的女孩子。事实上呢，我想我们两个人都是想得很成熟的。

对采访提纲上没有的问题进行采访，事实上是很多主持人的“伎俩”，主要还是为了让人物形象更加丰满生动。优秀的主持人或记者必须懂得如何设问，既能达到采访目的，又能让受访者没有被冒犯的感觉，同时要具备敏锐的现场捕捉能力，带动采访氛围，增强受访者的参与性。

其次，由于新闻谈话节目的主持人是驾驭谈话走向和带动现场氛围的核心人物，既是倾听者，又是引导者，因此需要通过较强的组织水平和技巧，对话题进行引导，让参与者各抒己见。

如王志在《面对面——杨振宁：大师别传》中针对“杨翁恋”热点话题向杨振宁发问时，在语境的营造上独具匠心。他先用“她”指代翁帆，然后用“妻子”这个词来“引诱”杨振宁为“妻子”辩护，接着又用“翁小姐”这个称呼来提出质疑。称谓的转换，与其想问的问题和谐统一。王志一步步地引导，让杨振宁自然地回答了他与翁帆的这段感情，既没有强迫受访者，又满足了观众的好奇心。

最后，新闻谈话节目往往根据主题形成一定的谈话氛围，优秀的谈话节目主持人往往因个人魅力，具有很强的语言风格，并且善于穿针引线，营造出有利于参与者积极谈话的氛围。

案　例

面对面——杨利伟：飞天圆梦

2003 年 10 月 15 日，央视《面对面》节目播出对神舟五号航天员杨利伟的独家专访，向观众披露了飞天第一人的圆梦之路。

在这期节目里，主持人的开场别具一格：

王　志：我先做一个自我介绍，我1965年5月生，身高1米76，体重就不说了。

杨利伟：那你比我大了一个月，身高还比我高了很多。

王　志：你身高是多少呢？

杨利伟：我1米66。

王　志：体重呢？

杨利伟：体重现在可能有63公斤左右。

王　志：你们的要求是什么？

杨利伟：我们现在要求身高一般不超过1米72，一般在1米65到1米72，体重一般在70公斤以下。

这段话中，王志的真正语意指向是“你们的要求是什么？”但他没有直接那么问，而是积极地为嘉宾营造并建构语境。以“我先做一个自我介绍”开场，为嘉宾介绍自己提供了一个有利的语境平台，也为成功完成采访打下了坚实的基础。

2. 受访者

新闻专访中，往往需要选择在其工作领域具备较大知名度的受访者，并且受访者应该具有与主题相关的不可替代性。对话题和人物的选择，往往是一个节目气质的集中体现。例如《面对面》和《杨澜访谈录》都是国内新闻访谈节目中的先锋者，但两者的定位却有很大不同。

《面对面》秉持新闻性、权威性、关注度、影响力的诉求，旨在用对话记录历史，以人物解读新闻。《面对面》采访的人物中有新闻事件中的焦点人物、新闻话题中的权威人物、时代变革中的风云人物和备受关注的公众人物，且主要以社会热点话题为主，更突出新闻人物。

而《杨澜访谈录》则突出人文和国际化特色。节目关注政治、经济、社会、文化等不同方面的热门话题，与世界各地的知名人士进行广泛探讨。话题不仅围绕时事或专业，也讲述故事，体现人的智慧和感悟，旨在拉近观众与世界名人的距离，沟通彼此。节目主打高端人物，突出人物故事、弱化新闻。

如在同为以马航失联为话题的节目中，《面对面》邀请了两位航空专家，随着事件进展不断发问不断求证，关注事件本身；而《杨澜访谈录》邀请了一位航空专家和一位反恐专家，探讨事件给我们带来的警示，呈现了截然不同的关注点。不同的节目气质丰富了新闻访谈节目的内容，满足了不同要求的受众。

此外，对于受访者或者参与者的选择，同时也需要考虑到电视的播出需要，尽量选择语言表达能力强的受访者。

三、节奏

无论是电视新闻专访，还是新闻谈话节目，人物之间的语言交流成为节目的主干，同时也容易造成视觉上的单调感。优秀的新闻访谈类节目，会充分发挥影像语言的优势，通过镜头的切换、短片的使用等手段，增强视听语言的丰富性，也调节了节目的整体节奏。

如《面对面》节目为了强调新闻性，利用现有资料对新闻事件进行情景再现，用短片推动故事发展，串联起采访内容，以影像叙事突出话语叙事中的情感高潮。而优秀的谈话节目主持人，往往能够根据节目进度调节谈话节奏，并根据现场情况制造趣味点。趣味点可以让现场气氛变得活跃，让参与者更加松弛和投入，也更易于形成积极的谈话节奏。

案　例

杨澜访谈录：专访黄渤

在2013年12月29日播出的《杨澜访谈录》中，对演员黄渤的专访最后部分，有这样一段有趣的对话：

杨　澜：所以你现在走到哪儿就先带双筷子？

黄　渤：你真说对了。

杨　澜：还真是，我得看看。

黄　渤：送你的。

杨　澜：这送我的？太好了。

黄　渤：其实我们故意把它做得精致一点，也是希望人们愿意带着。你要老跟人说就……不是纪念品，要用的啊，就是我们把它从一个名词变成了动词。

杨　澜：什么叫把名词变成动词？

黄　渤：别老说，做！

杨　澜：把环保从一个名词变成动词，我觉得这点说得特别好，谢谢！

主持人杨澜与黄渤谈到他因在微博里吐槽一次性筷子掉颜色，随后发起了“筷乐行动”，提倡不使用一次性筷子的事情。

在黄渤讲述完他从一条微博到一场环保行动所经历的过程，杨澜抓住细节，追问“你现在走到哪儿就先带双筷子”，结果黄渤真的从口袋里掏出了可随身携带的筷子，现场氛围变得活跃起来。黄渤也因这个举动，解释到“不是纪念品，要用的”，最后总结出“要把环保从一个名词变成动词”。

主持人制造的这一趣味点，不仅活跃了现场气氛，更帮助嘉宾发出了内心真诚的呼吁。

第三节 新闻评论类节目分析

新闻评论类节目体现了收集与传播意见性信息的特性，而电视新闻评论类节目遵循新闻评论的基本规律，体现新闻批评的共同特征，并逐渐形成了一个多重节目形态、多样表现手法与风格样式的节目类型。

1980 年 7 月 12 日，央视《观察与思考》栏目的开播，标志着我国第一个固定评论性栏目的问世。早期的电视评论节目沿袭了报刊、广播的评论样式，包括口播评论、评论员文章、编前话与编后话等部分。此后，北京电视台《BTV 夜话》、上海电视台《新闻透视》、福建电视台《记者观察》、广东电视台《社会聚焦》等一批新闻评论类电视节目纷纷亮相。1994 年，央视《焦点访谈》的开播，被很多人认为是中国电视评论节目迅速发展的标志，其节目的时效性、自觉的喉舌意识、舆论的监督力度、多元化的评析方式等，带动了全国范围内评论节目的新热潮。

电视新闻评论类节目是针对新闻事实发表议论、陈述见解的节目类型。与消息类、专题类节目相比，评论类节目不仅报道新闻事实，更通过对具体事实的分析揭示其实质，阐明对事实的态度，表明自身的立场，同时影响、引导社会舆论。对于新闻评论类节目的分析，可以从以下路径展开：

一、事实陈述与观点表达的统一

从内容上看，新闻评论类节目包含了三类信息。事实性信息，即信息事实本身，是话题的新闻由头，也常常作为引发和佐证论点的证据；意见性信息，是节目中所表达的核心论点或相关论点；情感性信息，是附着在事件性信息和意见性信息上，往往使节目更具人情味的元素。

从结构上看，新闻评论类节目包括了事实呈现、意见表达两个部分。事实呈现，是通过当事人、记者或电视纪实影像对新闻事实的重述；意见表达，是评论者或意见发出者就新闻事实展开的论点进行的表述。通过评论类节目，观众可以对新闻产生的背景、经过与前景有清晰的认识，也可以透过现象认知事件的本质，并在情感上发生一定的变化。

优秀的新闻评论类节目，可以实现对新闻事实的揭示，完成从表象到本质、从局部到全面的认知。有价值的评论，不仅针砭时弊，还可形成有建设性的建议，对于实际工作起到积极的指导意义。

二、多重手法与核心手段的统一

新闻评论类节目不再是一种模式，而是具有多重形态交叉发展的前景。

一方面，由于在电视评论中要克服对语言文字的单一使用，强化电视影像系统的综合运用，形成多重表达方式，让论证更加形象化，因此评论类节目不断利用电视影像丰富自身的表达方式；另一方面，在深度报道等不同形态的新闻节目中，评论的比重也在不断增加。

尽管表现手段很丰富，但评论节目的性质决定了其特性，即需要立意高远，见解独到。既能够对新闻事实做深刻的分析，也能够结合相关背景、政策对新闻事实做评论和阐发。在层次的处理上，优秀的评论往往逻辑清晰、层次分明，能够让观者一目了然。

此外，优秀的评论类节目，除了吸引一大批从事媒介或相关领域工作、具有新闻传播理论知识与实践经验的从业人员之外，还吸纳了一些不同学科领域的专业人士，他们以自身的知识体系丰富了电视评论类节目的内容。

三、意见互动与核心立场的统一

新媒体渠道的拓展，使得传者与受者之间的互动性加强，无形中拓展了评论类节目的形态。重视公众参与、公众互动和公众反馈，通过电子媒体和网络媒体实时互动，观众评论、民间话语被大量吸纳。意见搜集的通道更加多层次，评论的角度更加多元化，意见的双向流通更加便捷。

在现实生活中，各种争议性题材本身是客观存在的，面对错综复杂的社会现象和问题，人们的认识总会仁者见仁、智者见智，总会伴随着无尽的争论、交锋和抗辩。因此，在一些意见交锋式的评论类节目中，多元话语力量交叉抗衡，双方不断地去颠覆对方的观点、不断地打破各种成见，从而建构出三维立体的、意见交锋式的评论模式。

在我国，电视媒体是党和政府的喉舌，评论员在一定程度上代表了机构本身的立场。评论员应该具备较强的归纳提炼能力和即时评说能力，最为重要的是，应该能够将评论与立场相统一。

第四节　电视新闻深度报道的解析

20 世纪 90 年代中后期，业界和理论界对电视新闻是否比报纸等传统媒体更具有深度报道的优势进行了探讨。但是，近十年来新媒体的飞速发展，已经让电视本身变成了传统媒体。微博、微信等新的传播平台，让信息的发布变得更加迅速，传统电视新闻中信源发布的优势已经被取代，电视新闻需要从深度上予以弥补。另一方面，随着电视从业者传播理念与专业技术的不断进步，能够更加熟练地运用视听语言进行电视新闻深度报道，也使得当前深度报道的制作更加具备了专业化的水平。

电视新闻深度报道是凭借现代电视技术手段，以电视传播符号为载体，以客观事实为依据，通过反映重大新闻事件和社会问题，深入挖掘和阐明事件关系并预测其发展趋向，使受众认知社会事实和意义的报道方式或理念的节目形态。

电视新闻深度报道源自西方新闻学，是西方新闻传播媒介在相互竞争的过程中逐步发展起来的。这种形态的新闻报道充分保留了电视的视听结合的优势，又吸纳了传统媒体的深度报道理念，可以对目标事件进行全方位、多角度的报道。

长消息中有一些对于背景交代很清晰的报道，但其时间长度仍然制约了其对于背景材料的充分交代，以及对于现实的哲理性反思。但也不是所有具有时间长度的新闻报道都是深度报道。如果新闻报道仅仅停留在就事论事的阶段，而没有对事件的背景进行充分地展示，也没有透过现象对事件的本质做反思，就不能归类为深度报道。因此，可以说有思想深度的长消息类报道是深度报道的浓缩，深度报道则是其延伸和拓展。

在对电视新闻深度报道的特征进行分析时，需要注意以下几个侧重点：

一、题材选择与表现手法

如果说常规电视新闻体现的是“新”，深度报道体现的则是“深”。这种深度来自题材的可发掘程度。深度报道的题材不限于某一领域，但一定是具有值得记录、讴歌、揭露、展现价值的新闻事件。

《新闻学简明词典》中对电视新闻深度报道做了如下描述：一种阐明事件因果关系，预测事件发展趋向的报道形式。在常规电视新闻中，需要做好“何时（when）、何地（where）、何事（what）、何人（who）、何因（why）”等五要素的呈现。在深度报道中，则不仅仅体现这些要素，还需要对新闻事件做大量的挖掘工作，因此背景材料必不可少。同时，深度报道中的分析工作也不可或缺，只有对一条普通的新闻进行深化和探索，才能形成这条新闻独特的表意层次。

在深度报道中，要注意时间序列上的因果展示，也要注意横向关联的观点碰撞。特别是在问题性报道中，除了需要记者通过艰难深入的采访，将事实缘由抽丝剥茧般地呈现出来，还需要能够集纳不同的观点，从不同的视角来看待问题，形成不同的观点和意见的碰撞，让观众在影像的行进中得出结论。

案 例

新闻调查：一只猫的非常死亡

以《新闻调查》2006年4月24日播出的《一只猫的非常死亡》这期节目为例来分析深度报道的题材选择与表现手法。

从题材选择角度来分析，适合深度报道的题材一般具有以下特点：1.延展性，即该新闻事件是否能够以点带面地辐射开来，串联起类似事件以引起观众强烈的了解欲望；2.重大性，即该新闻事件是否符合媒体的定位和新闻的价值观，是否具有代表性，能够集中体现社会矛盾，代表一群人或一类现象，能够让人联想起类似的现象、事件；3.冲突性，即该新闻事件中是否具有一些戏剧性冲突的因素，富含冲突性的矛盾，更适合深度报道的表现方式。通常来说，具备了这3种特性的新闻素材就可以开掘出潜力，做出优秀的深度报道。

《一只猫的非常死亡》报道的是当年轰动一时的“虐猫事件”，并且由此展开了对于人性善恶、伦理道德的广泛讨论。从该报道的主持人口播导语中，可以窥探“虐猫”这一新闻事件的特性。

【导语】两个月前，当一个穿着高跟鞋的女子踩死猫的全过程在网络上以视频和图片的方式出现的时候，引起了数万网民的义愤和声讨。因为受害的是一只猫，目前没有相关法律可以援引保护，所以网民们自发组织起来，通过搜索引擎的方式，在网络上展开了空前的寻找。在短短几天中，他们在茫茫人海中，锁定了踩猫者、视频的拍摄人和幕后的操纵者。但是两个月过去了，这3位当事人始终没有在媒体上公开露面过。一只猫死去了，但是人类背后的动机究竟是什么？是仇恨？是利益？是欲望？所有的猜测依然没有停止。4月初，我们前往虐猫事件的发生地，并且见到了3位当事者，我们试图通过采访来接近虐猫事件的真相。

“虐猫”事件调查展现出社会各界集合力量追查“元凶”，揭露“虐猫”视频策划、制作以及流通过程的内幕。从延展性而言，该新闻事件能够以点带面地延伸开。“虐猫”事件一方面涉及在经济发展不断增速的大背景下，如何寻找一种人类与动物的和谐关系；另一方面也涉及在互联网日益兴起的背景下，数目不断增加且力量不断加强的网民群体，逐渐地走出了自己“虚拟的”社会环境，参与到真实社会的事物中，展现出互联网强大的搜索能力。这种交叉性、集合性强的新闻事件，可以在一定程度上引起观众强烈的了解欲望。从重大性而言，该新闻事件涉及关于当今社会人群状态、社会环境、精神压力和舆论影响等社会问题，从央视面向全国播出的定位来讲，这种社会新闻极具重要性，需要对“虐猫”这一类事件背后隐藏的社会矛盾、社会问题进行剖析，以起到正确引导社会舆论的作用；从冲突性而言，该新闻事件的本身具有戏剧冲突性元素，并在主持人的一步步调查中展现出来。无论是网民前期表现出的群体愤怒与后期反省思考的对比，还是踩猫者和视频拍摄者被曝光后，他们原本正常的生活被打乱，不得不隐姓埋名地躲到附近的城市生活，亦或是对虐待动物这件事情是受制于法律还是道德的讨论，这些富有戏剧色彩的冲突元素都使最终呈现在观众面前的深度报道增强了吸引力。

可以看出，具有延展性、重大性、冲突性的新闻素材有潜力成为优秀的深度报道，但是如何将这种潜力挖掘出来，追问事实背后的真相、意义，预测前景，还是要依靠合适的表现手法，形成适合具体报道的表意层次。

深度报道的特点就在于“深”，“深”就深在以事实的讲述和事实中疑问的解开为核心，这就意味着现场的一手资料和客观理性的追问在累积，意味着证据在一步步确立。选择合适报道的表现手法，将这些围绕着“问题意识”获得的所有资料有系统有逻辑地呈现给电视机前的观众，是深度报道中最重要的一步。从节目的结构来看，《一只猫的非常死亡》属于因果式线性结构中的由结果入手分析原因型。该节目首先向观众简单介绍了事件的发展过程，然后进行逐步的调查，从而分析出这起事件发生的原因。

在叙述调查过程中，选用悬念叙事，扣人心弦。深度报道中的追踪式报道着力点在于追查和破解，即通过调查，破除层层谜团，洞穿被权力、社会关系乃至集体无意识遮蔽的本真，把事件的真相还原给人们。在寻找“虐猫女”的调查过程中，节目为观众设置了若干悬念，通过悬念的设置一方面引起广大观众对节目的兴趣，另一方面通过前面的悬念设置不断引出下一个线索，环环相扣。首先，设置第一个悬念：网络上出现“虐猫”事件，激起广大网友的愤慨，那么这些素材的制作者是谁？通过这个悬念的设置引出了杭州银狐科技公司的 Gainmas Guo、黑龙江萝北医院的一名药剂师王某以及萝北县广电局的李某，即该起“虐猫”新闻事件的三位当事人。其次，设置第二个悬念：“虐猫女”在网上刊登出检讨书后便消失在网络中，这是为什么？通过这个疑问，展开了对当事人王某的同事和领导的采访，从他们的口中了解当事人日常的生活状态。最后，在得知报复社会是王某参与拍摄的动机后，设置第三个悬念：萝北县广电局李某又为何参与？紧接着，开始对幕后黑手设置悬念：在破解 Gainmas Guo 并非“虐猫”的幕后操作者后引出了恋足群体。通过连续悬念的设置，牢牢地抓住了观众想要获知事实真相的欲望，吸引观众随着调查的深入，一步步揭开悬念的谜底，揭露事实的真相。

在选择因果线性叙事的同时，还应坚持平衡式叙事，把裁决权留给观众。一方面，记者需要公平客观地陈述事实；另一方面，也需要横向关联的观点碰撞，在采访对象的选择上，对踩猫女王某、中间人李某、域名相关人郭某进行追问深访的同时，也对他们身边的同事朋友进行采访。比如在采访当事人踩猫女王某时，就通过对两位同事的采访补充了王某平时的生活状态，通过对其单位领导的采访补充了王某被曝光后的状态，使得采访更加立体、全面。调查的过程和结果都需要使用电视调查的视听语言传播给观众，让观众作出自己的判断。

二、逻辑清晰与理性思辨

在对深度报道的解析中，要注意对严密的逻辑结构和较强的思辨色彩进行分析。

由于电视新闻深度报道是多层次、全方位、大容量地解析广阔背景下重大新闻事件的报道形式，它区别于常规电视新闻的突出特征是具有严密的逻辑结构。这种结构渗透在对事件深层底蕴的挖掘、对其矛盾症结的展示的过程之中。这种严密的构思，本身就形成了一种逻辑的张力，它与内容中的材料背景、多元观点一起获得了观众的收视热情。

在电视新闻深度报道中，记者或编辑通过对事件的宏观把握，进而选择来自现实生活的生动材料，以具有说服力的事实来影响观众，让观众在收看报道中有所感悟。因此，深度报道不仅报道了新闻事实，也呈现了对新闻事件的思考。即使在典型报道中，深度报道也不是仅仅从宣传的角度入手，去总结具体的方法和经验，而是从思想的高度上，通过对典型事例的分析来传播观点，给人以启示。这类报道，重在对事件的分析和阐释、对新观点的传播与分享，也重在对现实的理性反思。

案　例

新闻调查：钱云会之死

解说：在浙江温州乐清市蒲岐镇，有一个名叫寨桥村的临海村庄，一条名叫虹南公路的交通干道从村口经过。2010 年 12 月 25 日早晨，在公路和村口交界处，53 岁的寨桥村前任村委会主任钱云会被一辆工程车碾压死亡。但是，村民们并不相信这是一起普通的交通事故，他们中间流传着一种说法：有人目击，钱云会是被 4 个人强行按在车轮下碾压致死的。这个说法迅速通过网络传播开来，引起了公众的强烈关注。事发当天，有媒体转载了网友列举的“五大疑问”：“工程车逆行之谜”“死者身体方向之谜”“路口摄像头失效之谜”“工程车不刹车之谜”“肇事司机被带走之谜”，这些疑问都指向钱云会有可能是被谋杀的。随着事件进展，在网络上和媒体报道中，质疑和猜测每天不断更新，加上死者是长期为征地问题上访的前任村委会主任，人们对钱云会的死亡真相疑问重重。

这个段落是央视《新闻调查：钱云会之死》中的开头片段。在节目的开场，编导就将发生在2010年的网络热议事件的背景呈现出来。钱云会因为在交通事故中意外死亡，引起网络热议。这是因为人物牵扯到土地拆迁上访，而网络热议背后，深层次原因是一种质疑和对立的情绪。在当前中国飞速发展的过程中，总是会出现各式各样的问题，而媒介的发展为群众提供了多元的话语表达空间。广播电视就应在此时承担起主流媒体的责任，针对群众关心的问题，还原事实真相，以真相化解质疑和对立，为社会发展营造和谐的语境。

案　例

新闻调查：钱云会之死

记　者：还有一种传言，你是不是受人指使，或者是雇佣？

费良玉：没有。我在乐清这边没亲没故，就几个老乡。

记　者：也有人怀疑说你是不是缺钱？

费良玉：是缺钱，我从小到现在一直缺钱。但我的钱都是通过合法的渠道获取的，我不需要这样的钱。

记　者：你认识这个死者吗？

费良玉：不认识。但是现在我知道他叫钱云会，以前不认识。如果说死者的家属能看到这一段的话，我想请求他们原谅我，真的。

记　者：你自己能原谅自己吗？

费良玉：我自己也不能原谅自己。我现在非常后悔，真的，非常非常后悔。我觉得我最对不起的就是死者的家属和我的家人，两个家庭。

这个是记者前往看守所，对肇事司机的采访段落。在《钱云会之死》的专题片当中，记者不仅采访了这个司机，还针对网上所谓的“五大疑点”，走访了村民、现场目击群众、交通部门、公安部门等相关部门。

电视具有直观可视的特点，让观众能够听到、看到当事人的言语行动。电视深度报道又能在结构上层层递进，利用各种事实证据、数字证据和实验证据，帮助还原事实真相，来回应网络的各种质疑，也让观众解开疑惑，在心中作出自己的判断。这就好比辩论，面对很多言论，包括不实言论、发泄仇视社会情绪的言论等，记者除了要有坚定的话语立场，还应该具有抽丝剥茧的能力，能够从纷繁的言论当中，梳理出逻辑，借助事实、逻辑的力量，使电视深度报道更加具有思维的厚度。

案 例

新闻调查：钱云会之死

记　者：如果说真的只是一个普通的交通事故，为什么会带来这么多的疑问，造成这么大的社会影响，您觉得是什么原因？

黄小中：有一个网民在网络上说得很好，他说你们要的真相，可能就是想用你们事先预设的答案跟公安的结论来对，对得上你就承认，对不上你就不承认。我们的结论要基于事实，而不能基于事先设定。这种想法恰恰需要公安机关有理有据的说法，也需要我们的媒体客观公正的报道，这很重要，而不是炒新闻。

这个段落是记者对温州市公安局新闻发言人的采访，放置在了节目的尾声部分。放置这个段落其实不再是从事件的真相层面上进行探讨，而是对媒体话语自身立场的呼吁。媒体应该传递理性的声音，传递公信力，成为社会舆论的稳定器。正如在《钱云会之死》的开始段落中，有两个记者曾在新闻发布会的现场提出过质疑，其中一位记者说："钱云会死前最后一个电话打给谁？"

基于真相的提问是需要的，但同时也要考虑到媒体自身的话语立场，并且应该在运用媒体力量的过程中，具备更多的思辨能力和引导力，能够把思辨带给观众，使观众在事实真相中进行辨析，这是媒体本身的作用和价值。

深度报道在结构上要有严密的逻辑关系来围绕主题证明其新闻的真实性，这就需要搭建出最适合的结构来呈现事实背后的深层底蕴。此外，在调查性报道中需要场景转换，且具有多种叙事线索，这都需要有清晰的逻辑支撑。具体而言，文字深度报道在结构搭建上通常使用以下方法。

1. 依据关键点搭建结构

依据新闻真相所涉及的关键点来搭建深度报道的结构，可以使整个报道脉络清晰，让受众欲知而未知的迷惑点、关注点与记者的表达点相吻合。记者把关键点提出来作为整篇文章的小标题，可以吸引受众阅读。这种以关键点作为小标题来安排结构的做法还可以起到引导受众的作用。这种结构特别适用于涉及一些关键疑问点或典型矛盾点的新闻事件。

2. 分篇式搭建结构

分篇式搭建深度报道的结构可以使读者一目了然，很清晰地理解相关的新闻真相与背后的新闻。这种结构特别适用于发生具有十分鲜明的空间分布特色的新闻事件，或者发展存在明显的性质分类的新闻案例。

3. 并列式搭建结构

并列式搭建深度报道的结构，类似于组合式报道的方式。这种结构特别适用于深度报道，特别是调查性报道中，采访到的材料之间是并列的关系且新闻事件在重要性关系上并列，或者在发生空间上并列。

4. 因果顺序搭建结构

这种写法适用于所调查的对象有十分清楚的前因后果，并且能按照这个前因后果得到充实的采访材料。那么，就可以按这个顺序来一步步展开，这样受众理解起来也比较容易。

电视深度报道搭建结构所运用的元素，与纸媒相比更加丰富多元。文字在电视新闻中的主导性地位也让位于视听符号，且文字也仅限于通过字幕、提示标题、滚动条等提供辅助性功能的方式呈现，视听符号在电视新闻中承载了绝大部分传递信息的功能。声音元素在电视新闻中包括同期声、解说词、配乐、音效等，与画面语言配合在一起，形成了层次更加丰富的语义体系，因而电视深度报道对结构、逻辑性的要求更加严苛。

案　例

“空中别墅”为何“野蛮生长”

央视新闻中心2013年8月13日播出了深度报道《“空中别墅”为何“野蛮生长”》，共分为三大部分。

第一个逻辑段落为“空中别墅”为何“野蛮生长”，探究北京“空中别墅”的违章建筑；第二个逻辑段落分析中国其他各地的“空中别墅”“野蛮生长”的原因；第三个逻辑段落引入评论“不能总让违章建筑生米变熟饭”。

可以看出，该条深度报道按照分篇式结构整理新闻报道。第一逻辑段落和第二逻辑段落之间有十分鲜明的空间分布特色，第一逻辑段落的违建地点是在北京，第二逻辑段落的违建地点分别在湖南衡阳和山东青岛，第三逻辑段落评论的使用与前两部分新闻报道的叙述形成鲜明的文体差异。前两个逻辑段落的呼应，使得该条新闻以点带面，从北京的一处违章建筑，映射出全国各地不同程度上都有类似的现象，更加突出了违章建筑这一问题的重大性、代表性。最后一部分评论的引入，使得整个深度报道在挖掘事实的基础上，发挥了电视媒体对现实针砭时弊的功能，达到了对政府、社会舆论监督的目的。

在第一逻辑段落探究北京违章建筑的原因时，分为四个小部分：电话联系当事人，违章别墅业主表示一周之内拆除违建；当事人叙述违建原因——不满房屋设计，花 90 万元改造楼顶；违建结果——噪音加漏水，邻居深受其害；反思——违章别墅盖 6 年，咋就没人管？

第一部分下的四个小部分，采用线性因果顺序结构，由果及因地线性叙事，从当事人的语音采访切入，在记者的追问下，当事人表示一周以内拆除违章建筑，之后开始叙述为何要修建违章建筑，从开始的合理维修到后来的上千平方米的违章建筑，在记者的采访下为观众一一呈现，随后本着平衡报道的原则，分别采访了以邻居为代表的普通民众层面、以城管为代表的政府管理者层面，将违章建筑背后的故事清晰地呈现给电视机前的观众。

第二部分分为两个并列的层次，一为湖南衡阳——25 栋非法别墅“先上车后买票”，二为青岛崂山——违规别墅侵占公共海岸被限期拆除，两个地方的违章建筑在重要性方面并列，因而分别进行并列叙述，方便观众理解，也更加印证了违章建筑这一现象的广泛性。没有经过国土、住建等部门审批，擅自新建、改建、扩建的工程，叫违法建筑，简称违建。违建问题由来已久，大都是一些有钱、有背景、胆子大的人修建的，违建一直在挑战着社会公平和国人的心理承受力，违建的存在，刺痛着公权力和人民的神经。依法严厉打击违建，是显示法治国家基本的治理手段。

这组报道为同一天同一档播出的现场报道、背景链接、专家点评、最新消息口播插画面等多种新闻题材的组合报道，通过舆论压力阻止了压在楼顶的三层建筑的继续扩建。记者兵分三路，采访业主本人、执法现场和建筑专家，层层深入，通过对居委会、物业的探访和质疑，违法事实清楚，证据确凿，物业为其打掩护的丑态也暴露无遗。大白天下时，城管也就不能再有任何借口推卸责任。整组报道说违建本身、居民反响、物业回应、城管难处、专家评论、城管表态、业主服软，整个链条抽丝剥茧、一气呵成，在报道的影响下，拆违成了顺理成章的事情，清晰的逻辑将整个事件的来龙去脉向观众朋友们讲清、说明。

三、主观介入与客观表达

新闻报道都是通过主观对客观现实产生反映的活动。通常，以消息类新闻出现的浅层次报道反映客观事实的方式是孤立的、静止的、断面的或感性的。深度报道则需要对新闻事件进行深入的分析，在历史性和共时性等维度上展开动态的、全面的、理性的反思。

正因为如此，电视新闻深度报道需要记者的主观介入。通过记者的主观介入，将主观态度与客观事实相统一。但同时，记者的介入需要与客观的表达相结合，即减少报道中主观的评论力度，尽量以客观的、中立的方式呈现，让观众自己去解读、发现、判断。在具体操作中，可以将主持人的观念和态度隐含在对事实的选择和呈现中。

案 例

新闻调查：钱云会之死

在《钱云会之死》的电视报道中，有这样一个段落：

解说：从石料场到事发地点，沿途有些路口有摄像头监控。警方调取了当天的监控录像，有两段记录下了费良玉的车辆。第一段是在石料场出口，约9点38分有一辆车离开，录像拍到的是车右侧面，上面能清晰地看到编号23。在事故现场录像中，能看到费良玉的车右侧的确有编号23，位置和录像中一致。第二段是在华一村路口，约9点42分有一辆工程车经过，这段录像拍到的是车辆左侧。录像清晰度不够，无法看清车牌，但是将左侧面的一些细节和费良玉的车做比对，能够一一契合。华一村路口再往前，就是寨桥村。警方认为，监控的时间和费良玉撞倒钱云会的这趟行程基本吻合，工程车的确是从石料场开过来的，不是一直埋伏在寨桥村村口。

在这个段落中，记者通过监控的客观梳理，将肇事车辆的路径清楚展示。虽然没有直接表达记者的观点，但通过说理分析，最终得出肇事工程车并非埋伏在事发地点的结论，使报道更具可信度。

对于电视调查性报道来说，出镜记者的表现尤为重要，他们既是调查行为的主体，同时也是一个节目的结构元素，是调查行为的实施者、调查过程的表现者，是栏目的外化标志和品牌形象。一定程度上来讲，电视深度报道所记录和展示的，是出镜记者如何通过各种各样的手段进入事实本身一步步获取真相的过程。因而为了保证整个新闻报道的客观性、公正性，记者本身必须做到客观表达，将最终的判断权留给电视机前的观众自己。

案　例

新闻调查：透视运城渗灌工程

在1998年《新闻调查》制作的节目《透视运城渗灌工程》中，记者充当调查的引导人，带领观众在新闻事件发生的现场进行“侦查”。

新闻背景为运城市提出要建设百万亩灌溉工程，结果只完成了百分之十左右，而完成的这大约十万亩还有很多不能用，只是建在路边为了“现场会”的参观。节目并没有用有声语言，即没有通过记者直接对这一现象做出批判，而是用了许多真实画面，给观众以直接的视觉刺激，这些真实的画面与某些采访者的回答形成了巨大的反差，在此过程中，为读者呈现新闻的事实。

首先解说词为观众补充了知识上的背景：“渗灌池可以有上水管，也可以没有上水管，但是有上水管就一定要与地下的水管相通，解决渗灌的水源。”随后记者出镜手扶一个上水管，“我们看能不能摇一摇，拔起来。”

记者说着便将本来应该与地下水管连接的水管，轻易地从地面拔出；在此之后记者又轻松地拔起另外一根上水管，这个上水管被木头堵住，木头上已经发芽。在亲手拔起两根上水管之后，记者前往采访曾经负责渗灌池建设、现在已经是山西省运城地区行署副专员的安德天。

记　者：有没有一些，为了让领导看起来比较成规模，然后建了一些假的渗灌池？有没有？

安德天：都没有，都没问题，不需要建假的，建假的干什么……而且至今也没有一个毁了的。

记　者：全是都能用的？

安德天：都是能用。

记　者：然后没有一些形式上的东西？

安德天：没有一点形式上的东西

记　者：你看过了？

安德天：我看过了，不是看过一次，而是多次。

以上是记者在实地调研之后对安德天的部分采访文字，安德天所讲与现实情况有巨大的出入。这里电视真实画面与采访对象话语形成的巨大反差，使得观众对于运城渗灌工程的形式主义有了直观、深刻的了解。

该报道中还有画面为渗灌池里长着一棵苹果树，而县委副书记却说：“树不影响蓄水”，果园里渗灌设备已经拆除，但是树却生长得很旺盛。记者作为事实的发现者，客观直接地描述所看到、经历的事实，通过影像的方式记录下来。这些事实与采访者的对话形成鲜明的对比，在此对比中，观众便知晓了真实的情况到底是怎样的。记者的参与一方面在于提供更多核心事实，另一方面在于梳理事件的来龙去脉，阐释事件的逻辑顺序和因果关系。通过记者的引导，放大一些容易被忽视的细节，细节的放大可以增强报道的形象性和生动性。发现、展现那些有告知和知晓价值的“细节瞬间”，将零散的事实组合成有完整意义的事件，这样才可以向观众呈现最客观、公正的新闻事实。

真实是新闻的本质，对于电视新闻而言，画面真实就是电视新闻的本质，是其赖以存在的基础。对于电视深度报道而言，深度主要来源于事实本身。真实的事实本身，就直接作用于观众的视觉感知，增强新闻的可信度。所谓深度，不是或不主要是因为记者所发表的对事实的深刻见解，而是深在以事实的讲述和事实中疑问的解开为核心，并由此引导受众进入到一种深度中去。孙玉胜在《十年——从改变电视的语态开始》中说道：“深度不是艰深的话语和生涩的表达，而是最终由观众来感受的深刻。”电视社会调查报道无论是交代背景、讲述过程，还是表明观点，多侧面、多角度、多层次的立体式采访都是必不可少的，特别是对有争议或容易产生异议的问题，都应牢固树立立体的新闻思维观。

延伸阅读

2012 年 12 月，《纽约时报》发表了多媒体专题（multimedia feature）报道《雪从天降：塔尼尔科瑞克通道的雪崩》(*Snow Fall: The Avalanche at Tunnel Creek*，下简称《雪从天降》)，将多媒体交互技术融合到新闻专题的制作中，生动地讲述了几名滑雪者在华盛顿州卡斯凯德山脉经历的一次雪崩险情，完整地还原了滑雪者遇险的故事。这则报道在上线之后的 6 天，收到了来自 290 万用户、超过 350 万次的页面点击，其中有三分之一是来自之前从未点击过《纽约时报》官网的用户。这篇报道的记者约翰·布兰奇（John Branch）获得了许多新闻业重要的奖项，其中包括普利策奖的特稿写作奖，皮博迪奖，等等。可以看出，《雪从天降》的成功也开启了融媒体报道的新阶段，其对于数字媒介技术的运用、整合传播理念的贯穿、新闻信息资源的集成、复合接收终端的传播，为未来媒介融合背景下新闻报道提供了操作范式，也给业界和学界带来了思考。

打开这则专题报道页面后，看到的是一幅占满页面的动态图，图中是连绵的白雪，伴随着寒风的音效，浮雪不断被吹离地面。随着读者滚动页面，通过类似影片制作中的叠画效果，刚才的动态图片交融在白色的背景中，正文出现。在全文的 6 个章节中，制作者几乎应用到了所有的媒体元素：短小的采访视频，现场的通讯录音，动态地形图，图片幻灯片，雪崩原理的动画讲解，等等。所有的元素展现的信息都不重复，互为补充，并且画面精致、布局巧妙。超过 1 万字的特稿故事一气呵成，读者在充分地互动体验中身临其境地感受了雪崩带来的巨大震撼。

此外，中国的新闻工作者也在融合媒体新闻的探索上不断尝试，《解放日报》为纪念上海解放 64 周年推出的多媒体特稿《战友》，新华网的新媒体作品《地球绿飘带》等，都不同程度地为我们展现了网络融媒体新闻的新样态。

在融媒体新闻报道的分析中，还是需要从以下几个方面切入：

第一，对于文字的分析。

在融媒体新闻作品中，尽管表现形式多样，文字仍然承担着主体的作用。《雪从天降》《地球绿飘带》等作品的文字量都很大，文风扎实稳健，本身就很具吸引力。除了网站上的融媒体专题以外，《雪从天降》随后也出版了实体书，这也印证了《纽约时报》相信仅从文字的角度来讲，这仍是一个吸引人的精彩故事。不同于文字特稿的是，在融媒体的作品中，文字信息不仅是内容，还是整个叙事的框架，作为叙事的主体，在进行文字的创作时，要有全局的观念和整体的构思，在什么地方需要出现什么媒体元素进行组合，需要预留出什么样的空当，是文字写作时需要考虑的重要问题。

第二，对于视听元素的分析。

视听元素的介入可以保证融媒体报道的丰富性和流畅度。以视频为例，融媒体报道《雪从天降》所纪录的雪崩事件中，共有 3 名滑雪爱好者不幸罹难，记者对剩下的 13 名幸存者的采访，成了这则报道的重要部分。在报道页面中第一次出现滑雪爱好者名字的地方，一般会有一个视频框在侧面，同时对人名进行字体变化处理，链接到视频，视频的内容就是对这位幸存者的采访。首先，受访的内容与专题中的文字内容是不重复的，画面内容一般只有受访者的镜头，没有过多冲击力强的画面。这就保证了这段视频的出现，是与文字互相融合的，而不是独立呈现的，视频中的受访者是在伴随着读者进行阅读，为阅读进行视觉上的补充。以往的多媒体报道中，视频的内容往往可以独立成章，完成叙事。而《雪从天降》中的视频则是站在一个整体构思的设计上，为整体表达而服务的。这一思路甚至精确地体现在拍摄采访时摄影师选择的景别，如果将画面放满屏幕看，特写镜头会给观众带来不适的观感。然而作为一个小的视频框放在页面中，只有这样的特写才能看清受访者的脸。

第三，对于整体结构形式的分析。

在融媒体新闻中的多媒体元素种类繁多，声音、视频、图片、互动图形等等，都对报道起到支撑性的作用，这些多媒体元素在作品中主要有两个目的：

第一个目的是为整体叙事烘托气氛，增强读者的代入感。例如《战友》中集结号和战火轰鸣的背景音效，配合老照片和老战士们口述的音频纪录，在受众看到文字之前就从听觉和视觉上将读者带入到旧日残酷的战场当中。

另一个目的是为了对文字信息进行补充，或对不方便用文字表达的信息进行呈现。《华盛顿邮报》描写职业自行车手邓布罗斯基的融媒体作品《勇往直前》（*Cycling's Road Foward*）中，利用交互技术完成了对车手在爬坡路面训练的表现，通过地图上的蓝色标记线和地图下方的心率、能量、速度等数据分布图，读者能够直观地感受到爬坡训练的辛苦和车手的坚强意志。如果这些还不够的话，地图右下角还有车手自己的访谈录音，对每一个路段进行描述。这个互动图表如果用文字表达的话，是非常困难而且无趣的，反而是简单的互动体验更容易使读者接受。

在报道中对多媒体元素的运用要灵活且有节制。无论是《战友》中的音效，还是《雪从天降》每一章节的动态卷首图，这些元素在整个阅读体验中是相对短暂的，点到为止，并没有一直占据受众的注意力。这是非常重要的编辑思路，这样能够确保读者在阅读文字时仍有一个较为纯净的、不受干扰的阅读体验。

可以说，融媒体报道的信息整合方式对报道效果有直接影响，由于海量信息需要处理，在进行新闻报道时，能够拓展的方向多、面积广。对这些信息的选择，要做到严格贴合主题，只保留少量对主题最有帮助的信息进行整理编辑，要能够预判读者最感兴趣的延伸方向，这就需要思路清晰，有的放矢，而非单纯的技术集合。同时，延伸的范围和幅度需要严格控制，信息的深度过深，专业程度太高，会影响读者的阅读热情；而信息的广度太广，则容易造成偏题，将读者的注意力转移到其他方向。

［高晓虹、赵木子：《融媒体新闻报道特征及发展趋势探析》，《中国新闻传播研究》2013（下）。］

思考题

1. 结合案例，论述“包裹”在电视新闻现场报道中的作用。
2. 结合案例，论述分析新闻人物访谈节目需要注意的事项。
3. 电视评论节目分析时的观测维度有哪些?
4. 试分析全媒体时代新闻深度报道的优势。

第五章 符号学与媒介批评

本章内容

1. 符号学的基础知识
2. 媒介与符号
3. 符号学视角下的媒介分析与批评

我们生活在一个充满符号的世界。汽车在高速公路上行驶，人们根据路上的指示牌来决定前进的路线，并保证旅程的安全；电视机里播放的广告，使人们看到了真实世界的投影，同时接受广告提供者的价值体系。这些都是生活中的符号，甚至连我们日常的对话本身，也是符号的交流和使用。

索绪尔曾经说过，“我们可以设想一门研究社会生活中符号生命的科学……我们称之为符号学”。实际上，意义表达的一切领域都可以被看作是符号学的适应范畴。在大众传媒和新媒体勃兴的背景下，利用媒介进行意义建构的方式更加多元，人们也习惯于使用媒介建构和传播符号，并通过媒介来接收和理解符号。

因此，通过符号学的学习，我们能够学会破解传媒中的符号及其意义建构，并懂得辨别传媒文本符号建构是否得当。利用符号学进行媒介批评，是要在掌握符号学基本原理和要素的前提下，将相关的方法应用于报纸、广播、电视，以及其他媒介的大众文化现象的分析与批评中。

符号的存在与传播总是与媒介息息相关，媒介要传播信息和传情达意，也必须通过符号的编码和解码。以报纸为例，文字和图片构成了其符号体系，广播中的声音也是其符号矩阵。电影和电视的符号体系更加多元化，有文字、声音、画面等。

电视是现代媒介中最活跃的。近年来虽然新媒体不断涌现，但电视仍然占据着主流媒体的位置。电视中有各式各样的文本形态，包括新闻、电视剧、纪录片以及各种各样的电视节目。但从影像系统的角度看，有其基本的“语词”。

符号

符号是人们共同约定用来指称一定对象的标志物，它包括以任何形式通过感觉来显示意义的全部现象。在这些现象中某种可以感觉的东西就是对象及其意义的体现者。

“符号”是符号学的基本概念之一。符号，一般指文字、语言、电码、数学符号、化学符号、交通标志等。但符号学里的符号范围较为广泛，社会生活中如打招呼的动作、仪式、游戏、文学、艺术、神话等的构成要素都是由符号组成的。

在新闻学中，符号指的是约定俗成的社会交际工具。包括传者或受者在特定传播环节中自觉或不自觉使用的符号种类，如电影中的语言、音乐、色彩等为不同的符号品种。

在传播学中，符号是用来指称或代表其他事物的象征物，是信息的外在形式或者物质载体，是信息表达和传播中不可缺少的一种基本要素。一个符号包括“用什么来代表”和“代表的是什么”，即符号的形式和内容或符号具和符号义，符号学中称之为“能指”和“所

第一节　符号学的基础知识

广义上的符号学是研究如何利用符号来传情达意的科学。我们可以说，符号学涉及了利用符号进行意义建构与传达的一切领域。漫长的中世纪，哲学家约翰·洛克（John Locke）已经注意到了符号的使用及其背后存在的一些沟通规则。

现代符号学由语言学的研究开始，而现代语言学有两个流派，一派是瑞士语言学家费迪南·德·索绪尔（Ferdinand de Saussure），另一派是美国哲学家查尔斯·桑德斯·皮尔斯（Charles Sanders Peirce）。

指"。能指和所指的结合具有任意性，是人们在长期的社会过程中约定俗成的。符号一般可以分为语言符号和非语言符号。没有符号，人类的传播活动和一切社会交往都无从进行，由符号所组成的符码和语言，是任何活动赖以进行的基础。

符号学

符号学是20世纪形式论思潮之集大成者，从60年代起，所有的形式论归结到符号学这个学派名下，叙述学、传播学、风格学等，也是符号学的分科。

符号学家钱德勒（Daniel Chandler）在《符号学初阶》中，开头一段用"符号学是研究符号的学说"来定义符号学。

安伯托·艾柯（Umberto Eco）将其定义为"符号学研究所有能被视为符号的事物"。

另一个意大利符号学家佩特丽莉（Susan Petrilli）认为符号学是"研究人类符号活动（semiosis）的诸特点"，即人的"元符号能力"。19世纪末与皮尔斯（Charles Sanders Peirce）一道建立符

一、索绪尔及其理论

索绪尔是当之无愧的现代语言学的奠基人，现代符号学的词源也是索绪尔根据希腊语"符号"衍生出来的。他去世之后，学生根据他的讲义出版了《普通语言学教程》。在这部具有划时代意义的著作中，索绪尔将"语言"和"言语"区别开来，并提出了历史性与共时性、能指与所指、句段关系和联想关系、组合关系和聚合关系等一系列的固定二项对立的关系。这也对后来的结构主义产生了深远的影响。而且，索绪尔的贡献不仅是在语言学内，还辐射到了哲学、心理学、文学、戏剧等很多领域。

索绪尔将符号分成两个部分，能指（或音响形象）和所指（或概念）。能指与所指之间的关系是任意的。

例如，英文中的"tree"这个单词，与中文的"树"，能指是不同的，因为其发音和书写都不相同，但所指却是一致的。由此可见，能指和所指之间的关联并不是完全对应的，每一种语言中，能指和所指的对应是约定俗成的，是在长期的历史发展、文化演变过程中逐步形成的。同时，我们也不能忽视能指与所指关系的稳定性。例如，英语中的日常问候语"How are you"，以及中文中的"吃过了吗"，都是在长期的生活中逐渐沉淀和形成的社交话语，其所指的意义都是代表了一种日常简单问候，这是获得了文化使用者集体认可的。这种约定关系一旦形成，就会相对稳定，不会轻易变化。

从表5-1来看，我们可以发现索绪尔将符号界定为概念内容和音响形象的综合。

表5-1　符号：能指与所指的结合

符号	
能指	所指
音响形象	概念内容

语言符号按照组合与联想的方式来作用于人。

从句段的角度看，语言是由一连串的符号构成的。以"北京是中国的首都"为例句，其中的"北京""中国""首都"处在一种顺序连接的情况下。这种顺序具有一定的可调整空间，但并不能随意调整。由此我们可以看到，语言符号通过这种

一一连接的方式组合起来，完成了意义的表达。而且这种连接一旦被打乱，有可能会影响到意义的表达和理解。

同时，例句中的每一个词，都会让听者或读者产生一定的联想。一个仅从书本上简单了解北京的人，可能会联想到标志性的符号，如长城、天安门等；一个去过北京的人，可能会对北京的新建筑群印象深刻，如鸟巢等。这些就是从一个例句中展开的联想。

整体来看，任何一个句段，都是由这种组合产生的，符号的顺序调整会带来意义的变化，意义是在组合关系、组合方式中体现的。并且，每个句段以及句段中的每个符号，都会带来一定的联想，这种联想影响了意义的传达和理解。

索绪尔认为，语言学的研究需要摒弃其他一切相关的因素而集中在语言的内部。语言是一种规律性的符号使用。或者说，语言就是一种文化的符号沉淀。人们在学习语言的时候，就是通过语言规则接近了文化心理。

> 语言是表达思想的符号体系，因此它类似于文字体系、聋哑字母表、象征仪式、套语、军事信号等。但它是这些体系中最重要的。
>
> 可以想见，一门研究社会内部符号活动的科学应该属于社会心理学的范畴，因此从属于一般心理学。我将其称之为“符号学”[源于希腊语“符号”(Semeion)]。符号学揭示的是：什么构成符号，什么规律约束符号。如果这门科学并不存在，那么没人能断定其内容，但是它有权利存在，并且提前划定其领域范围。[①]

二、皮尔斯及其理论

查尔斯·桑德斯·皮尔斯出生在美国马萨诸塞州，在哈佛大学接受了教育，后来任教于霍普金斯大学。他被认为是通才，大学是化学专业，后来又在数学、逻辑学、科学哲学、知识论等领域颇有建树。与他的成就相比，对他的个人研究是相对缺乏的。在符号学

① 转引自［美］阿瑟·伯格（Arthur Berg）：《媒介分析技巧》，李德刚等译。清华大学出版社 2011 年版，第 6 页。

号学的英国女学者维尔比夫人（Victoria Welby）建议符号学应当称为 sensifics，或 significs，即有关 sense 或 significance 的学说，也就是“表意学”。

福柯（Michel Foucanlt）在 1969 年关于认识论的名著《知识考古学》中说：“我们可以使符号‘说话’，发展其意义的全部知识，称为阐释学；把鉴别符号，了解连接规律的全部知识，称为符号学”；怀海德（Alfred North Whitehead）的意见与福柯相仿：“人类为了表现自己而寻找符号，事实上，表现就是符号”。

就国内研究者的定义来看，“符号学”这个中文词，是赵元任在 1926 年一篇题为《符号学大纲》的长文中提出来的。赵元任说与“符号学”概念相近的英文词，可以为 symbolics，symbology。

赵毅衡在 1993 年把符号学定义为：关于意义活动的学说。并给出了符号的定义，即符号是被认为携带意义的感知：意义必须用符号才能表达，符号的用途是表达意义。反过来说，没有意义可以不用符号表达，也没有不表达意义的符号。

符号媒介

符号媒介是信息传递过程中极有意义并极易引起互动的载体，是现代社会运用最广泛的传播媒介，也是公共关系传播中常用的媒介。

符号媒介包括语言符号媒介和非语言符号媒介。语言符号媒介包括有声语言媒介、无声语言媒介；非语言符号媒介包括有声非语言媒介、无声非语言媒介。

言语传播要有两个或两个以上的传播主体在同一时空范围内共同参与传播；其交流的过程和信息反馈的过程几乎是同步进行的，其传播的信息内容不局限于词语、语法结构等组成的句子所表达的思想含义，还包括语气、语调、身姿、手势、表情等所表达的意义。言语交流具有直接性、随时性、情感性、主观性、双向性、反馈性等基本特性。言语传播是公共关系活动中应用最广泛的并不可缺少的传播工具。公共关系把言语传播作为一种与公众建立联系、对外界施加影响的工作方式来加以研究，要求公关人员深刻理解言语传播的特点，熟练掌握言语传播的技巧，并能够在公务接待、信息传递、新闻发布及各种沟通联络活动中，充分运用其特点和传播技巧，从而使公共关系活动取得最佳效果。

领域，他提出的是与索绪尔不尽相同甚至是有差异的理论阐释。

皮尔斯将人与符号的使用联系起来，他强调符号本身并不代表任何的意义，而是人类赋予了其意义，人也在使用符号的过程中获得了价值，发展并完善了自身。皮尔斯的研究对象没有局限在语言符号中，而是涉及了众多的符号类型。他不仅对符号做了系统的分类，还用实证主义的方法对其做了归纳，建立了符号学的体系。

皮尔斯将符号分为三类：象征符号、图像符号和指示符号。

第一类，象征符号。象征符号可以直接地指称对象，在符号与对象之间是没有相似性的，其能指与所指的关系是自然而然地约定俗成的，具有任意性的特征。人类的语言就是一种象征符号。例如前文所提到的“花”的发音与“花”这类植物之间，是没有任何必然联系的。在中文中的“花”，与英文中的“Flower”，都可以指称花这种植物。

第二类，图像符号。如果说，象征符号的能指与所指关系是约定俗成的话，那么图像符号的能指和所指之间是通过相似性联系起来的，其外形存在相似感。例如，在公路上的路牌，常常会用各种图像符号来表示。

图像符号也可以细分：例如人物的肖像画。是真实人物在画布上的复制，常常需要抓住客观特征，实现对人物的再现。还有一种是具有转喻性质的图画，即以局部代替了整体。例如，在“9·11”恐怖袭击中，恐怖分子驾驶飞机冲击世贸双子塔，是将双子塔视为美国的一个象征物。而双子塔的重建，也代表了美国对于其基本信仰体系的重建。这种转喻式的图像符号，广泛地存在于文化之中，如小说《菊花与刀》，就是选用了两种图像符号作为日本文化的代表。而这种图像符号的转喻，也在影视类媒介中广泛地被使用。

第三类，指示符号。指示符号的能指与所指之间，需要有一种物理性的关系，同时也需要能指与所指在时间上有共时性。如，窗外的雨声和下雨的天气构成了能指与所指的关系。由此可见，物理性的关系并非像图像符号那样仅是一种形象上的相似，而是一种物理关联性和时空关联性。此外还涉及一个真实性的问题，特别是在视听媒介中，由于影像的逼真性，使得人们在观看时往往不能分辨真假。例如，很多电影和电视剧中的夜场戏，是在摄影棚内通过打光的方式实现拍摄的。灯光的明暗控制，造成了视觉上的指示效应，形成了夜晚的感觉。如表 5–2 所示：

表 5–2　皮尔斯注重的符号的三个层面：①

	图像（Icon）	指示（Index）	象征（Symbol）
表达方法	类似	因果关系	约定俗成
举例	图片、雕塑	烟 / 火	旗帜
过程	可以看到	可以推演	必须经过学习

三、罗兰·巴特及其理论

罗兰·巴特（Roland Barthes）于 1915 年 11 月 12 日出生在法国诺曼底的瑟堡，是法国文学批评家、文学家、社会学家、哲学家和符号学家，是当代法国思想界的先锋人物、著名文学理论家和评论家。罗兰·巴特的理论在 20 世纪 70 年代受到了广泛的关注，并有利于把结构主义建立为一种具有领导性的文化学术运动。

他提出写作的零度概念反对萨特（Jean–Paul Sartre）关于文学干预时事的理论，认为文学如同所有交流形式一样，本质上是一个符号系统，并在多部著作中运用其文本分析法消解言语所指，尝试按照作品本身的组织原则和内部结构揭示文本种种因素的深层含义和背景。他概括出文本的三个层次，功能层、行为层（人物层）、叙述层，以此分析读者对文本的横向阅读和纵向阅读。

1976 年巴特在法兰西学院担任文学符号学讲座教授，成为这个领域的第一位学者。巴特认为，符号学存在意指功能，这种意指功能是将能指与所指的关系进行明确和标注。一般来讲，我们将这两者间的关系分成了三类。

第一类是直接意指。直接意指中的能指承担了形式和意义的双重任务。例如语言，“月”这个字，其字音、字形都指向了其意义，这种联系是自然而然形成的，是约定俗成的。当我们了解并习得这一联系之后，其意义变得贫乏。

于是，我们将这个字放置到了新的语言环境中，产生出了第二类的意指，即含蓄意指。

含蓄意指是在第一类意指关系生成之后，能指与所指所形成的对应意义关系被放置到了第二类的语境之中，这时原有的意义被部分地淡化，同时有新的意义被纳入到了能指与所指的建构中，这个新的意义是在原有意义基础上的扩展和延伸，而这种延伸又是同新的语境相互关联的。例如，《红楼梦》中的“香菱学诗”一段，前两首都不尽如人意。第一首是被林黛玉批评“措辞不雅”，第二首薛宝钗又说全是讲“月色”。香菱搜肠刮肚地思考，最后写成了一首“精华欲掩料应难，影自娟娟魄自寒。一片砧敲千里白，半轮鸡唱五

① 转引自［美］阿瑟·伯格：《媒介分析技巧》，李德刚等译，清华大学出版社 2011 年版，第 4 页。

更残。绿蓑江上秋闻笛，红袖楼头夜倚栏。博得嫦娥应自问，何缘不使永团圆。”

在这首诗中，首联就灵气逼人，将月亮动人心魄的美丽描写了出来。其颈联、颔联等又大跨度地描写了月下的诸多神态。尾联别出心裁的问句，传递出作者的精巧构思。

在这首咏月诗中，“月”并非是一种直接的意指，而上升为一种含蓄的意指，并且其所指指向了“分离”与“团圆”等意义，是在原有意义上的拓展。

意指功能的第三类来自主体间性。

主体间性指人与人之间可以通过意义进行交流，人们的心灵对于意义有一种共享。在此理论基础上，符号的使用成为了主体之间意义共享的桥梁。在香菱所写的这首咏月诗中，首联的“精华欲掩料应难，影自娟娟魄自寒”既可以理解为月亮的光华无法遮掩，同时也可以理解为是香菱对自身的描写。她出身于官宦富裕家庭，无奈命途多舛，从小被人贩子拐走，连姓名和身世都无从得知。被卖到薛府之后，又嫁给了呆霸王薛蟠做妾，让人对其身世不禁惋叹。她向往真正的幸福，仰慕像林黛玉、薛宝钗一流的文雅人物。加之她天分很高，终于在咏月诗中大放异彩。这首诗中所蕴含的那种诗意和才情为大观园中一干人所感受。此时的月，从原来的月亮提升到“团圆”的意义，又通过主体间性的共享，为读者所感受，其意指可以是香菱本人。

当然，主体间性的意义交流，需要符号的解读者对符号本身所蕴含意义有一定的了解和认知。全球化语境下，媒介的符号传播需要借助这种主体间性，选择能够为世界了解的符号，形成跨文化的、有效的符号传播形式，建立起意义的共享。

1997 年，巴特出版了专著《神话学》，在这本书中，他提出了对于符号的新界定。他认为符号即神话，神话包含了符号内涵意义的生成，是一种集体无意识，也就是在长期的社会实践中逐步形成的对某一事物的固定印象。

四、列维 – 斯特劳斯

克洛德·列维 – 斯特劳斯（Claude Lévi-Strauss）是法国著名的社会人类学家、哲学家，法兰西科学院院士，结构主义人类学创始人，法国结构主义人文学术思潮的主要创始人。他所建构的结构主义与神话学不但深深地影响了人类学，对社会学、哲学、语言学等学科也有深远的意义。

20 世纪 30 年代他曾在巴西考察当地土著社会多年，40 年代旅美期间钻研英美人类学与结构语言学，陆续发表了大量研究成果。20 世纪 50 年代以后，与萨特激烈辩论，自 1959 年起任法兰西学院教授。在《野性的思维》一书中，反驳萨特的观点。这是法国 20 世纪下半叶最具重大历史意义的理论争辩，对此后法国思想家的思想创造产生了直接的影响。

他的影响波及人类学、语言学、哲学、历史学等诸多领域。主要著有《结构人类学家》《神话学》《野性的思维》等。

延伸阅读

列维–斯特劳斯的神话研究是他最具影响力的理论成果。他的理论独创在于他认为所有的神话在社会内部都有一种相似的社会文化功能，即神话是对世界进行解释，从而解决其间的各种问题和矛盾。他说，神话的思维总是由意识到对立面的存在到寻找解决这些对立面的方法而层层递进、逐步展开的……神话的目的就是要提供一个能够解决矛盾的逻辑模式。

在当代社会，大众媒介所起到的功能，与部落社会、口头传播社会里神话的作用何其类似。因此，大众媒介就是“当今的神话”。这些媒介神话总是试图以一种富有想象力的方式来面对和应付由二元对立结构的内部矛盾所引起的焦虑，使人们不至于变得精神分裂或制造出太多的文化紧张。从一种批判的立场来看，大众媒介很容易被指责为“现代精神鸦片”，它使人们一味沉溺于想象和梦幻之中，暂时舒缓和宣泄对现实的不满情绪，而丧失了反抗的斗志，也就阻碍了社会前进的步伐。

［潘知常、林玮、曾艳艳：《结构主义—符号学的阐释：传媒作为文本世界——西方传媒批判理论研究札记》，《东南大学学报》（哲学社会科学版）2004 年第 3 期。］

第二节　媒介与符号

当语言学发展到一定阶段之后，人们发现除了语言之外，世界上还有各式各样的符号。高速公路上的指示牌，电影院里的电影影像，海军的信号旗，等等，可以说，我们活在一个充满符号的世界当中。

有些符号需要通过学习才能了解，比如语言和文字，有些却不需要，例如电视里的广告，即使使用的是不同国家的语言，大部分观众在看完之后也能理解。

符号，是由媒介所传送的并根据一定的规则被编码，且指示一定意义的物质形式或语言形式。

符号是具有文化意义的，在一定的文化共同体内具有相对稳定的意义与理解路径。例如，红色，在中国文化中代表了喜庆、欢愉，所以过年过节家家户户都要张灯结彩、红红火火。而同样的颜色，在西方的语境中，可能更多代表了危险。由于文化不同，对于符号的能指和所指的理解就会产生差异。

如果说符号是依据一套规则被编排成的被文化共同体所认可和接受的规则系统，那么在文学作品中，读者在阅读的时候，则是对作者的编码进行解码，并经过联想和想象，完全从符号的角度获得信息，并了解其中的文化内涵。

例如鲁迅小说中的一系列人物形象，孔乙己、祥林嫂、华老栓、夏瑜，从符号学的层面来看，他们都不是一个个的个体，都代表了华夏民族的某种性格特征。可以说，鲁迅使用凝练的笔法，在这些个体人物身上提炼出共性，使得人物既生动活泼，又具有符号化特征。

媒介中存在各种各样的符号。以纸质媒介而言，例如报纸、杂志等，其中的文字均属于符号。并且，编辑在对文本中的文字符号进行编码时，有意无意地会使用读者最能读懂的符号进行编码。此外，在报纸和杂志中也存在着图片广告。这些平面广告也是由符号的集合所组成的。这些符号是与商业挂钩的，往往需要通过适当的方式表现出商品的诉求，而符号的形式感还取决于媒介的受众定位、商品属性等因素。

一、视听媒介的符号构成

视听媒介是目前使用率最高的媒介形态。以广播为例，声音成了符号体系的主要载体。如果对声音符号进行细分：广播中包括人声、音乐、音响等。人声指的是广播中的主持人、记者、演员或其他由人类发出的声音。

音乐具有某种二律背反的性质，即挣脱一切束缚只表现它自己的特性，同时也有与其他元素结合，传情达意的特性。音响则是在现实世界中的一切声音，音响符号能够给听众带来强烈的现场感。例如蝉鸣，观众在理解时可以知道是夏天；驼铃，则可以理解为沙漠。因此，音响符号可以确定出时间和空间的属性。

相对于广播而言，电影与电视的符号体系更加复杂。在视觉和听觉两个通道上，符号都可以作用于受众，在画面当中，由于活动影像的构成相对静止，画面更加多元，其光线、色彩、人物、构图方式等都可以成为传情达意的符号系统。如果对符号系统进行细分，还可以发现更加细致的符号体系。例如，光线的颜色、角度可以形成特定的符号意指，人物的穿着、口音也可以是传递人物性格特征的符号。

由表 5–3、表 5–4、表 5–5，可以看到影像媒介系统中的符号：

表 5–3　镜头类别与所指

镜头（能指）	范围	涵义（所指）
远景	大型场面	大背景、大语境
全景	场面	氛围
中景	人物膝盖以上	人物关系
近景	人物第二颗纽扣以上	动作
特写	人物脖子以上	突出

表 5-4　拍摄角度与所指

角度（能指）	界定	涵义（所指）
俯拍	镜头从上向下拍摄	鄙视、怜悯、弱小、轻蔑
仰拍	镜头从下往上拍摄	崇拜、爱慕、高大、敬畏
推进	镜头向内运动	聚焦、接近、引导关注
拉出	镜头向外运动	疏远、远离、产生距离

表 5-5　画面色彩与所指

红色	爱、热情、火焰、愤怒、赤诚
蓝色	冷静、平和、宁静、忠诚、信任
白色	力量、纯洁、无罪、神圣、谦卑
黑色	死亡、权威、服从、优雅、潮流
绿色	成长、安全、和平、生命、健康
黄色	智慧、富贵、年轻、警示、快乐
橙色	治愈、运气、辉煌、母爱、温暖

此外，画面中还有很多其他的符号，例如画面中的字符等。

我们可以将媒介中的符号简单划分为两大类：语言符号与非语言符号。它们的功能其实是一样的，都是通过一定的规则或者方式来传情达意。符号与真实本身并没有对应关系，符号可以用来表现真实，也可以通过虚假的方式欺骗人。例如，电影或电视剧中的高跟鞋，可以成为代表女性优雅特质的符号，也可以是掩盖其身材的符号。

二、符号与关系的对应

美国著名结构主义文论家乔纳森・D・卡勒（Jonathan D. Culler）曾经指出：

> 语言学可以研究其他文化现象，这个观念基于两大基本洞见：首先，社会和文化现象不只是物质对象或事件，而是具有意义的对象或事件，因此成为符号；其次，社会和文化现象不具有本质，而是受关系网的界定。

于是“符号”和“关系”构成了符号学中的两大关键概念。

在索绪尔看来，关系对于意义的生成非常重要。“强”是在与“弱”的对应中产生意义的，这种对应关系不仅体现在形容词上，在名词中也是如此，“黑”与“白”也在对应中有了更加明确的意义生成。

此外，在一组能指与所指的对应中，其关系具有临时性和随意性。例如，“树”这个词，对应了一种生物学意义上的植物，但在别的语境中，这种意义可能发生变化。其意义的呈现和理解是在具体的关系和语境中，因此，意义就来自于符号体系。

符号学理论认为，人的思维是从对表象的认知开始的，大千世界的各种表象进入人类的大脑之中，逐渐形成了概念，而大脑又将概念分门别类地加以归纳整理，使得万事万物的表象与大脑中所留存的概念之间形成对应的关联。这种对应的关联可以通过语言的方式得以表达，也可以通过肢体语言、文字、影像、雕塑、音乐等不同的形态表达，而这些就是符号。

符号能指与所指的对应关系一直在发展变化之中。例如，以前的流行语，在社会生活发展过程中，其使用的频率会越来越低。生活在符号中的人们总是不断地适应并习得新的符号，也就是习得新的能指与所指关系，这种学习有时甚至是无意识的。

三、视听媒介的符号使用

在索绪尔的划分中，语言与言语是一组对应的关系。辩证地看，语言是共有的、规律式的交际工具，是相对稳定和静止的。而言语则是在实际中的应用，是对规则创造性地使用，带有灵活性，并且处于不断的发展变化当中。

符号学也具有这样的对应关系。即从宏观来看，符号的使用是有一定规律可循的，这种规律经过长期的社会实践，被社会成员们约定俗成地保留下来，并形成了相对稳定的使用规范。一方面，人们在通过符号进行相互交流的过程中，必须遵循这样的规范。但另一方面，在每一个具体的使用环境中，符号的使用者和接受者千差万别，为了让符号的使用更加具有个性色彩，必须要在规则的基础上进行创新，这样才能够保证符号传递的持续有效性。

在媒介实践中，符号的使用同样需要遵守这样的规则。例如在报纸杂志中，语言的使用总是延续比较常规的用法，会让读者感觉枯燥，如果不顾读者的阅读习惯大肆调整，会适得其反。只有把握好规律，并寻找合适的符号，在原有的基础上进行创新，才会收到更好的表达效果。

例如，电视新闻报道中的“走你 style”，又称“航母 style”，是指中国第一艘航空母舰辽宁舰的舰载机歼 15 于起飞时的指挥手势。“走你 style”从“江南 style”的流行文化中吸收了表达元素，将国家意识同流行文化组合起来，并被大量网民模仿，一度成为网络热点事件。“走你 style”，既有趣味性的娱乐色彩，同时也具有高度的民族认同感，从客观上体现了中国民众的爱国情感和对国家军事实现现代化的自豪感。

总之，符号可以理解为能指和所指的综合。符号学所探讨的是，在文本中意义的形成过程与形成方式。符号有自己的使用规则，同时也塑造和规范了人们的行为。不过，普通人在接收和释放符号的时候，往往是不自觉的，是意识不到的。符号学的分析则是帮助评论家及相关工作人士能够科学地破解符号使用的规律。

第三节　符号学视角下的媒介分析与批评

符号学视角下的媒介文本分析与批评，要求分析者找到文本中能指和所指的对应关系，在符号的能指和所指的建构过程中，建构者将自身的价值观通过符号的设定植入能指与所指的关系中，其意义建构在受众对于能指和所指的解读之间。以下为几种比较常见的符号学视角下媒介文本的分析和批评方式：

一、从隐喻角度展开的符号学分析与批评

隐喻和转喻是转达意义的重要途径。隐喻是一种转换，是通过一种事物去认识另一种事物。唐代岑参的诗歌《白雪歌送武判官归京》中有这样一句话："忽如一夜春风来，千树万树梨花开。"以梨花比喻飞雪的样貌，其颜色的白、其形状的娇媚、其状态的飘逸均被诗化了，使读者眼前出现了一幅胡地八月飞雪的奇幻景象。整首诗歌时而雄浑，时而回转，而这一句则是气韵生动，展现了新奇秀丽的美感。

转喻与隐喻不同，转喻的两者之间没有相似之处，但却存在某种密切的联系。因此，使用者可以利用二者间的关系，形成符号的修辞。转喻的基础并不在于本体和喻体之间的相似，而在于激发受众的联想。

被誉为台湾 2010 年最感人广告之一的《蔡莺妹的旅程》，是一则台湾大众银行公益广告《不平凡的平凡大众》中的一支，又名《母亲的勇气》。广告取材于台湾的一个真实故事，讲述了一位母亲排除万难，远赴委内瑞拉探望怀孕女儿的感人故事。一位第一次出国的母亲，不懂英语，独自一人乘坐飞机飞行三天，只为给刚生产完的女儿炖鸡汤，可是携带的鸡汤中的药食材却被认为是违禁品，当她被拘留在委内瑞拉机场时，她急切地向机场人员解释缘由。

观众为老妇人的信念支撑所震惊。广告中不断闪现母亲手中紧握着的女儿与外孙的照片，同时镜头更换着她一路奋力奔跑赶飞机的场景，通过对镜头动静结合的把握，导演将慢节奏"照片"回顾与快节奏场景转换的非语言符号的叙事手法，转换为对母爱情感程度的表达，这是一种隐喻的表现手法。

但也有观众认为广告并没有把银行与广告内容真正联系起来，只是简单地扣住了"大众"一词，而这个词同样可以被大众汽车、大众航空所使用。但从隐喻角度展开符号学分析，作为形象广告，广告内容与公司产品不一定有直接关系，而是有意给目标群体留下好的印象，传达某种关怀、价值、信念层次的正面讯息，通过这种符号策略让观众构建对文本的个人理解。观众没有从这支广告中得知大众银行任何的产品服务信息，而是传达了影片的正面形象。当观众有银行业务的需求时，会第一时间想到这支广告并选择大众银行，

从而达到宣传效果，从广告形象的认同转换为对品牌的认可，提到“蔡英妹”“母亲漂洋过海为女儿熬鸡汤”“不平凡的平凡大众”等文字符号必然会联想到台湾大众银行。

而在影片中，一直强调平凡与不凡，强调平凡大众的伟大，通过母亲朴素的着装——“破旧的衣服”、不忌惮的行为表现——“用手捧水喝”、真实的表情描写——“在人流中恐慌的眼神”等符号讯息，来体现“大众”“平凡”的概念，再通过母亲面对压迫据理力争的行为烘托出“伟大”“不凡”“勇敢与爱”的主题，无形中拉近了大众银行与普通大众的距离，表示这是一个真实的大众银行。运用以上符号策略的表现方法，大众银行为自身在民众心中做出了一个具体的定位——全心全意为大众服务的银行。

转喻很多时候是通过提喻来实现的，提喻的特质就是通过局部来表达整体。

被评为第二十四届中国新闻奖特别奖文字通讯的《“三北”造林记》，以“英雄史诗”“壮士悲歌”“生命色彩”“心灵绿洲”四个章节穿插讲述了十几位造林英雄的故事，《“三北”造林记》以蓑羽鹤的形象为比喻，提炼出了“没有终点、只有起点”的“三北”造林精神。蓑羽鹤与造林人之间本身并不相似，但他们却面对着相似的生活困境，都在“为了生存，为了明天，艰难向上，奋力前行”。这是一种转喻的表现手法，通过两者相同的精神特质，让读者把蓑羽鹤与造林人联想在一起。文章以蓑羽鹤的形象作尾，虽然对造林人只字未提，但读者可以很自然地联想到，“三北”土地上的造林人就像这群蓑羽鹤正“飞向生命新的起点”。

二、互文与文本中的互文性

互文是指在一个文本中，引入另一个已经存在的文本，使文本之间在意义上产生某种作用，形成新的意义理解空间。

巴赫金曾经说：

> 生活中的会话所使用的词语是直接的、公开的，并且指向接下来的回答：它引起一个回答，提前对它进行预先判断，并根据回答的方向进行自我建构。在由已经说过的话所建构的氛围里自我形成的词语，同时会被还未说出但非常必要的词语决定着，事实上也被接下来要回答的话所期待着。这就是生活中会话的状况。

这种在语言使用中的现象，被引入到符号学的文本分析中，便可以发现互文的价值。

> 时势造英雄。改革开放，为“三北”造林人开辟了广阔的时代空间。
>
> 王树清说，是改革春风，吹绿了拜泉。
>
> 石光银感慨，没有联产承包，就没有我“石灰锤”的今天。

张生英说，没有体制改革，哈巴湖畔仍是一片荒漠。

以上是中国新闻奖获奖作品《“三北”造林记》中的一段总结性文字，虽然每句话指一个人物，但却是以互文的手法拼凑着一个整体的形象。该文章中大量出现互文现象，互文修辞使整个文本深入浅出，用一个又一个的人物故事塑造出一个整体形象——为了生存，为了明天，奋力向前，找寻希望的“三北”造林人。

在视听媒介文本内，也常常存在这样的互文现象。引入的文本，可以作为理解原有文本符号意指的重要路径。

以电影《霸王别姬》对于京剧《霸王别姬》段落的使用为例。在电影结构中嵌入戏剧经典段落，甚至以这些经典戏剧的风格意蕴及剧中人物关系来主导电影叙事的脉络，以此解析作品。显而易见，电影这一新兴的现代艺术对古老戏曲的解读中，既有时代发展的烙印、文化语境的制约，又有戏曲审美特点对电影语言的影响，已有的戏曲与现有的电影间不可规避地存在着互文性。

经典戏剧《霸王别姬》是京剧大师梅兰芳表演的梅派经典名剧之一，在电影《霸王别姬》中，伶人程蝶衣与段小楼重新演绎京剧中《霸王别姬》与《贵妃醉酒》等桥段形成符号学中关于互文性的表达。导演陈凯歌在电影文本中引入戏曲文本，无形中将程蝶衣、段小楼的人物命运与京剧中虞姬、楚霸王的命运做了一一对应的比拟，实现了影像时空与历史时空的勾连，以及对人物生存状态和命运的关照。

京剧中虞姬与霸王的话别，充满了红颜佳人与悲情英雄式的无奈、慨叹和悲哀。戏曲中的情境是对电影中人物命运走向的预演，奠定了电影的情感基调。在时代张力的映衬下，人物的内在情感与人际间的冷暖被有意地放大，进而上升到对人性的探讨。

程蝶衣是沉浸于戏中的虞姬，段小楼是跳脱于戏外的霸王，两人对京剧态度的差异造成彼此在戏外生活的“分道扬镳”。程蝶衣在入梨园时的“断指”在女性主义电影理论中可视为对男性的阉割，他对妓女菊仙的仇恨与谅解是源于对自己母亲的心理映射，他对女性身份的认同与依恋等，透露出编剧李碧华对女性主义意识的彰显。特殊时代下行业规则的强力压制重新形塑了程蝶衣这一个体，使他在进入女性角色时表现出适应、自然，但也预示着他注定与时代格格不入。而段小楼在面对现实困境时的屈从与退缩、怯弱与自私，注定其只是在戏中模仿霸王。程蝶衣是戏里戏外的“真虞姬”，段小楼只是戏里的“假霸王”。他们的人物形象在戏曲文本的助力下刻画得更生动、鲜活，人物的反差与冲突进一步显化。传统的京剧人物仿佛增添了一份时代感，而历史中关于虞姬与霸王的角色内涵也因程蝶衣与段小楼的演绎变得更丰富、多元。

《霸王别姬》是一部关于京剧与时代变奏的社会教科书，有解读戏子命运的无奈、有突显戏曲精神的疯狂、有浓缩社会百态的勘破、有影射时代苍白的控诉。电影文本中绝不仅仅是在诠释时代加诸人物的压力与控制，戏曲文本也并非只是霸王别姬式的情景还原，二者在电影符号的组合与表达中把视野延伸到历史的维度，把品质上升到哲学的高度，把批判渗透到意识形态的领域。

说到周星驰，不得不提及他的经典之作《大话西游》系列。《大话西游》是对中国四大名著之一《西游记》的一种颠覆式互文解读，以及对传统文本价值观的重构。经典文本具有稳定的诠释空间，而历时的互文将新文本与已有文本进行重组，必然形成新的意义上的理解空间。

电影是以历时的互文手法贯穿故事始终。该影片同样也运用了大量的互文手法，互文叙事围绕孙悟空“从一而终”，即至尊宝与紫霞仙子的一段注定刻骨铭心、注定消散的情缘，正如粤语插曲《一生所爱》中写道：“苦海翻起爱恨，在世间难逃避命运，相亲竟不可接近。”这是影片中的爱情所表达的主旋律与主命脉。

人物形象与故事情节方面，新兴文本《大话西游》虽保留了传统文本《西游记》固有的人物形象，仍然以师徒四人西天取经为主线，但文本中一系列的表现是对原文本的滑稽重塑。孙悟空不甘心西去取经，欲娶牛魔王之妹为妻，欲与牛魔王同吃唐僧肉而被压在五指山下，与白晶晶有千年之恋、与紫霞仙子有旷世奇恋等。在原文本的基础上引入新的文本，《西游记》的传统价值理念完全被消解。

意义的消解并不完全代表原文本的意义缺失，它还表现出对新的价值观的建构。在影片中，导演通过独特的创作手法，将《大话西游》打造为《西游记》的再造新生，受众透过荒诞滑稽的人物形象和错综复杂的人物关系对事物产生哲学性的思辨。

这源于影片在语境阐述与话语图景方面的经典呈现，当经典桥段“曾经有一份真挚的爱情放在我的面前，我没有珍惜……如果非要在这份爱上加一个期限，我希望是……一万年”“我的意中人是个盖世英雄，有一天他会踩着七色云彩来娶我”“我猜中了前头可我猜不着这结局”“那个人好像一条狗哎”等语言符号出现时，语义的表面或许有几分讥讽和幽默，但却是导演通过互文将新旧文本进行重组而对主题思想传情达意的独特体现。

《大话西游》文本虚拟空间所指涉的精神现象，已瓦解了《西游记》文本所体现的文化精神，某种在后者空间中处于边缘化的文化精神现象独立出来与独霸地位的精神对立并证明其合法性，从而重构出一种新的更具开放性与包容性的、宗教与世俗共同构成平等文化的生存方式，这应该是文本互文所起到的良性作用。

三、从共时性与历时性角度展开批评

索绪尔在语言学中提出了共时性和历时性的一组概念，这对于媒介领域的符号学批评同样有指导意义。

从字面意义来看，共时性指的是在同一个时刻，历时性指的是时间上的历程。索绪尔将这一组对应的概念应用于语言学研究。共时性语言学将语言看作静止的，从语言的内部结构中探寻各个元素之间的关系。历时性语言学则在一定的时间跨度内，以文献考证等方式关注语言的种种历史演化及其过程。

索绪尔分析了共时性和历时性研究的区别：

> 对任何学科而言，对其研究对象所处的坐标进行准确的定位，都是有益的。可以对目标做两种区分：(1) 同时之轴，表示共存事件之间的联系；(2) 连续之轴，在这个轴上每次只对一个事件进行考察，但所有事件连同它的变化都处在第一个轴上。

从这段引文中，可以看到索绪尔已经突破了语言学的范畴，将共时性和历时性的思维放置在更加广阔的领域，这也是符号学可以借助其进行分析批评的基础。如表 5–6 所示：

表 5–6 共时分析与历时分析元素

共时	历时
同时的	连续的
静止的	演变的
瞬间的	历时回顾的
系统中的关系	时间中的关系
分析为主	发展为主
聚合的	组合的
列维–斯特劳斯	普罗普

以历时的方式解读文本，则是研究构成叙事的各个事件之间的联系，即组合结构；具体的组合式分析，就是普罗普（Vladimir Propp）的故事分析，注重事件的表层分析，即事件的发展变化过程，是显性的分析。

以共时的方式解读符号，就是寻找并发掘文本中的对比模式，即聚合结构；而故事结构的分析，则是隐性的分析，也即聚合式分析。聚合式分析并不在意人们做了什么，事件的走向是什么，在意的是人物行动背后的意义，以及故事结构中的二元对立。

这是与索绪尔语言学最初的界定相对应的。如前文所述，索绪尔提到了“语言是在相互关系中被界定的”。例如，黑与白是在比较中得到确定的，胖与瘦也是，而语言的意义正是在这样的比较关系中生成的。

还是以《“三北”造林记》为例，其中对聚合结构和组合结构的运用可谓行云流水、挥洒自如。

在第一篇《英雄史诗》中，先以陕西定边农民石光银的故事开篇，后又言简意赅地加入陕西靖边农民牛玉琴和内蒙古乌审旗农家女殷玉珍的故事，对比出现，体现了造林人共有的特点，“为了生存，为了子孙，一代造林人殊死奋战，在‘三北’大地谱写了一部叱咤风云、感天动地的英雄史诗。”随后铺开黑龙江拜泉县县长王树清为这场防沙之战废寝忘食的故事，以及宁夏哈巴湖林场张生英坚定推动改革而让妻子遭受失明之痛的故事，最后又回溯到第一个故事的主人公石光银，他的独子在运树苗途中遭遇车祸的不幸。故事各异，却表明了同一主题，这些造林英雄用生命在建设一座当代中国的生态长城，在这部史诗中，光荣背后的欢乐与痛苦、希望与幻灭、坚韧与软弱并存。

第二篇《壮士悲歌》围绕三棵命运迥异的树——“一棵重生的树，一棵远古的树，一棵孤独的树”，讲述了白春兰、邱建成、热合曼等造林人在种树过程中的命运跌宕、失落绝望、孤独无助。

第三篇《生命色彩》与第四篇《心灵绿洲》同样由多个人物故事拼凑而成。不同的故事聚合成同一幅图画，“三北”人不辞辛苦、不畏艰难地还自己家园以缤纷的色彩，同时也为自己书写着生命的希望。

整体来看，四个篇章以历时性的顺序讲述了造林人成功背后的笑与泪、悲与喜。每一篇章中穿插的不同故事是以共时方式展开的，而每个人物的故事散落在不同章节中又是以历时方式叙述的。聚合结构和组合结构的交叉运用，打破了常规的叙述模式，给读者以全新的阅读体验。

在索绪尔的理论中，能指与所指的结合是在长期的社会实践中逐步形成的，具有一定的稳定性。但是在传媒领域的能指与所指，却是对于现实中能指与所指的捕捉和重新应用，例如报纸的新闻标题，镜头的画面组接等。

按照罗兰·巴特的符号学理论，媒介文本往往就属于第二种类型，即含蓄意指。创作者选择现实中的符号重新进行组合，形成新的能指与所指。

20 世纪 50 年代以来，罗兰·巴特、斯图尔特·霍尔（Stuart Hall）等学者将符号学的成果应用于传媒领域的批评，他们特别关注两个话题：新的能指和所指如何在文本中建构；利益集团的价值观和意识形态是否参与了这一建构。在 1978 年由菲斯克（John Fiske）和哈特利（John Hartley）出版的《解读电视》中，也提出了在第二类所指之上，仍然存在第三类的所指，这一类的所指蕴含在意识形态之中。

由此，我们可以引申出对于电影、电视和网络视频的符号学分析方式。首先是针对第一层面，即基础符号的分析，包括语言文字、人物动作、画面色彩等符号；第二层面，针对镜头的运动、影像诸元素的调度等；第三层面，针对所指的意识形态意蕴，如隐含在文本符号中的诉求等。

那么，我们就 2015 年末上映的贾樟柯导演的电影《山河故人》来进行符号学文本分析。这部电影的叙事历时三个年代，第一篇章在 1999 年的山西汾阳，讲述女主角涛儿和男主角晋生、梁子从高中同学到成年后的三角关系。最终涛儿嫁给了煤老板晋生，深爱着涛儿的梁子远走他乡。

第二篇章，发生在 2014 年，远走他乡的梁子发现自己患了重病，随即带着妻子和儿子回到故乡。而此时涛儿已是 38 岁的女老板且已经离婚，八岁的儿子正准备跟前夫张晋生移民到澳大利亚。涛儿的父亲离世，她的儿子返回老家与涛儿见了面。

第三篇章，影片的最后部分发生在 2025 年，涛儿的儿子已经 19 岁，住在澳大利亚的滨海城市，那里的大多数人都讲英语，而他对母亲的记忆很模糊，在那个城市里他常常说一句中文："涛，波浪的意思。"

影片的故事以历时叙事的方法来呈现，以女主人公为核心人物，以其与儿子的关系为发展线索，以其与不同人物之间的关系来讲述各自跌宕起伏、命途多舛的一生。

电影导演透过诸多符号的表现，淋漓尽致地向观众展现不同层面的隐喻与意义建构，由浅入深。时代背景是整部影片的大环境，它随着符号的变化发生变化。主人公浓重的"山西口音"、叶倩文同名粤语专辑中的歌曲《珍重》等（语言符号）、德国制造的汽车、复古 disco 舞步等（非语言符号），展现 20 世纪 90 年代末中国山西地区的社会、经济、生活面貌；到了 2014 年，普通话的大众化与普及化、加油站老板、iphone6、奥迪汽车、人物精神面貌变化等符号随之出现；电影最后一个篇章，通过建筑风格的日渐独特、信息科技产品的创新使用等符号来呈现 2025 年未来的世界。我们可以透过文本传达的基础符号来获悉时代背景，是大众可见可知的约定俗成的象征物。

细心的观众会发现，在画幅的比例变化上，导演匠心独运的表现手法令观众印象颇深。对于三个时代，贾樟柯使用了三种不同的画幅比例，宽高比：从 1.33∶1 到 1.85∶1 再到 2.35∶1 来表现，用数码技术媒介的演进呼应时代的发展变化。美国导演韦斯·安德森（Wes Anderson）在其 2014 年的电影《布达佩斯大饭店》中率先使用了这一技巧。

在 1999 年段落中，导演多次使用粗糙质感的 DV 影像，这些素材来自他 1999 年拍摄的纪录片，共同构成了他所追求的"时代氛围"。介入本片叙事时，这些 DV 素材被放大，并以慢格方式播放，形成一种怪诞的间离感。清晰的小镇故事与模糊的纪录素材交错，这引发了观众对"影像真实"的思考。

电影中的摄影及场面调度仍以固定机位为主，配合摇摄，偶尔使用轨道跟移，创造出诸多经典的画面。例如，电影中导演使用了一个很长的轨道横移镜头，将喜庆的节日气氛与坐在电动车上的梁子、涛儿二人的感情巧妙地联系在一起，同时，也为之后的"三角关系"及涛儿保存钥匙等行为做铺垫。

最精彩的运用，莫过于在涛儿店里吃饺子的那场戏：导演通过对三位主人公的位置变化与镜头移动的把握，在演员的调度和构图上，精妙地展现了"三角关系"的巨变。在河边放烟花、在迪厅跳舞等画面均是如此。这些针对镜头的运动，通过影响诸元素的调度来推动故事的进展，同时创作者选择现实中的符号进行重新组合，形成新的能指与所指的意义。

而整部影片的极为成功之处，毋庸置疑，就是运用诸多符号来构建独特的意识形态蕴意，以及将这些符号不同层面的意义表达完美融合，同时又各尽其责。

开头，男女主人公的对话中提到“代数问题”与“几何问题”，前者暗示两位男主人公的金钱实力问题，而“几何问题”喻指场景构图中人物的“三角关系”，宏观的“代数问题”指向当时中国高速增长的GDP，微观的“几何问题”指向人物情感纠葛的立体画面，同时，二者又构成了张力关系，在国家与个人、大时代与小人物、公共关系与私人命运、“山河”与“故人”之间，当代中国的问题意识始终贯穿于影片之中；关于电影中“黄河”的出现也是较为经典的隐喻，而“山河故人”的“河”字也是落在黄河的意义上。1999年，涛儿驾驶晋生的车撞向了刻着“黄河第九湾”的石碑上，自此，黄河见证了一切故事的发生，而“第九湾”也成为涛儿的命运转折处。一些观众也将黄河解读为“中国”，解读为那个历经磨难，承载变迁的民族母体，它见证了五千年的华夏文明，磨砺愈发顽强的生命力。建立在此意义上，作为母亲的涛儿与作为“母亲”的黄河合为一体，而结尾处涛儿的一段独舞也可解读为导演对“山河”与“故人”这份民族母体的希冀。

导演也在一些细节处巧妙地暗藏玄机。例如，1999年男、女主人公的婚纱照背景是悉尼歌剧院，而2025年的故事就发生在澳大利亚；还有农用飞机的隐喻，涛儿选择了有钱的晋生，清贫的梁子决定出走。在涛儿回去的路上，她看到一架飞机坠毁在路边，这是一架农用飞机，但却是军绿色的，像是军机被民用。而梁子全名梁建军，也像是一名军人却无法上战场，为生计而在失意中奔波。出走常是少年人的意气用事，此刻却是梁子唯一的选择，而之后的命运将像飞机般坠毁；影片中《黄河颂》的内涵，在晋生澳大利亚的豪宅里挂着一幅油画，画的是一位红军持枪站在黄河边，这就是陈逸飞的《黄河颂》。这幅创作于1972年的画作曾拍出4,032万元的高价，由此可看出晋生的富裕程度，且他因反腐而移民的命运也早已交代。画中红军持枪则呼应晋生对枪的迷恋，也就是对权力的迷恋。

如若对本部影片的所有符号隐喻点进行逐条细致分析，大概一本书都收录不完。以此来解读，旨在帮助受众建构运用符号学进行文本批评的意识与方法技巧。正如巴特、霍尔等符号学家将符号学的成果运用到媒介批评中，才能洞悉媒介与符号之间的必然联系，更好地进行符号的编码与解码、信息的传情与达意。

总之，在分析的过程中，应该发现带有特征的能指，发现能指背后的意义，各元素的排序是如何影响意义的生成的，文本构成有没有程式化的层面，并辨析出意识形态和社会之间的关联性。相对应的两个途径：第一是在原有能指的基础上建构新的所指；第二是为符号组合重新编排，加入新的元素，获得能指与所指的重新组合，或者重新利用与诠释，从而获得新的意义。

而在符号学视角下的文本批评，需要从文本的语段结构分析入手，上升到对文本的聚合结构分析，发现文本的核心矛盾是什么，其二元对立的架构有哪些，寻找到对应的社会学和社会心理学的范畴，并寻找到得当与失当之处。

思考题

一、名词解释：

1. 符号

2. 皮尔斯

3. 符号媒介

二、简答题

1. 索绪尔符号学理论中，“语言”与“言语”、“能指”与“所指”的关系。

2. 符号学视角下媒介文本的分析和批评方式。

3. 21 世纪媒介融合背景下的大数据时代，媒介符号呈现出哪些新的特点和变化？

第六章　媒介的叙事与批评

本章内容

1. 现代叙事理论的发展历程
2. 叙事学核心概念及文本分析
3. 媒介叙事的批评

对叙事的研究在东西方各有发展，西方经典叙事学从故事讲述的架构切入，采用归纳总结的方式来探讨叙事体的结构模式、叙述策略、逻辑特征等，希望从对结构的破解中寻找一种规律性的存在。在此过程中，欧美等地的文学家、理论家功不可没，他们使叙事研究从个人化的叙述研究走向一个更为广阔的天地，并且给叙事以更加科学的界定，形成了一组关于叙事学的概念和术语，也为叙事体的研究提供了科学理性的路径。

媒介的叙事批评晚于文学叙事研究，批评家们借助普罗普、托多洛夫（Tzvetan Todorov）、罗兰·巴特、热奈特（Gérard Genette）等人的视角，分析媒介中的叙事行为、叙事现象，也为推动媒介的叙事实践提供了理论助力。

第一节 现代叙事理论的发展历程

叙事是人类的自然冲动。罗兰·巴特曾经在《叙事作品结构分析导论》中写道："世界上叙事作品之多，不可胜数，种类繁多，题材各异。"对人类来说，似乎什么手段都可以用来叙事。叙事可以用口头或书面的方式，用固定的或活动的画面，用手势，以及有条不紊地交替使用所有这些手段。叙事存在于神话里、传说里、寓言里、童话里、小说里、史诗里、历史里、悲剧里、正剧里、喜剧里、哑剧里、绘画里、电影里、连环画里、社会新闻里、会话里、彩色玻璃窗上等。而且，以这些无穷无尽的形式出现的叙事，存在于一切时代、一切地方、一切社会。有了人类历史本身，就有了叙事。一切阶级、一切人类集团，皆有自己的叙事作品，而且这些叙事作品常常为具有不同的，甚至对立的文化思想的人共同欣赏。所以，叙事作品不管质量好坏，总是超越国家、历史、文化而存在着，如同生活一样。

美国学者伯格在《通俗文化、媒介和日常生活中的叙事》中指出："叙事即故事，而故事讲述的是人、动物、宇宙空间的异类生命、昆虫等身上曾经发生和正在发生的事情。"[①]

中国虽然还有自己独特的叙事方法，但现代意义上的叙事学是在西方诞生的。古希腊时期，柏拉图（Plato）就已经对"叙

① ［美］阿瑟·阿萨·伯格：《通俗文化、媒介和日常生活中的叙事》，姚媛译，南京大学出版社2000年版，第5页。

叙事

叙事是人类社会的一种普遍现象，它既是一种话语方式，也是一种思维方式。就话语方式来说，叙事即讲故事，它与抒情、说理相区别。无论在日常话语、文学艺术作品、历史著作中，还是在哲学、宗教、政治言论中，我们都能发现"故事"的存在。如罗兰·巴特所说，"故事跨越国度、历史、文化而到处存在，正如生活本身一样"。就思维方式来说，叙事即"情节化"，它是人的记忆、梦和幻想等活动内在包含的结构。"情节化"与人类的时间或历史意识相关联，个体把自身经验"情节化"，而后把自己的生存体验"命运化"；群体则把集体经验"情节化"，而后书写出"历史"；无论是个体还是群体，正是通过叙事，才把自身体验为一个"过程"。可以说，叙事不仅是人类文化的基本特征，还是人类存在的基本方式。无怪乎马克·柯里（Mark Currie）略显夸张地说道："叙事犹如普通语言、因果关系或一种思维和存在的方式一般不可避免，"即使把人看作是"叙事动物"也不为过。

事"和"模仿"进行了区别和分类，这也被认为是西方叙事理论的发端。此后，亚里士多德（Aristotle）在《诗学》中阐述了"情节"这一概念。18—19世纪的基于小说的叙事讨论，无疑也丰富和发展了早期的叙事观念。

西方现代叙事学有以下三个主要来源：

叙事学

20世纪的叙事学诞生于法国。叙事学是由拉丁文词根 narrato（叙述、叙事）加上希腊文词尾 logie（科学）构成的。顾名思义，叙事学应当是研究叙事作品的科学。然而这种定义经不起深究。因为界定叙事学研究对象——"叙事作品"并不是轻而易举的事情。新版《罗伯特法语词典》对"叙事学"所下的定义是："关于叙事作品、叙述、叙述结构和叙述性的理论。"而七卷本的《大拉鲁斯法语词典》对"叙事学"的解释是"人们有时用它来指称关于文学作品结构的科学研究"，显然，这里的"文学作品"并不只包括叙事作品一种。两种定义之间颇有出入，但有一点却是共同的，即它们都重视对文本的叙述结构的研究。简单来说，叙述学就是关于叙述文本的理论，它着重对叙事文本做技术分析。

一、俄罗斯形式主义

形式主义是20世纪初期至30年代在俄罗斯产生并兴起的一种文学批评思潮，其理论影响了后来的结构主义和叙事学。其理论集中论述了文学与文学性、形式的重要性、陌生化等等。其中，普罗普及其理论非常重要。普罗普虽然并非形式主义学派的人物，但其理论与形式主义的理念息息相通。

普罗普在对俄罗斯的神话和童话故事的研究中发现，虽然故事的人物、形态和走向不尽相同，但是却有一些隐含的因素是相似的。他从纷繁复杂的故事之中提炼出了7种重要"角色"和32种构成功能因素。他认为，将这些角色和构成功能因素相结合，便可以建构一个故事。

七种重要角色分别为："坏人"（the villain）、"施与者"（the donor）、"帮助者"（the helper）、"公主和她父亲"（the sought-for person and her father）、"派遣者"（the dispatcher）、"英雄"(the hero)、"假英雄"(the false hero)。32种功能则如表6-1所示：

表6-1　普罗普人物功能系列

功能	描述
开始场景	介绍家庭成员，介绍英雄
1.缺席	一名家庭成员缺席
2.禁令	对英雄提出禁令（可以撤销）
3.违背	违背禁令
4.侦查	坏人企图获取信息
5.传递	坏人得到受害者的信息
6.诡计	坏人企图欺骗受害者
7.同谋	受害者受骗
8.恶性	坏人对一名家庭成员造成伤害
9.缺乏	家庭成员缺乏某样东西，想要某样东西
10.调停	不幸公之于众，英雄被派遣

续表

功能	描述
11.对抗	英雄（寻求者）同意对抗
12.出发	英雄离家
13.第一个捐赠者功能	英雄接受检验，接受神奇的代理人或助手
14.英雄的反应	英雄对代理人或助手作出反应
15.接受代理人	英雄接受代理人或助手
16.空间变化	英雄被引向寻找对象
17.斗争	英雄与坏人直接斗争
18.蒙受污点	英雄蒙受污点
19.胜利	坏人被打倒
20.消灭	起初的恶性或缺乏被消灭
21.归来	英雄归来
22.追击	英雄被追击
23.营救	英雄被营救
24.未被认出的到来	未被认出的英雄回到家里或其他地方
25.没有根据的要求	假英雄提出没有根据的要求
26.困难的任务	向英雄提出困难的任务
27.完成	任务完成
28.认出	英雄被认出
29.暴露	假英雄或坏人被暴露
30.变相	英雄获得新形象
31.惩罚	坏人得到惩罚
32.婚礼	英雄结婚，登上王位

普罗普在其研究中发现，神话或者童话中的人物功能总共有32个，数量上是有限的，也是相对稳定的。功能的出现顺序也是相对稳定的。这些功能构成了童话的基本要素，而这与人物的外在形象没有关联。从整体来看，所有的神话和童话都是一种结构。如表6–2所示：

表6–2　人物功能及其定性

英雄的目标	坏人的企图
帮手——朋友	亲信——同伙
公主（美丽善良、爱的对象）	女妖（内心邪恶残忍、性的对象）
魔法师（好的魔法、帮助好人）	巫师（邪术害人）
英雄的派遣者（忠诚、侠义）	抓住英雄的奸诈小人（心术不正、诡计多端）
寻找者（勇敢、坚毅、不屈不挠）	逃避者（懦弱、贪心、不负责任）
看上去是坏人的好人（忍辱负重、顾全大局）	假英雄/女英雄（邪恶、狡诈、冷酷）

罗兰·巴特认为任何材料都适宜于叙事，除了文学作品以外，还包括绘画、电影、连环画、社会杂闻、会话，叙事承载物可以是口头或书面的有声语言、固定或活动的画面、手势，以及所有这些材料的有机混合。而实际上，叙事学的发展并没有完全遵循这种设想，它的研究对象局限于神话、民间故事，尤其是小说这些以书面语言为载体的叙事作品中。即使是进入到非语言材料构成的叙事领域中，也是以对语言作为载体的叙事作品的研究为参照进行的。连巴特撰写的《时装体系》一书，也是研究报刊杂志上关于时装的文字符号。单就神话、民间故事、小说而言，叙事学早期关注的是前二者，主要研究的是“故事”；叙事学发达以后主要研究后者，关心的是“叙事话语”，所以它们是不能同日而语的。这样，从实际发展情况来看，叙事学主要是对以神话、民间故事、小说为主的

书面叙事材料的研究，并以此为参照研究其他叙事领域。

“叙事学”一词最早是由托多罗夫提出的。他在1969年发表的《〈十日谈〉语法》中写道：“……这部著作属于一门尚未存在的科学，我们暂且将这门科学取名为叙事学，即关于叙事作品的科学。”实际在此之前，叙事学的研究设想和理论轮廓已经相当完整。叙事学的产生是结构主义和俄国形式主义双重影响的结果。结构主义强调，要从构成事物整体的内在各要素的关联上去考察事物和把握事物，特别是索绪尔的结构主义语言学，从共时性角度，即语言的内在结构上，而不是历时性角度、历史的演变中去考察语言，这种研究思路对叙事学的产生起了重大作用。

有意思的是，普罗普的理论著作出版后并没有引起理论界的反响。进入50年代，雅各布森（Roman Jakobson）将普罗普的《民间故事形态学》译成英文，传入西欧理论界，由此对法国结构主义叙事学起了重要影响。

在众多的媒介产品当中，经过笔者的悉心观察与挑选，发现了一些能够很好表明普罗普功能人物理论的样本。需要注意的是，在接触到一个媒介文本之后（如电影、电视剧）并不是需要我们刻意地按照普罗普理论来进行分析，而是为媒介创作人员提供一个构建媒介文本的思路，即它不是带领我们去解读文本，而是指引我们构建文本。

一个范例是法国著名导演阿里尔·吉托恩（Ariel Zeitoun）于1999年执导的电影*YAMAKASI*。YAMAKASI是一个非洲词语，意思是土著居民经过训练之后可以获得的一种超能力。故事发生在20世纪90年代的法国巴黎，一群非欧洲白人血统的少数民族裔青年每天进行一种特殊的训练，获得了一种超能力之后，用YAMAKASI来命名自己的小团体。团体每天进行的日常活动就是凌晨去攀爬摩天大楼，然后等到太阳出来时去欣赏楼顶晨曦的阳光。两个孩子发现了他们的“秘密”，于是便开始模仿他们的行动，励志成为其中的一份子。这两个孩子中的一个阿拉伯裔的小孩加米由于患有先天性心脏病而在爬树当中跌落，在医院进行了必要的心脏移植手术。医药费让加米的父母束手无策，同时医院的医生还要赚笔黑心钱财。绝望之下，小加米的妈妈想要跳楼解脱自己，但是却被YAMAKASI奋力解救，并在得知其跳楼原因之后，这个团体希望可以像传说中的罗宾侠一样，成为真正拯救世界的英雄，于是下定决心杀富济贫，帮小加米搞定医药费。他们的朋友，身为警察的文森特不同意他们鲁莽的做法，只身闯到卫生部请求顾问的帮忙。顾问口头上答应，实际上却是黑心医生的同伙，得知真相后的团体7人按照原先的计划行动，潜入7个坏医生的家中偷盗钱财来换取加米的医药费，并且频频得手。暗中观察他们的警察文森特履行职责，出动警力将7人堵在医生家的楼顶。危急时刻，7人中绰号为“完投”的小陈得到自己朋友米其林的帮助，用空中接力的方式将7人得到的珠宝拿到当铺换来了小加米的救命钱，把钱拿到医院之后，黑心医生却以超时为理由企图敲诈10万法郎，文森特及时出现，以警察的身份制服医生，手术才得以顺利进行。同时，由于文森特的庇护使得7人无罪释放。整个故事当中，我们可以清晰地发现普罗普的功能人物论。在这个故事当中，英雄正是影片的片名*YAMAKASI*，他们伸张正义，彰显英雄主义，而受害者就是由于先天性心脏病而摔落的小加米。

需要注意的一点是，所受到的伤害可以来自自然条件，也可能是人为因素。小加米的父母则是前边提到的“公主和她的父亲”，即受害者家属，同时电影当中小加米母亲无奈之中的坠楼之举也为观众在观影时增添了唏嘘无奈之感。帮助者和送信者与英雄同处一个阵营，帮助英雄人物更好地完成自身的“使命”，同时也可以体现出英雄人物并不是孤身一人在作战。“伪英雄”是一个耐人寻味的人物，在很多影视作品当中,“伪英雄”的使用都是起到了“迷惑”观众的作用，让情节复杂化，同时陪衬英雄，成为红花旁边的绿叶。*YAMAKASI*当中，警察文森特就是起到了这样的一个作用，观赏当中我们会误认为他成为了正义的化身，有点“抢戏”的意味，但是导演的真正用意就是构建出一个“伪主人公”来推进事件的合理进展，开辟另一条线索。

二、法国结构主义

索绪尔的研究不仅促成了现代语言学的飞越，也推动了结构主义的生成与发展，他改变了过去研究语言的历时性方式，采用共时性的研究路径，在索绪尔的理论框架中，研究重点是语言成分之间的相互关系，强调语言作为一种符号系统的内在结构，这也成为结构主义诞生的原点。

结构主义学家认为，叙事作品也如同语言一样，在千变万化的故事之中，有其稳定的结构形式。研究叙事，就是要从纷繁的叙事表象下挖掘出符号系统及其构成的规律，同时也要注重结构之间的关联性。即使是针对具体的叙述者、叙述行为，也是作为例证来演绎其作品的结构关系，这些称为结构主义叙事学的重要特征。

结构主义代表人物列维-斯特劳斯注意到了俄罗斯形式主义，也受到了普罗普《民间故事形态学》的影响。他沿着这个思

叙事批评

针对叙事所作的批评，称之为叙事批评。叙事批评有广义和狭义之分。广义的叙事批评，指的是对具有叙事性质的内容所展开的批评活动。这里所谓的“具有叙事性质的内容”，既可以是文学话语叙事，也可以是社会政治叙事、图像叙事、生活话语叙事、身体叙事等等。所谓的“批评活动”，既可以是批评理论在书本中的学理运用，也可以是针对性很强的批评实践活动；既可以是有系统理论支撑的批评，也可以是零散的、不成系统的感悟式批评；既可以是针对叙事内容所做的专门的批评，也可以是在叙事过程中夹杂着某种因素的批评。总之，只要批评与某种叙事有所关联，这种批评均可称之为广义的叙事批评。狭义的叙事批评指的是文学叙事批评，它有明确的批评对象，即叙事文学。狭义的叙事批评有自觉和不自觉之分。自觉的叙事批评是说批评者自觉运用叙事学的有关知识对文学文本进行阅读批评，非自觉的叙事批评是说批评者在进行文学批评时暗合叙事学的有关知识，更多的是一种就事论事式的批评，

没有系统的理论知识作为内在支撑。显然，自觉的叙事批评只能在20世纪60年代叙事学诞生之后才存在，而非自觉的叙事批评，很早就已经出现，即使在叙事学诞生之后，也一直存在，因为仍然有一些叙事批评不是在叙事学的理论指导下进行的。

路，研究人类叙事文化、叙事习俗背后所隐藏的深层次的集体无意识结构。这种结构渗透在了神话、寓言、童话等不同形态的叙事文本之中，每一个文本都是具体的言语，而其背后是共有的语言结构和规则。

此后的格雷马斯（Algirdas Julien Greimas）看到了普罗普理论中的不足。他认为普罗普的分析仅仅是从时序上对叙事作品的结构进行了抽离，没有深入到叙事逻辑线索的层面。格雷马斯从结构主义的角度对其进行了超越。他从语言学出发，将索绪尔语言学中的二元对立应用到了更广阔的文化领域。他认为语言是人类把握世界的方式，人类使用语言描述世界。因此，在叙事作品中，二元对立也通过语言作用于叙事的整体结构。语言学认为，一种符号的意义是在与之对立和矛盾的另一组符号的对比中体现出来的，由此格雷马斯提出了著名的“符号学矩阵”。

在图6–1中，S1所代表的“大”与S2所代表的“小”、–S1所代表的“不大”与–S2所代表的“不小”之间是对立关系；S1和–S1、S2和–S2之间是矛盾关系。

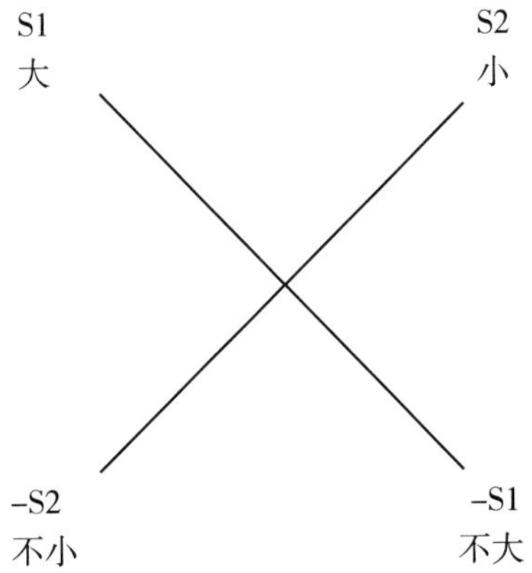

图6–1　符号学矩阵

通过“符号学矩阵”，格雷马斯极大地简化了普罗普的分析模式。他以二元对立的观念统摄了叙事作品的分析，并将分析渗透进了逻辑层面，在“行动素”的设定、“功能”的设计等方面更凝练集中。

从整个文本的叙事行进来看，由著名导演张艺谋执导的电影《金陵十三钗》，运用格雷马斯的“符号矩阵”理论对故事进行推进，复杂的关系当中隐藏着叙事主线，共同完成了这一叙述过程。这部电影是根据严歌苓的同名小说《金陵十三钗》改编而成，故事以抗日战争时期的南京大屠杀为背景，讲述了1937年被日军侵占的中国南京，在一个教堂里互不相识的人们之间发生的感人故事。一个为救人而冒充神父的美国人、一群躲在教堂里的女学生、14个逃避战火的风尘女子以及殊死抵抗的军人和伤兵，他们在危难的时刻放下个人的生与死，去赴一场悲壮的死亡之约。故事的主要线索是受困女学生与商女对立关系的建立与消除，同时包含着诸如保护女学生的李将军，殡葬师约翰以及神父的义子乔治与对立双方的各自关系，而最后的结果则是矛盾化解开来，完成了意义的升华。

根据格雷马斯提出的“符号矩阵”论，我们可以将这部电影的人物关系进行梳理。女学生的代表书娟与商女的代表玉墨是上述关系框架中的对立面，即大与小。双方矛盾关系的建立主要是由于价值观念的差异造成的，书娟为了摆脱日本人躲进了教堂当中，碰见了商女打扮的玉墨等人，书娟通过玉墨的穿着打扮，判断出了她们的职业，并且玉墨等人在教堂喧嚣吵闹的行为，是令书娟等人所不能容忍的。教会女学生深受传统思想的禁锢，用守节与失操来判断评价一个女人，这是矛盾产生的根源，也是二元关系建立的基础。尤其是当书娟看到玉墨走出地窖与约翰调情并在晚上走入其房间后，对玉墨的厌恶感达到了顶点，矛盾异常强烈。而在商女心中，以书娟为代表的女学生不过是一群乳臭未干的孩子，并且对其怀着不切实际的抗日希冀表示不齿。故事的主线就是矛盾双方关系的建立以及矛盾的消除，当书娟看到玉墨收留受伤的士兵时，当玉墨看到日本人闯进来，书娟带着同学往楼上跑却没有暴露玉墨等人躲避的地窖时，来自人性深处的善良悄然地消解了双方的矛盾。玉墨看到女学生为了不受侮辱宁可结束自己的生命之时，想到了自己也是在这个年纪被迫出去接客，她不想让惨剧重新上演，因此愿意去替她们为日本人唱歌，矛盾得以化解，反抗日本法西斯主义的主题得到了升华。

另外，约翰与乔治则成了主要矛盾关系之下与主角的另一层关系。约翰是一个殡葬师，他自私喜欢钱财，他与玉墨等人有着近似的价值观，因此他们两人产生了难以名状的感情。他最初将自己的利益放在第一位，当书娟要求他留下来时，他沉默了；当玉墨要求他带商女们离开时，他拒绝了。约翰刚进教堂的时候和女学生们没有交谈，也没有帮助她们、保护她们，只是作为一个个体存在。他与书娟没有对立关系，但是与玉墨有交集便成了上述关系中的“不大”，但是最后的结局也让这样的关系发生了转变。约翰看到日本人的残忍后，想到了自己的女儿，面对日本人要求带走女学生的时候，约翰进行了抗争，无效之后又与乔治偷偷修卡车，希望可以救这些女学生。乔治在影片中是以女学生的保护者姿态出现的，与商女有矛盾，成了上述结构中的反小角色。但是他对商女的厌恶不是由于道德价值观念的差异造成的，而是担心玉墨等人会危及到女学生的安全，因为乔治要完成神父交代的遗愿。因此，当乔治发现顶替女学生去唱歌的商女中少了一人时，挺身而出，化妆成女学生，变成了第十三钗。约翰让乔治在去的路上逃走，被乔治断然拒绝了，他俩的关系并不对立，只是为了辅助故事的发展。

按照格雷马斯的“符号学矩阵”论，《金陵十三钗》中的对立关系成了整个故事的推动力，这种关系为观众设置了悬念，制造了观赏期待，而最后关系的变化则表达了整个故事的主题。

另一位结构主义学者托多洛夫通过语言学的视角来进行叙事分析，他把叙事分为词语、句法和语义三个层面。他认为，叙事作品其实可以浓缩为一个句子，人物是名词，行动是动词，当动词展示了故事的走向时，形容词则暗示了名词的属性。

在托多洛夫的理论体系中，有两个专门的术语：命题和序列。命题是指由名词和动词构成的基本组合，而一系列的命题则组合成了序列。叙事就是基于至少一个序列所讲述的故事。

根据托多洛夫从语言学视角对叙事进行的分析来看，媒介产品被看作是由一个个序列构成的、一个个序列之下有更小范围的命题。在这里我们以国产电视剧《闯关东》为例来解读托多洛夫的理论。《闯关东》当中朱开山一家人为了躲避自然灾害逃到了东北，在这片肥沃的土地上开启了新的生活。新生活之路自然是不平坦的，一家人在东北遇到了各种各样的困难，但是都在朱开山的带领之下一步步将其化解。他们遭受过当地人的排挤，也承受过日本人带来的民族之痛，且二儿子朱传武在与日本人的战斗中不幸牺牲，但在这几十年当中遇到的挫折都没能使这一家人退缩，他们迎难而上，在东北开辟了自己家族的天地。在整个叙事文本当中，朱开山家族每一次遇到困难并且解决困难的过程就是托多洛夫提到的命题，化解若干困难的经历结合在一起形成了一个序列，构成了一个完整的影视作品。

除此之外，法国的结构主义学者罗兰·巴特也对叙事学的发展功不可没。他也将语言结构学作为叙事研究的出发点。罗兰·巴特认为，从整体来看叙事作品即是话语，话语也可以看成是大的句子，可以从语音、语法、语境等不同层面进行细致研究。

在罗兰·巴特的结构主义叙事学中，他提出了三个基本的层面：功能层、行动层和叙事层。功能层用来研究叙事作品中的基本单位以及相互之间的关系；行动层则用来研究人物的行动，罗兰·巴特认为，人物采取的行动能够体现人物的特征，于是这也成了对于人物进行分类的一个层面；叙事层是用来研究叙事人、作者与读者之间的关系，这是一个从更加宏观的层面上看待叙事作品的立场。

根据罗兰·巴特的叙事学理论，近些年来中国电视新闻改革后形成的叙事文本可以从三个层面来解读。一是功能层面，《新闻调查》的开播可以说拉开了我国电视新闻新一轮改革的大幕，《新闻调查》素材的选取集中于关注普通民众之间的关系，关注普通民众与政府官员或者社会上层人士之间的关系，以及上层人士之间的非正常关系，通过记者对真相的亲自挖掘，揭示这层关系背后不为人知的事情，维护社会的公平与正义。二是行动层面，2002 年江苏卫视《南京零距离》开播之后，民生新闻以一种新的新闻体裁，正式进入公众生活当中，民生新闻关注百姓的日常生活，文本都是与百姓生活息相关的，影响着普通民众的行为选择。三是叙事层面，电视新闻改革带来的最深刻变化便是适应时代潮流，内容选择贴近民众需求，关注实际生活而不是一些与普通民众日常生活较为疏远的题材。《焦点访谈》每日处理上千封民众来信，很多造成巨大社会影响力的题材都是从民众来信中选取的，真正体现了舆论监督的作用，维护了人民当家作主的权利。

代表法国结构主义符号叙事学最高成就的应该是热奈特的叙事话语理论。他在前人的基础上，分析总结了叙事中的诸多专业术语，包括叙事视角的分类、叙述速度的节奏、叙述方式的差异等，这些梳理对于结构主义叙事学来讲也是一次全面的、系统的阐释。

三、英美新批评

英美新批评派在英国发端，后在美国学者的推动之下影响力迅速扩大。该学派所提出的“文学本体论”“结构—机制论”“语境理论”等，对于新修辞学等学科的发展起到了非常重要的作用，当然也影响到了叙事学的发展。

他们通过叙述 / 情节两分的方式，或者故事 / 话语 / 叙述三分的方式进行作品的分析和阐释，也进一步促进了经典叙事学的发展与完善。

随着人类认知理论的深入，后经典叙事学开始更多的与其他学科结合，例如与语言学、语用学、女性主义学、修辞学、殖民主义等理论相结合。另一方面，叙事理论的分析实践对象也从小说拓展到了新的媒介形态，包括电影叙事、戏剧叙事、广告叙事等，多样化的叙事文本也蔚为大观。后经典叙事学突破了原有结构主义只关注其形式的研究方式，充分考虑作者、社会、历史、读者等诸多作品之外的因素及相关语境对作品的影响。

延伸阅读

相较于经典叙事学，后经典叙事学研究的特征之一是其研究对象范围的扩大。以普罗普和列维－斯特劳斯为代表的早期的叙事理论研究，关注的是广义上的叙述语法问题，“它试图在不论以何种媒介所构成的、任何具有所谓叙述性的叙事作品中，去探寻它们所具有的共同特征，共同的叙述结构”。而后来的结构主义叙事学家们则“主要基于以语言形式出现的叙述本文为其研究对象，而且更多的是以大量现实主义与现代主义小说作为研究对象”。小说文体叙事模式丰富多样、社会文化底蕴丰厚，非常适合于进行深入细致的叙事分析。结构主义叙事学将研究目光聚焦于小说为主的文学叙事，使其对于文本的内部结构研究得以深入。而后经典叙事理论的研究视野相较于经典叙事学而言，已拓展到其他媒介和其他类别的叙事，就研究范围而言，后经典叙事学实际上将其范围延伸至文化意义上的叙事作品，无论这种叙事作品是以什么样的媒介形式出现的。这就意味着，众多具有叙述性的文化产品均可进入研究的视野之内。除了以语言为媒介的叙事作品，如小说、戏剧、叙事诗、神话、史诗、童话、民间故事等，还可以包括诸如音乐、绘画、建筑、电影、电视剧、民歌、舞蹈等文化产品，只要在这些作品中包含有“讲述故事”的意义。

［杨先顺、张山竞：《论叙事话语分析作为广告批评路径的背景、意义和问题》，《暨南学报》（哲学社会科学版）2009 年第 6 期。］

第二节　叙事学核心概念及文本分析

故事经由讲述之后转变为叙事作品。在讲述的过程中，叙述人、故事、读者（受众）就构成了一个完整的信息传播链条。叙述人的选择立场、叙述方式都会影响到故事的呈现，进而影响到读者（受众）的理解。由此，叙事学建立起了一个围绕故事建构的理论。

一、叙事分析的一般落点

最古老的叙事是一对一的讲述，此后人们通过各种方式来完成故事的叙述：结绳记事、木牍镌刻、纸张书写等。随着媒介形态的不断变化，例如报纸、广播、电视等载体不断地发生变化，其叙述的方式也在随之改变。而当前的新媒体互联网不断发展，也使叙述中的主体和客体的互动更加多元化。不过，叙事学家韦恩·布斯（Wayne Clayson Booth）早就提出，任何一个叙事作品，都还是可以看到下列的基本构成的：

真正的作者——隐身的作者——叙事者——受叙者——隐身的读者——真正的读者

在这个叙事链条中，前三个是关于叙事者的。作者本人即真正的作者，借助媒介载体来完成故事的讲述。在小说一类的虚构类叙事作品中，从读者的层面看，会想象出一个作者的形象，这个作者并不是真正的作者，而是隐身的作者。此外，由于作者本人通常不会出现在叙述之中，取而代之的是作者使用叙述策略的实施者，也就是叙事者。

与之相对应的，在叙事作品中出现并与叙事者进行对话的，是受叙者。作者在写作过程中会虚拟出一个对象感的读者，而真正的读者则在阅读中实现。

韦恩·布斯提出的叙事是由上述六个元素构成的完整链条，在影像媒介作品中屡见不鲜。例如电影《孔子》讲述了在春秋时期诸侯割据、相互征战的情况下，孔子为了理想携弟子奔走于列国之间，传播自己的思想，试图用自己的思想和智慧来影响春秋诸国的历史进程，孤独地与整个时代进行着抗争。电影的文本当中包含着大量的孔子与他人对话的内容，也就是孔子以一个叙事者的身份存在于这个影视作品当中，同时，接受孔子思想的人，无论是他的弟子还是其他各国的使节都被孔子的言行影响，他们就是上述结构当中的受叙者。电影由胡玫执导，胡玫是这个故事真正的作者，然而从观众层面来讲，在欣赏与解读这个故事的过程当中，观众会将自己的思维融入到整个影片当中，并且试图去揣测导演每一个镜头运用背后的隐含意义，得出自己的结论，观众思维中的导演形象便是隐身的作者。反过来，导演及其团队在整部影片的制作过程中一定会去考虑观众的观影感受，在设置悬念、留足想象空间的同时，又在细节上给予观众提示，在摄制过程中导演脑海中的观众便是隐身的读者。

1. 叙事者的选择及其位置

叙事者是故事之中的角色之一，还是置身在故事之外？如果叙事者是故事角色之一，那就是“同质叙述”；如果叙事者并不在故事之中，如一些纪录片中的解说，完全是站在故事外的视点，则为“异质叙述”。

一般来讲，由于同质叙述的叙事者处于故事发展之中，读者（受众）感觉其立场不够客观，常常会带有主观的情绪。相对而言，异质叙述则客观得多。

先来看同质叙述：电影《重庆森林》由两个小故事组成，在由金城武主演的第一个故事当中，失恋的警察与神秘的女杀手邂逅偶遇进而产生了一段神奇的感情，这一个小故事是以警察何志武的口吻进行的叙述，何志武既是故事的主角，同时也是叙述者，这便是上文提到的同质叙述。正是由于叙述者是故事的参与者，导致了对很多问题的看法带有明显的主观性，比如何志武一直相信前女友对自己有着很深的感情，但是实际上并非如此。

再来看异质叙述：异质叙述的方法在纪录片叙事当中被广泛使用，以此来保证纪录片的客观真实。《大国崛起》是 2006 年在央视经济频道首播的 12 集纪录片，记录了葡萄牙、西班牙、荷兰、英国、法国、德国、俄国、日本、美国九个世界大国相继崛起的过程，并总结出了大国崛起的规律。很多年来，中国民众都对这几个曾在战争时期侵略过中国的国家抱有根深蒂固的偏见，但是进入和平发展时期，肩负着中华民族伟大复兴重任的每一个人又不得不去正视发达国家的崛起路程，从中获得经验。《大国崛起》的叙述者以第三人称视角，对上述国家的崛起过程进行了描述与分析，叙述者并非故事的参与者，因而显得客观真实。

2. 叙述时间的选择

作者出于叙事的需要，会通过叙事者对故事进行不同的处理，从而在读者（受众）的阅读体验中获得不同的印象。叙述的时间是一个关键的选择，不同的时间长度，会带来不同的感受与体验。

美国学者赛姆尔·查特曼（Symour Chatman）提出了叙事话语、叙事长度与故事长度之间的五种关系：

第一类是总结式，叙述时间远远小于故事时间，即将大跨度的时间和大量的事件浓缩在很短的叙述话语之中。

第二类是节略式，这一类在大跨度的时间中选择一个或几个时间点加以叙述，其他的则省略掉。这一类的叙述时间也是短于故事时间的。

第三类是现场式，即叙述时间与故事时间对等，可以全程展现故事现场，如新闻报道中的记者现场报道等均属此类。

第四类是延伸式，即通过放大的方式来展现故事中的某一个段落，如慢镜头等。

第五类是停止式，即在叙述时间中使用了停止，对于故事时间中的某一个瞬间进行展示。

3. 故事时空与叙述时空

除了时间之外，时空关系也成为叙事结构中非常重要的一个部分。由于叙事者叙述故事的时空与所叙述故事本身发生的时空未必同一，有些作者会利用时空之间的关联形成不同的叙事架构。

例如电影《云图》，电影一开场是一个老人在讲述故事，然后时空突然发生了变化，叙述在若干个时间和空间里自由地穿梭。每一个时间和空间内发生的故事都不同，且每一个时空之间都没有故事上的关联性。不过，导演使用了同一批演员，通过化妆和造型让他们担任不同故事中的人物。这种多时空的穿梭和剪辑，以及相同演员的扮演，使得观众对故事产生了一种轮回的感受。到电影结尾的时候，观众才发现，原来这些都是星空下的老人给一群孩子所讲述的故事。每一个时空虽然故事不同，却都是关于压迫与反抗的。

4. 叙事者的呈现方式

前面提到，对于小说这一类的叙事体而言，真正的作者一般不会出现在叙述之中，取而代之的是叙事者。叙事者成为作者的“代言人”，在故事中完成讲述。叙事者以何种方式出场，以何种方式呈现，将影响读者（受众）对于故事的感知。

大量的小说当中作者都会将自身的经历与故事汇成叙事的主体文本，然后进行作品的创作。正如上述所说，作者不会将自身置于叙述之中，而是去寻找一个虚拟的叙事者完成故事的讲述，表达作者自身的想法与目的。在我国文学史上占有重要地位的《红楼梦》是由清代作家曹雪芹创作的长篇章回体小说，小说以贾、史、王、薛四大家族的兴衰为背景，以贾府的家庭琐事、闺阁闲情为脉络，以贾宝玉、林黛玉、薛宝钗的爱情婚姻故事为主线，刻画了以贾宝玉和金陵十二钗为中心的正邪两赋有情人的人性美和悲剧美。通过家族悲剧及主人公的人生悲剧，揭示出封建末世的危机。《红楼梦》的文学地位以及历史地位无需赘述，作者曹雪芹见证了家世从鲜花着锦之盛坠落至凋零衰败之境，巨大的落差使他深切地体会了人生的悲哀以及世道的艰辛，同时经历了人生的起起落落之后，也让他摆脱了原属于上层阶级的庸俗与狭隘，他看到了封建贵族家庭不可挽回的衰颓之势，得出了封建王朝终将没落的结论，因此通过《红楼梦》将自己的人生体验铸造成文字。曹雪芹本人并没有出现在小说当中，而自己家庭的没落却通过四大家族的兴衰形象地展现出来。

5. 叙事者的可信度

叙事者的可信度也是叙事分析中的一个角度。叙事者代替作者出场，总是会呈现出一定的姿态，而这种姿态传递的信息是否可信，成了媒介批评中的重要切入点。以新闻为例，如果新闻的事实存在表述的不清晰，就会给观众造成错误的印象，甚至影响到媒介本身的公信力。

《信息日报》是江西日报报业集团下属子报，是全国第一张以深度经济信息、百姓生活资讯为主的综合信息类日报，开创了我国信息类报刊之先河。但是在 2013 年 4 月 7 日该报刊发的《流浪 9 年回家瞬间变“富翁”》的报道则让该报陷入了信任危机。报道称，温州某男子在外乞讨流浪了 9 年，染病后被江西萍乡救助站人员救助并送回家乡，到家后被告知因搞城中村开发，他已获得 700 余万元的土地补偿金。经核查，该报道中当事人获得“700 余万元的土地补偿金”等关键信息系救助站人员转述他人的说法，记者未做深入核实就予以报道，导致报道的内容失实。

二、结构分析

1. 全知视角

全知视角即以全知全能的姿态来进行讲述，叙事者对于故事中的人、事、物全然知晓，并引导读者（受众）接近故事。全知视角一般以第三人称的形式出现。由于全知视角能够洞悉全局，并可以随时对人物的行动和思想进行评价，让读者（受众）对其客观性产生了怀疑。同时，由于全知视角凌驾于故事之上，其实质是作者的干预和介入，因此也容易让读者（受众）对作品产生隔膜和不信任感。

全知视角叙述的手法在纪录片中被广泛使用。《幼童》是由胡劲草导演执导的五集纪录片。纪录片回顾的是 130 年前，清政府先后派出 4 批共 120 名学生赴美留学，这批学生的平均年龄只有 12 岁，因此被称作留美幼童，他们被分配到美国东北部新英格兰地区的 40 多户人家当中，快速适应了在美国的生活。他们以惊人的速度越过了语言障碍，经过刻苦努力成为各个学校的精英。之后他们考上了哈佛大学、麻省理工学院、耶鲁大学等美国著名高校，受到了美国总统的亲自接见。19 世纪末，这批天之骄子被送到了工业革命的前线，这批饱受风霜的留美学子回国后成为矿业、铁路业、电报业的先驱。该片完全以第一人称和全知视角组成的复合视角，对当时的这段历史进行了回顾，不仅重温了幼童们求学的艰苦旅程，更带领观众一起经历了晚清政坛的跌宕以及近代中国的荣辱。

2. 有限视角

有限视角是相对于全知视角而言的。这个叙述视角抛弃了全知全能的上帝式了解，而附着在一个有限的视角上，以更加个人化的视角来进行叙事。在作品中通常以第一人称方式出现。

在以第一人称出现进行叙事时，“我”便成为叙事的主角，“我”的感受和体验将带有个人情绪的叙述传递出来。这种叙述仅限于“我”的经历，带有主观立场和一定的偏见。不过，这个视角也更具人性化、更具情感色彩。

电影《阿甘正传》中，导演从第一人称和第三人称两种叙事视角出发，多角度阐释了影片的主题。在回顾阿甘人生经历的过程片段中采取的是阿甘的第一人称视角，配有阿甘自己的独白。阿甘独特的乡音和简单的用语很大程度上拉近了自己跟观众之间的距离，使观众在感受阿甘知足、快乐的人生信条的同时也被这种精神所打动。

热奈特论述了叙事中的诸多概念，包括叙述中的倒叙、插叙等；语式范畴内的零聚焦、内聚焦、外聚焦等。除此之外，热奈特还讨论了语态对叙述的影响，包括故事外叙述、故事内叙述、同故事叙述、异故事叙述等。

3. 悬念与冲突

《现代汉语词典》将“悬念”界定为“欣赏戏剧、电影或其他文艺作品时，对故事发展和人物命运的关切心情”。因此，媒介叙事悬念是由于受众对于叙事中的事件发展或人物命运等变化结果产生的期待之情。这是从受众心理的角度产生的一种心理状态，不同的受众、不同的解读语境等可变项都会影响悬念的感知。

英国的戏剧理论家威廉·阿契尔（William Archer）曾经这样描述过悬念：预示出一种十分吸引人的事态，却不把它预叙出来。中国传统戏剧戏曲理论和古典小说理论中有所谓的“扣子”，在说书人那里的“卖关子”，相声中讲究的“三翻四抖”等都是悬念的结构性处理。在戏剧中有所谓的“延宕”，即在事件的发展中，以节奏性的调整来引导观众的心理。

冲突，来源于拉丁文 conflitus，可译为分歧、争斗、冲突等，在叙事作品中指的是事物之间的矛盾对立状态，这里包含了两个方面，首先这是被双方所感知的；其次这是矛盾或某种对立，并带有某种相互的作用趋势。英国的戏剧教育家尼柯尔（Nicoll,A.）在《西欧戏剧理论》中，提出了“所有的戏剧基本都产生于冲突”的论点。因此，冲突常常用来表现戏剧叙事中人与人之间矛盾关系和人的内心矛盾。由于冲突可以展现戏剧中矛盾产生、发展、解决的过程，由戏剧动作体现出来，甚至有戏剧理论家提出“没有冲突就没有戏剧”的理念。

悬念和冲突，是叙事中很重要的手段，可以通过悬念的铺陈和冲突的设置，让叙事摆脱平铺直叙的面貌，呈现出一波三折、峰回路转的效果，提升叙事的传播效应。

第三节　媒介叙事的批评

媒介叙事的批评比文学批评晚，是从20世纪60年代的电影叙事批评开始的。此后，随着符号学、心理学的发展，结构主义叙事学也呈现出更加活跃的态势，电影叙事批评逐步成熟，其批评的方式也广泛应用在了电视新闻、电视剧等现代媒体上。

利用叙事学对媒介进行批评，可以破解媒介叙事的形成机制，进而也就可以更好地指导故事的结构策略。同时，也可以通过对媒介叙事中的视点选择、时空分布等具体技巧的分析，提炼出更加行之有效的媒介叙事策略。

一、媒介叙事的结构批评

在《诗学》中，亚里士多德对叙事结构提出了要求，他认为叙事需要“完整”，即“指事之有头，有身，有尾”。中国古代戏剧戏曲理论，也在大量实践的基础上提出了“凤头、猪肚、豹尾”的结构要求。

媒介叙事应该要符合基本的结构规范。以电视为例，电视中有各式各样的电视节目，包括电视新闻、电视剧、电视栏目等。不论哪一种叙事形态，在内容传达的过程中都应该具备基本的结构形态，应该具备开端、发展、高潮和结局等几个部分。并且，叙事体应该通过安排和设计节目的开端、发展、高潮和结局达到有效的叙事效果。

美国学者希尔福斯通（Roger Silverstone）、鲁凯兹（John Louis Lucaites）和康迪特（Celeste Michelle Condit）等人的研究表明，叙事体的结构方式可以分为四类：诗学的、辩证的、修辞的、神话的。

西方媒介批评学者运用普罗普的“功能—角色”理论，将新闻中的人物进行类别划分的时候，发现很多新闻中实际存在着神话的叙事方式。在新闻中，人物的“角色”同普罗普所分析的民间故事没有差别，只是在名称等细节上进行了替换，常常是英雄与坏人、犯罪与拯救的主题。从结构上看，这些新闻中也是通过冲突、悬念、激化、处置、解决，最终完成了一个大团圆的结局。

巴黎恐怖袭击事件发生后不久，CBS《60 分钟》制作了一期关于这次恐怖事件的特别报道。两名亲身经历者在记者的指引下，还原了巴黎惊恐的一夜，这二人可以看作是“普罗普理论”当中的受害者，恐怖分子自然是坏人，影像片段中与恐怖分子枪战的警察则扮演英雄角色，对于事件的解读，参与拯救受伤人员过程当中的所有人都可在普罗普的人物功能理论当中找到自己的存在。更重要的是，《60 分钟》在选题上将视点投放在矛盾、冲突、悬念等事件之上，证明了普罗普理论在新闻叙事当中同样适用，叙事的进行，解决了存在的问题，获得了观众的关注。

但是，我们不能让结构的处理变得僵化，而应该辩证地看待叙事的结构规律，在规律的基础上，通过独具匠心的结构设计，体现丰富多彩的叙事目的。元代戏剧家曾经提出了“起要美丽，中要浩荡，结要响亮；尤贵在首尾贯穿，意思清新”的理念，在具体的实现过程中，却可以结合具体的叙事语境来设计变化。

二、悬念与冲突的把控

从普遍意义上讲，悬念的设置是媒介创作者在叙事结构设计时需要考虑的重要问题。好的悬念设置，可以让媒介叙事产生动人心魄的吸引力。例如，在电视剧中常常有所谓的“延宕”处理，即通过节奏性的悬念设置让观众神经不断紧绷的一种处理方式。

媒介叙事中的悬念大致可以分为结构性和阶段性两类。结构性的悬念，是整个叙事的大悬念。阶段性悬念，是在叙事发展过程中，随着矛盾双方的交替发展、叙事张力的不断推进、冲突的不断激化而自然产生的。

现在有些电视节目在叙事过程中，为了能够吸引观众的注意力，不是在事实的基础上设置悬念，而是人为制造悬念，在叙事中刻意夸大悬念，造成了观众的心理逆反。我们强调，在叙事中应该对文本形态进行严格区别。如果是虚构性的媒介叙事，如电影、电视剧等，可以参照文学理论中的悬念设置技巧，根据文本的风格进行悬念设计和冲突设定。反之，如果是以真实性为基础的叙事，如新闻、纪录片等，要坚持真实性第一原则，不能为了吸引观众眼球而进行虚构性的悬念设定和冲突设置。

电影《英雄》讲述的是战国后期，战火纷扰，群雄并起，但是秦国雄霸一方，为了统一六国发动了对赵国等诸侯国的讨伐战争。秦王的野心激起了各国诸侯侠士的强烈不满，纷纷伺机刺杀秦王。刺客长空、残剑、飞雪 3 人最为秦王所忌惮。秦王下令：凡能缉拿刺客长空者，可近秦王 20 步；击杀残剑、飞雪者可近秦王 10 步，封官加帛。残剑、飞雪闯入秦宫，刺杀秦王，却到近在咫尺的距离放弃了，飞雪对残剑的行为甚是不解，同时也为日后无名的刺杀失败埋下了伏笔，更为引出观众的兴趣设置了一个悬念。为了让无名获得接近秦王的机会，长空佯败在无名剑下。之后无名找到残剑与飞雪，寻求帮助，却遭到残剑的强烈拒绝，并说出自己多年悟出来的道理：秦王不可杀。影片在这里到达一个高潮，也将观众的求知欲充分调动，悬念达到了顶峰。最后无名获得了距离秦王 10 步的机会，却放弃了刺杀的行动，因为自己最后明白了残剑所说的话，无名以社稷苍生为由要求秦王统一六国，避免生灵涂炭，结束历史恩怨。至此电影一开始的悬念被彻底揭开，观众一目了然。

在新闻节目中，悬念的设置建立在客观事实的基础之上。《新闻调查》悬念的设置通常是通过对事实结果的探寻来达到的，观众跟随记者的步伐挖掘事实的真相，在这个过程之中，如迷雾一般的真相被一点点揭开。观众可以在节目导视当中得知新闻事件的大概，但是事件最后的结果是什么，新闻事件中涉及的相关权益有没有得到维护，不法分子的行为有没有得到应有的制裁，都以悬念的形式伴随节目的进行迎刃而解。这样的叙事结构可以把枯燥的新闻播报变为一个个有吸引力的小故事，获得极高的收视效益。

三、叙事主体批评

为了使得媒介信息的传播更具有特色与个性，叙事主体在叙述的时候，会采用多种多样的叙述方式，叙述视点与叙事主体的变化，是媒介叙事的重要手法。

在一些报纸的新闻报道中，记者会改变全知全能的视点，调整平铺直叙的方式，尝试以小细节或小视角切入，再展示全局。在电视节目中，视角和叙事主体的变化更加频繁。

在叙事学视阈内，注重对文本的叙述视点、叙述者、叙述方式等进行关注，进而研究如何调整作者、文本与读者之间的关系。纪录片的叙事研究，同样以这些关注点为出发点和落脚点，从讲述主体、叙事框架、叙事动力、情节悬念、故事细节等方面来完成电视节目的研究。纪录片叙事修辞，则以“适切性调整”的理念为指导，调适叙事诸元素的修辞，以获得最佳的阅读效果，完成其陌生化与创新。

随着人们对于真实性辩证认知的深入，越来越多的叙事手段运用到了纪录片创作中，使得纪录片的表现形态更加丰富。以叙述视点为例，在纪录片《圆明园》中，导演在宏观的叙述视角之外，添加了一个西方传教士郎世宁的视角。宏观视角以第三人称的方式讲述历史，郎世宁视角则以第一人称的角度陈述所见所闻。宏大与细微之间彼此交织，形成了叙述上的呼应。这种叙述的多视点转移，已经在《幼童》《梁思成与林徽因》等多部纪录片中得到了运用。

在汶川“5・12”地震发生之后，央视与成都电视台联合成立了摄制组，前往青川、平武、汶川、北川、什邡、茂县、绵竹、都江堰、崇州等灾区进行拍摄，记录了灾区人们的生活状态，并结合采访和资料完成了18集的系列纪录片。

以下是第1集开始的解说词：

汶川大地震发生17天后，成都著名雕塑家朱成来到了重灾区都江堰市，寻找他即将创作的雕塑作品的原型人物，这片民宅坐落在都江堰市内，原本是个普通而舒适的居民小区，但现在废墟的下面掩埋了10多个生命，这一悲剧发生在5月12日下午2点28分。

这一段解说词，将时间、地点、背景等都介绍了出来。除了交代背景，解说词也介绍人物出场。朱成听说了一个在地震中的母亲怀抱婴儿的故事：婴儿被发现时依然吮吸着母亲的乳汁，母亲则用自己的身躯和生命保护了孩子。朱成希望能找到这个婴儿，并创作一座雕塑。

纪录片一开始，展现雕塑家朱成来到灾区，望着眼前的一片瓦砾，以一个外来者的视角进行观察和反思。编导通过朱成的视线，带领观众走进了废墟，走进了可怕的悲剧现场。在都江堰这一整集中，雕塑家朱成的寻找和走访成了一条主要线索。

值得一提的是，该片在人物的行动设计上也用了隐喻的修辞。雕塑，即是将现实中的一个时刻凝固的艺术创作。而纪录片在朱成走访的过程中，穿插了很多在灾难来临时的动人故事：自发投入营救的出租司机、尽职尽责的公安民警、积极献血不求回报的普通百姓等，这些人物形成了一组群像。朱成寻找英雄人物并雕塑塑像的过程，与片子中的英雄人物被定格与书写的行为，形成了具有叙事的修辞式呼应，让整个片子更有意味。

传播学原理认为，意义产生于符号的交换，其前提条件是交换双方共享一套价值系统，共享的价值系统是被处在优势地位的意识形态所影响而制定的。新闻媒介属于优势意识形态，因此，其价值系统则在每一个新闻叙事中得以体现，不断复制。这种价值系统在潜移默化中，成为整个社会所接纳的价值观。

思考题

一、名词解释：

1. 叙事
2. 罗兰·巴特
3. 叙事批评

二、简答：

1. 叙事当中叙事者的位置选择及其特点。
2. 媒介叙事中悬念的设置方式。

三、分析：

1. 按照普罗普人物功能理论，分析电影《这个杀手不太冷》中叙事文本的构建。
2. 近20年，我国电视新闻节目的叙事方式、叙事风格等的变化。

第七章　意识形态分析与媒介批评

本章内容

1. 西方马克思主义思潮
2. 意识形态理论发展脉络
3. 意识形态分析与批评

意识形态批评是以西方马克思主义意识形态分析及其相关理论为依据的媒介批评理论。西方马克思主义流派众多，思想庞杂，其内容的发展变化也比较大。当今的西方马克思主义思想，已经从最初诞生时着重对经济的分析，演变成为广泛应用于社会、文化以及媒介等领域分析的思想工具。

意识形态是西方马克思主义的核心概念之一，它是建立在一定的经济基础之上、对世界和社会认知理念的集合。西方马克思主义认为，与国家机器的暴力运作规则不同，意识形态国家机器覆盖了宗教、教育、家庭等不同的社会领域，以柔性的方式影响着人们的思维和认知。传媒业是意识形态国家机器的重要组成部分。

在阶级社会中，意识形态总是为一定的阶级利益服务。利用意识形态分析方法，可以发现包括广播、电视、出版等在内的传媒机构作为意识形态国家机器的运作规律。结合西方马克思主义的其他概念和方法，能够对西方社会中资产阶级所掌控的传媒对大众影响的策略进行理性批判。

在全球化背景下，不同意识形态之间的碰撞不可避免。多元化的意识形态可以促进思想的碰撞和交流，但同时也给社会稳定带来一定的挑战。如何形成具有历史先进性的意识形态、如何保持社会主义主流意识形态地位并使其形成凝聚力和向心力，对于当下的中国来讲，是非常重要的课题。

第一节　西方马克思主义思潮

西方马克思主义与苏联和中国的马克思主义经历了不同的发展历程。西方马克思主义与非马克思主义思想的区别在于，众多的西方马克思主义政治学家、批评学家、历史学家和经济学家，始终高举马克思主义旗帜，以马克思主义为其理论原点，在不同的社会文化环境内，通过对马克思主义进行阐释，力图为西方资本主义社会的问题找出解决之道。要弄清楚这些流派中的思想脉络，首先从马克思主义思想本身说起。

一、马克思主义思想源流

19 世纪的产业革命，使得社会生产关系发生了极大的改变，无产阶级的出现，是社会生产力发展的必然结果。19 世纪 40 年代，马克思在无产阶级的革命活动中，批判和扬弃了德国古典主义、英国古典政治经济学、法国空想社会主义等精神遗产，同时在继承前人思想成果的基础上，形成了具有自己独创性的唯物史观，创造了指导无产阶级革命的科学理论和方法。

马克思认为，人的实践生活本身就是人的存在方式。人的生活方式、活动形式即表现出了其存在方式，生产实践活动的方式对应了人的本质。人在实践活动中也建构起自身，从这个角度说，人与其生活是一致的。

人们在自己的社会生活中发生一定的、必然的、不以他们的意志为转移的关系，即同他们的物质生产力的一定发展阶段相适合的生产关系。这些生产关系的总和构成社会的经济结构，即有法律和政治的上层建筑竖立其上并有一定的社会意识形式与之相适应的现实基础。物质生活的生产方式制约着整个社会生活、政治生活和精神生活的过程。不是人们的意识决定了人们的存在，相反，是人们的社会存在决定了人们的意识。[①]

从这段引自马克思《政治经济学批判》的文字，我们可以看到马克思的唯物主义思想。此外，马克思的政治经济学、科学社会主义等理论也对资本主义的特点进行了科学论证。

马克思剩余价值理论的诞生，戳破了资产阶级所谓的资本和劳动利益一致的谎言。意识形态理论则从另一个角度暴露出资产阶级的虚伪本性。意识形态是人所意识到的客观存在，客观存在决定了意识形态，而非意识形态决定了现实本身。由于社会存在决定社会意识，社会意识不可避免地被打上了阶级属性的烙印，而且资产阶级所宣扬的意识形态是为维护其统治服务的。

借助马克思主义思想的理论基础，西方的学者开始对资本主义固有的社会问题和精神危机进行批判，同时有不少学者将包括意识形态理论在内的马克思主义思想应用于资产阶级大众传播领域的批判，获得了丰富的思想成果。

二、西方马克思主义思想的发展

在马克思和恩格斯之后，西方马克思主义并没有停止发展，而是在一次次的思潮中不断前行。我们现在所说的西方马克思主义思潮主要是由卢卡奇、葛兰西等人所引发的西欧和中欧地区左翼激进思想家重新诠释马克思学说的思潮。这些理论包括了卢卡奇的异化思想，葛兰西的无产阶级领导权和“阵地战”思想，柯尔施（Karl Korsch）的革命实践思想及以霍克海默（M. Max Horkheimer）、马尔库塞（Herbert Marcuse）、阿尔都塞（Louis Pierre Althusser）等为代表的法兰克福学派对社会主义做出的否定性理解和人道主义精神对资产阶级的思想批判等。

其实，马克思主义诞生之后就在欧洲引起了较大反响。1864年，英法德意四国的工人代表在伦敦开会，马克思作为德国工人代表参加了这次会议。在这次大会上宣布成立“工人国际联合会”，简称“工人国际”或“国际”，历史上称为“第一国际”。“第一国际”以

① 中共中央马克思恩格斯列宁斯大林著作编译局编：《马克思恩格斯选集》第2卷上册，人民出版社1972年版，第80页。

马克思“科学社会主义”作为指导思想，展开国际工人之间的联合。1871年，“第一国际”领导了巴黎公社运动，运动失败之后，“第一国际”日渐衰落，到了1876年宣布解散。

“第一国际”虽然失败了，但其对于“科学社会主义”思想的传播，起到了积极的推动作用。在此思想的影响下，19世纪80年代，欧美国家中有16个国家先后建立了社会主义政党，各国社会主义政党之间的联系需求日益迫切。恩格斯为了避免领导权被可能派夺取，于是在纪念巴黎人民攻克巴士底狱100周年之际，在巴黎组织各国的社会主义政党代表集会，会议名称为“国际社会主义者代表大会”。当时有22个国家的代表参加了会议，这次会议通过了一系列的决议，五一劳动节就是在此次会议上被确立的。

这次大会标志着“第二国际”的诞生。“第二国际”不是各国社会主义政党的上级领导，只是通过历次代表大会的决议给各个国家以行动指导。“第二国际”中间停滞了一段时间，因为有些成员国开始支持战争，意见混乱。直到1914年，列宁在德国宣布“第二国际”已死。

在第一次世界大战之后，人们反思“第二国际”的庸俗经济论，也反思其“机会主义”思想。人道主义被视为对马克思主义的一种修补。法国共产党试图通过人道主义来调和马克思主义和宗教，建立左翼天主教与社会民主党的联盟。而法国的资产阶级则利用青年马克思时期的作品与观点，强调青年马克思与黑格尔思想的连续性。此后，西欧的思想家试图将弗洛伊德主义、存在主义等思想与马克思主义结合起来，分析西方资本主义社会存在的问题，从而发展为西方马克思主义。

三、西方马克思主义的几个重要批判视角

1. 物化理论

物化，是西马理论家卢卡奇所提出的概念，他用这个概念来表现资本主义社会里人与人之间的关系。卢卡奇认为，物化现象是资本主义社会中的普遍现象，已经渗透在了社会的各个层面。资本主义社会的分工细化，使人如同置身在一个巨大的、运转着的机器之中，无产阶级工人不再是生产的主人，而成为庞大架构中失去主体地位的部件，人变得像零件一般。卢卡奇认为，是人通过劳动创造的物体和体制反过来控制了人自身。

在物化的过程中，人的所有能力是通过商品属性所展现出来的。物化就造成了人的异化。人在这样的组织架构中将失去创造性，失去工作的热情，也将失去主体地位，并将这一切视为合理的现象，进而丧失对资产阶级的批判。

物化理论后来被应用在了社会批判和媒介批评等领域。例如，女性主义就借助该理论进行批判，如传媒影视作品中对女性的物化等等。

2. 文化霸权理论

文化霸权，也称为文化领导权，该理论是由葛兰西提出的。葛兰西是意大利的共产党领袖人物，他的文艺理论著作都是在狱中完成的。葛兰西在马克思的基础上延续了上层建筑的概念，认为上层建筑分为政治社会和市民社会。政治社会的领导权是由统治阶级借助专政工具通过暴力强制手段实现的；市民社会是意识形态的载体，其领导权则是由包括了知识分子在内的领导者，通过文化而非暴力的方式实现的。葛兰西认为，要夺取政治领导权必须要获得文化领导权，有时文化领导权的作用甚至优于政治领导权。

3. 非压抑升华理论

这个理论是由马尔库塞所提出的。这位德国哲学家在对西欧资本主义工业发展进行深入观察之后提出了这个理论。现代的资本主义工业促进了技术革新，给人们的生活带来了便捷，但另一方面，也让人被裹挟其中，受到种种牵制。人们逐渐只剩下物质生活，没有了精神生活。由此发展下去，资本主义只能形成没有创造性的、麻木不仁的“单面人”。马尔库塞认为艺术本身具有美学价值，同时也是一种历史结构，在诗情画意的美的世界中渗透了价值和意义。艺术的商业化让其丧失了原意，变成压抑性社会的工具，导致了人与文化的单向度。因此，他借助弗洛伊德的文明理论，倡导建立一种能够将理性文明和非理性爱欲统一起来的社会，从而实现非压抑升华。

当代的传媒理论家从其理论基点出发，批评资本主义传媒导致了艺术的商业化，造成了社会审美的庸俗化。传媒应该对此加以否定和超越，倾覆占统治地位的资本主义意识及普遍经验，促成完整的人的再生。

总的来看，马克思和恩格斯延续了西方“启蒙运动”以后对社会反思的优良传统，形成了对于西方资本主义社会“现代性”的批判。资本在创造了物质文化的繁盛之后，却向着另一个极端走去。资本对利润的无休止追求，反过来吞噬了原有的理性精神。资本越是生产出更多的商品，人在其间的价值就越加贬低。

在此过程中，理性转而变为资本主义的一种辩护，一种维护其合法统治性的理论依据，已经完全背离了启蒙运动早期的基本诉求，呈现出形而上学的状态，即一种工具色彩。对现代性及其主宰下的资本主义意识形态的批评，实际上就是对资本的批评。

对宗教的批判、对唯心主义的批判，是马克思和恩格斯理论的根基。马克思理论的最伟大之处还在于从意识形态的虚假中窥见到了真实的痕迹，并一直去追寻。意识形态理论的发展，是西方马克思主义理论发展的重要标志，也深刻地影响了后世的批评家。

第二节 意识形态理论发展脉络

从20世纪初开始，欧洲多国掀起了风起云涌的革命运动，也经历了曲折多变的发展历程。在此过程中，卢卡奇、葛兰西、阿尔都塞等理论家从早期马克思著作中获取灵感，重新解读马克思主义。他们总结和发扬了马克思主义及其相关理论，对各种社会现象进行阐释与批判。后来的批评家将这些理论运用于媒介批评的实践，形成了独特的学术视角与方法。

意识形态理论是使用得最为广泛的理论方法之一。每个社会都有意识形态，在阶级社会中，意识形态隐藏在大众的共识当中，通常不为社会中的大多数人所察觉。统治阶级的意识形态会以一种相对中立的姿态出现，这一姿态也表明了与其标准不同的其他意识形态是荒谬的。意识形态批评家们总是试图拨开迷雾，去发现隐藏在共识中的意识形态的真实状况。西方的马克思主义者则借助相关理论，破解资产阶级社会固化的社会矛盾。

现代西方马克思主义学者意识形态理论的发展有了一个清晰的逻辑顺序，它首先以革命的意识形态作为理论的开始，经过人道主义的意识形态批判阶段、科学主义的意识形态探索阶段，直到目前的对资本主义社会的文化批判阶段和后现代研究阶段。

一、意识形态概念的出现及其发展历程

意识形态问题是一个重要的却在一定程度上还存在争议的话题。意识形态理论自诞生以来，经由历代思想家的完善，也得到了飞跃式发展。以阿尔都塞为代表的意识形态理论家，赋予了该理论以鲜明的革命性和深刻的批判价值。

1. 意识形态概念的提出

意识形态一词，最早由法国的哲学家、政治家，同时也是意识形态学说的奠基人特拉西（Destutt de Tracy，1754—1836）提出的。在他的著作《意识形态要素》中，把法语中的 Ideo 和 logie 两个词结合起来，形成了现在我们所使用的意识形态词汇，强调了理性和逻辑，目的是把人们从神秘、迷信和非理性中解放出来。

2. 意识形态概念的完善

真正将意识形态理论带入现代语境的是马克思。从 1835 年开始，马克思先后在波恩大学和柏林大学学习法律，毕业后在《莱茵报》报社工作，新闻采访实践让他接触了真实的法国社会，促使他更加深刻地思考法国的政治、经济、社会和历史等问题，也让他认识到无产阶级拥有巨大的革命力量。他在吸纳和扬弃了黑格尔及费尔巴哈等人的理论基础之后，创立了唯物史观以及马克思意识形态理论。

> 思想、观念、意识的生产最初是直接与人们的物质活动，与人们的物质交往，与现实生活的语言交织在一起的。观念、思维、人们的精神交往在这里还是人们物质关系的直接产物。表现在某一民族的政治、法律、道德、宗教、形而上学等的语言中的精神生产也是这样。人们是自己观念、思想等等的生产者，但这里所说的人们是现实的，从事活动的人们，他们受着自己的生产力的一定发展以及与这种发展相适应的交往（直到它的最遥远的形式）的制约。意识在任何时候都只能是被意识到的存在，而人们的存在就是他们的实际

生活过程。①

这段文字引自马克思、恩格斯《德意志意识形态》。在这本书中，马克思还做了一个有趣的比喻，他认为人们和意识形态的关系就像在照相机中一样，是倒立成像的。这就如同物体在视网膜上的倒影来自于人们生活中的生理过程一样。马克思还强调，意识在任何时候都只能是被意识到了的存在。在马克思之前，人们普遍认为思想世界支配着现实世界，意识形态是一切存在物的基础。马克思创建性地提出，现实世界才是思想世界的基础。他还进一步提出，统治阶级的思想在每一个时代都是占统治地位的思想，如果一个阶级在物质上占了统治地位，便会通过思想方式的渠道，去影响并支配那些没有精神生产资料的人。马克思的思想影响了后世的意识形态理论。

3. 意识形态理论的发展

将意识形态理论发扬光大的重要人物是阿尔都塞。阿尔都塞出生在法国，1918 年出生，1990 年逝世。他以“结构主义马克思主义者”的身份成为西方马克思主义的重要理论人物。

阿尔都塞原来是法国的共产党党员。法国共产党的前身法国工人党成立于 1879 年。到了 1945 年，法国共产党已经成为法国左翼第一大党。当时的法国共产党受苏联的影响很深，全面信奉斯大林主义。在当时的法国共产党党员内部，知识分子脱离无产阶级，缺乏对社会实践的客观认知。因此，教条主义在当时法国共产党党内很普遍。知识分子面对复杂的社会，只是简单地使用“阶级理论”来搞一刀切，对于社会现象和社会问题缺少深刻的分析，也无法提出有创建性的理论来指导无产阶级的行动。

1968 年法国爆发了“五月风暴”，这是一场波及全国的思想运动。事件起因是戴高乐政府后期的经济政策乏力，社会积累了大量的问题，而教育系统内部的矛盾成为运动爆发的导火索。1958 年，法国大学生总数仅十几万，但到 1968 年时大学生人数达到 57 万。大学生人数的暴增与教育系统硬件设施的不足之间的矛盾日益严重。运动由此爆发，大批的工人罢工、民众与警察之间发生冲突，导致了法国社会的瘫痪。后来由戴高乐高调宣布解散政府，重新民选政府，才让事态往可控制的方向发展。

1968 年，阿尔都塞发表了文章《意识形态和意识形态国家机器》，标志着其意识形态理论的成熟。该理论承袭了马克思意识形态理论，同时又有自己的创新，引领了西方马克思主义意识形态理论的方向。

我们当时所有的哲学家，在这条专横路线统治下，只能或者人云亦云，或者保持沉默，或者盲目信仰，或者被迫信仰，在不然就是尴尬地装聋作哑，绝没有其他选择的

① 中共中央马克思恩格斯列宁斯大林著作编译局译：《马克思恩格斯全集》第 3 卷，人民出版社 1974 年版，第 29 页。

余地。[①]

“五月风暴”之后，阿尔都塞提出了一系列口号，从“保卫马克思”到“理论上的反人道主义”，每一次口号的提出都在西方理论界引起巨大的震动。阿尔都塞的意识形态理论可以分为1965年和1970年两个时期，前一个时期围绕“保卫马克思”的主题出现，集中在论文《马克思主义和人道主义》之中，后一个时期则体现在发表于法国著名杂志《思想》上的文章《意识形态与意识形态国家机器》中。阿尔都塞系统反思了西方资本主义社会的问题，并以马克思主义意识形态理论为出发点，形成了富有自身特色和时代特征的理论体系。

二、意识形态的功能

阿尔都塞认为，意识形态是通过“意识形态国家机器”来实现自身的功能的。国家机器是马克思主义相关著作中经常出现的名词，指的是军队、政府、法庭、警察、监狱等具有暴力性质的政权机构。阿尔都塞则在前人基础上，创造性地提出了“意识形态国家机器”的概念。这个概念不同于国家机器的强制色彩，更多时候是通过柔性的、不易察觉的方式对被统治阶级产生影响。在阿尔都塞的视阈内：宗教、政治、教育、家庭、工会、文化和大众传媒，都属于意识形态国家机器。

1. 对于个体的“询唤”

在主体“询唤”的功能方面，阿尔都塞借鉴了拉康（Jaques Lacan）的镜像理论。拉康的理论指出，人的出生和成长过程，是一个逐渐远离真实自我的过程，也是一个主体性逐渐丧失的过程。当6—18个月的婴儿面对镜子的时候，他从镜中窥见了自我的投影，并以为这是真实的自己。从此，主体便被放逐。当婴儿逐渐长大，被周围的人以名字的方式询唤的时候，他被迫与这个自我之外的符号结合，并将姓名视为自我的一部分，而真正的主体却呈现了缺席的状态。

阿尔都塞提出，资本主义意识形态对于个体的“询唤”，正如同拉康理论的描述。个体在资本主义社会中成长时，受到了意识形态的“询唤”。资本主义意识形态借助大众传媒等手段，“询唤”个体并将其转换为主体。这些自认为获得了“意识”的主体，按照这个意识形态的指导行事，并坚定地认为自己是能够自由行动的主体。

《阿甘正传》于1994年的7月6日在美国上映，并于1995年获得奥斯卡最佳影片奖、最佳男主角奖、最佳导演奖等6项大奖，在全球获得了高票房以及好口碑，是美国电影的经典作品之一，其中的经典台词也时常被人称颂。影片像是一篇回忆录，听福瑞斯特·甘

① ［法］路易·阿尔都塞：《保卫马克思》，顾良译，商务印书馆2006年版，第3页。

坐在公交车站长椅上娓娓道来他传奇的一生，智商只有 75 的小孩被学校拒绝，遭受同龄人欺负，但在妈妈的鼓励和教育下一直保持乐观的心态并对生活充满热情，最终“傻人有傻福”，在多个领域获得了成功。

影片中处处体现了美国的主流价值观，剧中的阿甘正是体现了资本主义意识形态对于个体的“询唤”。拉康认为，对个体的“询唤”开始于婴儿被父母命名，那一刻，真我只是成了一个符号，每天被人“询唤”着，而真正的我已经被人忽略，并且随着命名而来的还有期望和提醒。比如影片一开始，阿甘回忆他的母亲用一个内战中的英雄内森贝·福瑞斯特为其命名：福瑞斯特·甘，即使这个将军的一些做法很荒诞，但是这个命名还是被寄予了厚望，在日后的生活中，每一次的“询唤”都使姓名成了阿甘自我的一部分。阿甘一直受到妈妈的鼓励，并且相信妈妈告诉他的，他与别人一样，每天都会发生奇迹；在军队，阿甘服从命令并受到表扬，在他的世界里，军人就是需要服从；退役后，阿甘秉着“说到就要做到”的信条，去完成巴布捕虾的愿望，最终成为了一个企业家，成立了巴布·甘公司，还给了巴布的家人一半股份，巴布的母亲也不再做女佣了；后来阿甘通过跑步横穿美国，成为名人并且录制了电视节目。剧中阿甘的每一次成功每一个故事都有意识形态的“询唤”，阿甘主动臣服于意识形态，使个体成为主体，他的成长中一直受到来自母亲、军队、社会以及信条的“询唤”，而母亲、军官也已经是被意识形态“询唤”为“意识”主体的人，但阿甘全然不知，仍然乐在其中。

资本主义意识形态通过大众传媒的手段，将个体“询唤”为主体，就《阿甘正传》这部影片来说，每个观众个体通过观看影片受到“询唤”，在不知不觉中成为具有“意识”的主体。影片中阿甘的成功是不论出身背景、社会地位、智力或身体状况如何，都有可能凭借自己的努力而成为非凡人物的美国梦的又一次体现，平等、自由、进取和成功的理想主义信念，人人都有可能成功、都有可能创造奇迹，这些美国所倡导的意识形态会在观看中被观众无意识地接受，并且深信不疑，还会在观看相同类型的大众传媒作品中不断得到巩固，不断内化成自我的一部分，成为自己行事的指导。通过影片将美国的主流价值观传达给观众，使本国公民对现状满意，对这个国家充满希望，对自己的未来保持乐观心态；也在其他国家的观众心中树立了良好的形象，有利于其意识形态的全球传播。

2. 生产关系的再生产

意识形态的重要功能之一，是要保证生产关系的再生产。换句话说，是要生产出保证社会正常进行再生产的条件。其中，生产力的再生产包括生产资料和劳动力的再生产。

在资本主义社会中，作为意识形态国家机器的大众传媒，承担了辅助资产阶级进行劳动力再生产的任务。劳动力从教育系统中获得了工作的技能，而大众传媒等意识形态国家机器则强化了劳动力对于资本主义社会现存秩序的服从。

《学徒》是2004年美国广播公司(NBC)推出的一档商业职场真人秀节目，由美国著名房地产商唐纳德·特朗普(Donald Trump)赞助并且担任主持人。每一季会有16位候选人想成为特朗普的得意门生，他们来自不同阶层、职业，有不同的教育背景，他们将进行残酷的商业生存竞赛。16个人先被分为两组，在项目经理带领下每期完成一个商业任务，任务失败的组中将会有人被解雇，接下来会进行团队重组，完成下一轮的任务，直到最后只有一个人能够被雇佣，并得到在特朗普集团年薪25万美元的工作机会。在参赛者完成任务的过程中，有两位特朗普的高管来监督评测各位选手的表现，为最后的淘汰提供建议。《学徒》开播以来取得了巨大的成功，受到了美国观众的极大欢迎。2003—2004年的播出季，前19周连续在18—49岁成年观众收视率排名中占据第3位，所有观众收视率排名中占据第6位，"You are fired"成为流行语，特普朗本人也成了家喻户晓的明星。《学徒》的影响力不可小觑，其中传达的意识形态内容更值得分析。

《学徒》是美国意识形态通过大众传媒保证生产关系再生产的最好例证。阿尔都塞认为劳动力的再生产生产出了适应社会的劳动力，社会劳动力形成了社会生产关系，所以阿尔都塞较为重视劳动力的再生产。而《学徒》这个真人秀节目就凸显了大众媒介在劳动力再生产过程中的巨大作用。地产大亨用亲身经历证明，只要你努力，就能功成名就、富甲一方，节目开始特朗普诉说自己东山再起的经验，并表达想要找寻可以传授商海经营绝技的得意门生的愿望，仅在节目的开头我们就可以看到明显的美国的主流价值观和美国梦的具体精神。节目也是借助一个现实中的富商之口表达了对生产力再生产的期待说明了现存的再生产秩序，你必须是优秀的、要具备职场生存能力，不管你是通过教育还是实践获得，你需要参加公平的竞争来获得机会，要遵循制定好的规章制度，在工作中要处理好与合作伙伴的关系，自己努力的同时要具备团队精神，作为一个团队的领导需要有责任感和决断力，必胜的决心可以给你加分，等等。节目体现出，劳动力不仅是通过教育或者多年实践获得劳动技能的人，劳动力还需要学习适应社会的"行为规范"，服从已经建立的秩序，《学徒》强调了劳动力在现存秩序基础上建立牢固的生产关系的重要性。透过一个企业对职员的要求向大众昭示现在美国的职场生存法则。通过娱乐真人秀节目，传达美国最明显的意识形态：美国梦，每个人都可以有梦想，只要你愿意付出，敢于挑战，就有可能成功，这是美国大众传媒产品几乎都会存在的意识形态。《学徒》的独特还在于大众传媒对现存秩序的强化，巩固了劳动力对资本主义社会现存秩序的服从意识，而年龄在18—49岁的观众是美国社会主要的劳动力群体，此节目在他们中间的高收视也从另一个方面佐证了劳动力对社会现存秩序的认可和服从。

"意识形态国家机器"及其功能是阿尔都塞在马克思意识形态理论基础上的创新，他通过对马克思国家体制观念的理解与解读，对意识形态在资本主义社会中的功能做了具体化的阐释，体现了其独到的分析批判视角。

三、意识形态的特点

众所周知，意识是人本身所固有的一种对于外界客观事物的主观表现，但对于意识形态的界定则众说纷纭。英国文论家伊格尔顿（Terry Eagleton）在《意识形态导论》中曾经梳理过16种对于意识形态的定义。其中可以分为两大类。第一类是关于意识形态的真伪之辩；第二类是讨论意识形态的社会功能。

阿尔都塞将它定义为："意识形态是具有独特逻辑和独特结构的表象（形象、神话、观念或概念）体系，它在特定的社会中历史地存在，并作为历史而起作用。"①

具体来看，意识形态是一种观看事物的方式、一种世界观。这种世界观存在于日常社会的共识之中，或者是由社会中的某些阶级对其他阶级的社会成员所提出的一组观念的集合。

此外，阿尔都塞在他的意识形态理论中，强调意识形态是一种个人化的想象。阿尔都塞将其描述为"意识形态是个人同他的存在的现实环境的想象性关系的表征"②，这种想象性关系体现在信仰上可以形成宗教，体现在社会中可以形成阶级。

1. 普遍性

意识形态的普遍性表现在，它存在于任何社会形态中，即使在共产主义社会中，依然存在意识形态。另一方面，人从出生就在意识形态所环绕的生活之中，任何人都无法超越意识形态而独立存在。阿尔都塞认为，意识形态是永恒存在的。

具体到资本主义社会中，为资产阶级所掌控的国家机器，以无处不在的方式，成为传递其价值观的工具，如美国传媒产业中广播电视的阶级倾向。资本主义国家的传媒产业中意识形态无所不在，以美国为例，不管是新闻报道、电视剧、电影或是娱乐节目，无时无刻不传递美国的主流价值观。美国传媒产品多表现美国中产阶级的工作生活状态，体现他们乐观自信、勤劳奋斗的精神，还较多表现个人英雄主义，通过个人的能力取得巨大成就甚至拯救他人。比如《闪电侠》《女超人》及一系列英雄主义题材的电视剧和电影，娱乐节目中也时常展现不同社会背景、身份地位的人努力拼搏通过平等竞赛来获得成功。"美国梦"在节目中无处不在，比如《厨艺大师》《全美超模》等，美国的意识形态通过各种各样的节目形式深入人心，能看到的信息和节目背后都隐含着主流价值观，观众已经习以为常了。

2. 强制性

强制性国家机器虽然通过镇压方式发挥作用，但很多时候也会结合柔性的手段，如军

① ［法］路易·阿尔都塞：《保卫马克思》，顾良译，商务印书馆2006年版，第227页。

② ［法］阿尔都塞著：《哲学与政治：阿尔都塞读本》，吉林人民出版社2003年版，第335页。

队的教育。强制性的国家机器与意识形态国家机器之间的区别在于，强制性国家机器是在公共领域内发挥作用，而意识形态国家机器往往都从私人范围内开始发挥作用，例如宗教、家庭、传媒的使用选择等。

意识形态国家机器的强制性，通过一种结构性的力量作用于人。换句话说，意识形态作用于人是一个很难“意识”到的过程。如上一节所提到的大众传媒对于主体的“询唤”功能。在资本主义社会中，当意识形态通过大众传媒等方式进行传播时，会将思想、观念、价值体系等传播到个体，并且让个体成为一种自认为的主体，从而主动地接受这种意识形态，作为事实上的传播接受客体，对此深信不疑。因此，意识形态国家机器的强制性是隐藏的，是在主体不自觉之间实施的。

3. 能动性

意识形态既是人们对于生存关系的想象，同时也影响着人们的社会实践活动。在资本主义社会中，资产阶级的意识形态价值观通过大众传媒等意识形态国家机器进行渗透，人们要想在社会中活动，似乎必须服从意识形态的规则。

> 意识形态是人类依附于人类世界的表现，是人类对人类真实生存条件的真实关系和想象关系的多元决定的统一。在意识形态中，真实关系不可避免地被包括到想象关系中去，这种关系更多地表现为一种意志（保守的、顺从的、改良的或革命的），甚至一种希望或一种留恋，而不是对现实的描绘。①

不过，意识形态既然由社会存在所决定，从另一个角度讲，社会实践的发展与变化也可以对意识形态进行改造。资产阶级利用意识形态国家机器论证其生产关系再生产的合理性，以保证资本主义剥削关系的再生产合理进行。无产阶级可以通过社会实践对占统治阶级的资产阶级意识形态发挥作用。必须承认的是，资产阶级与无产阶级之间仍然存在着激烈的斗争。在资本主义社会中，无产阶级的意识形态可以通过对话、抗争等方式表现，进而与资产阶级的意识形态形成对抗，最终攻克资产阶级的领导权。

第三节　意识形态分析与批评

意识形态分析与批评的方法形成之后，被广泛运用在对意识形态国家机器的分析实践中。特别是在文学、艺术以及大众传媒等领域，不少批评家从文学与社会、政治、阶级之间的关联等角度出发，对意识形态进行批评。美国的批评家英伽登（Roman Ingarden）曾将文学作品的意义层面划分为语音层、意义单位层、被表现的客体层、图式化方面层与形

① Louis Althusser, *For Marx*, Translated by Ben Brewster, London :NLB, 1977, pp. 233–234.

而上学层。他具体指出，如果仅仅关注客体层，意识形态的意义以及相关价值就会比较匮乏。从他的论断可以看出，要超越出客体层的简单分析，而从语音、意义、阶级、形而上学等多层面多角度地进行意识形态分析与批评。

一、格栅——群体分析

这是由英国人类学家玛丽·道格拉斯（Marry Douglas）提出的分析方式。可以在跨文化的大众传媒分析中，获得社群结构、阶级特点等方面的信息。

玛丽·道格拉斯将社会结构分为“群体（Group）”和“格栅（Grid）”两个维度，“群体”指有明显边界的社会组织，边界明显的社会属于“强群体社会”，反之则为“弱群体社会”。“格栅”指以个人为中心的交往准则，人际交往强的属于“强格栅社会”，反之属于“弱格栅社会”。

> 群体边界明确、个人角色模糊的社会关系是平等主义；当个体的社会环境有着明确的群体边界和严格的个人角色规范时，其社会关系是等级主义；个人既不受群体规范的限制，也不受个人角色规范的限制，这是一个个人主义至上的社会；个人角色规范严格但群体界限不明显的人民，拥有的是一种宿命论的生活方式。宿命论者是被虚无的东西控制的。

以上这段引文来自菲利普·史密斯（Philip Smith）的《文化理论》。借由这样一个理论，可以分析出资本主义大众传媒当中的社会和个人的生活关系，从而对其社会结构、阶级进行划分，得出较为精确的区分。

《生于妓院》获得2005年第77届奥斯卡最佳纪录长片奖，由美国纽约新闻记者泽娜·布里斯基（Zana Briski）在1998年制作完成。影片主角是7个生活在印度加尔各答红灯区的孩子，泽娜·布里斯基的本意是拍摄妓女的故事，但她发现当地人都对摄影机感到害怕，在无意间泽娜发现这里的孩子对摄影很感兴趣，便决定换个视角，教授孩子摄影，通过他们拍摄的照片来了解这个常被人忽略的角落。孩子给了所有人惊喜，他们给整部纪录片带来了迷人而深藏启发性的画面，并以独特的视角呈现了红灯区拥挤的人潮以及流光溢彩背后不为人知的瞬间。

这部纪录片一定程度上带来了希望，在红灯区糟糕的环境下还有一群孩子，心中怀有对学校的渴望和各种各样的梦想，他们大多数都不甘认命，想摆脱现状。孩子们的真善美和红灯区的丑陋形成鲜明对比，孩子们还没被完全污染，同时导演泽娜也一直给他们提供帮助，给孩子找寄宿学校，帮助阿吉去参加新闻摄影展，希望他们能够不受身份的束缚，有光明的未来。

但是，影片更多地展示了印度种姓制度下底层人民生活的真实状态，体现了印度明确的社会结构和阶级划分。菲利普·史密斯的《文化理论》中提到，当个体的社会环境有着明确的群体边界和严格的个人角色规范时，其社会关系是等级主义。依据这个理论我们可以确定《生于妓院》中展现的是印度严格的等级主义：红灯区居住的妓女及其家人已经是有着明确边界的群体，孩子们出生在这里，甚至有的已经三代都在这里生活；普通正规学校不愿意接受这里的孩子，办理入学手续的过程更烦琐，并且要求体检；即使泽娜带着他们去动物园，去海边拍摄，那也只是暂时地离开，他们的身份群体特征没有改变，终究还是会回到红灯区。这里的居民也已经有了严格的个人角色规范，比如小奇拉的母亲去世了，但是她的阿姨要求她留在这里，与她母亲从事一样的职业；每个孩子都知道自己的身份和处境，并且适应和接受，他们在母亲工作时上楼顶玩耍、做事，或者拉上窗帘当成没有任何事发生；如果泽娜没有出现，他们大部分会选择继续在这里生活下去，过着和父母一样的生活，认为生活本来就很艰难痛苦，就算穷也能快乐；并且在此影片获得奥斯卡奖之后，2006 年其中一个女孩无法摆脱社会阶级的压制，最终还是选择成为妓女。不是每一个孩子都能得到解救，彻底摆脱红灯区及严格的个人角色规范。透过此部纪录片可以看到印度的社会关系是严格的等级主义。

二、症状阅读

阿尔都塞作为结构主义者，通过对马克思主义意识形态理论的深化，看到了资本主义中经济基础与上层建筑之间的不平衡状态。他建议将承载着意识形态的文本，作为一种症状文本进行深层次阅读，即透过其表层形态，直抵其深层的结构。因为结构本身会形成一种自我表达，而这种“表达”中就会显示出文本本身所存在的谬误。

阿尔都塞的观点给媒介批评提供了实践路径。在美国大众传媒领域，承载了意识形态内容的文本不少。批评家不仅要读出文本的意识形态内容，更重要的是揭示其固有的错位与空白。

以下为两个路径：

1. 揭示西方大众传媒在资产阶级意识形态真理外表下所暗含的社会控制内容

我们以谷歌 Google 的年度视频“Year in Search 2014 ”作为案例。可以看到，该视频用 1 分 32 秒，从总结搜索词数量、分析搜索目的角度展现了 2014 年具有代表性的各界大事件。全片分为以下几个部分。

第一部分：搜索“希望”多过“恐惧”：诺贝尔和平奖的获得者，动荡的克里米亚街头；

第二部分：搜索“科学”多于“虚构”：用意念控制的机器人外骨骼技术、悬浮滑板等；

第三部分：为所爱而搜索：2014 年大热的电影《星际穿越》，美剧《纸牌屋》《权力的游戏》，歌曲 MV：*Come Get It Bae, Bang Bang*；

第四部分：为非凡的成就而搜索：巴西世界杯、索契冬奥会、F1 方程式、阿布扎比大奖赛、英联邦运动会；

第五部分：通过搜索解决疑惑：上万名以色列人参加葬礼悼念 3 名犹太青年被哈马斯武装杀害、尼日利亚女孩绑架事件、第一夫人米歇尔举牌、MH370 失联事件、克里米亚骚动、埃博拉疫情画面（声音：奥巴马关于抗击埃博拉演讲“Here's what gives us hope, The world knows how to fight this disease”）、弗格森事件街头抗议；

第六部分：通过搜索来缅怀逝者：缅怀喜剧女皇琼·里弗斯、作家玛雅·安吉罗和喜剧演员罗宾·威廉姆斯；

第七部分：通过不断搜索来获得灵感和启发：最酷老年舞者、跳舞的交通灯、舞蹈让人快乐（肯尼亚、日本）、ALS 冰桶挑战、3D 打印技术帮助正在成长的儿童找到合适假肢、患有硬化症的少女倒在教练怀中、人和狮子感人相拥、18 个月大的男童与健美运动员父亲有爱互动、耳蜗植入手术后听见声音的泪如雨下、欧洲罗塞塔号飞船抵达彗星（声音：Bill Nye：“Just rendezvousing with this comet, it's an extraordinary thing, We're going to make discoveries that no one's imagined yet.”）等。

通过分析此片的结构，我们可以看到 Google 总结的一年大事迹中几乎都来自西方资本主义大国，涉及发展中国家及不发达国家内容的多为动荡的局势和疾病疫情，当涉及非凡成就、灵感启发、人间真情这些主题时，也都是西方发达国家的例子。从涉及国家的空缺和展现主题的差异来看，西方大众媒体的意识形态展露无遗，这背后展示出的综合国力对比差距是一方面，更重要的一方面是西方媒介的意识形态对社会的控制。此短片表面上展现了 2014 年全世界各个领域具有影响力和热度的大事，但是可以看出影片中较多地展现了西方发达国家这一年在各个领域的巨大影响力，是站在西方资本主义大国的角度上看世界，更是美国价值观的传达，体现美国超级大国的地位不可撼动，美国制造的好莱坞大片、电视剧和歌曲在世界有重要地位，美国关心着世界各地。片中关于埃博拉疫情的片段，奥巴马并没有出现在画面中，但是他高辨识度的声音缝合在影像中，“The world knows how to fight this disease”在不知不觉间传递了美国的价值观，实现了社会控制，让国内民众感受到美国的强大，让世界各地观众感受并相信美国确实强大，影响也力巨大。

2. 勘查大众传媒的意识形态意义与其实现路径之间的关系

意识形态的意义通过实现路径来表达和传递，大众传媒产品的生产者就是已经被意识形态“询唤”为意识主体的人，所以他们生产的产品天生就有意识形态在里面，无论标榜得多么客观，意识形态总会存在，所以大众传媒产品就是在传达意识形态。而如今美国等西方资本主义大国的意识形态传播已经不仅仅局限于本国民众，他们更重视的是意识形态的输出，是对发展中国家和不发达国家进行主流价值的渗透。还是 Google2014 短片的案例，YouTube 上 Google 官方平台发布的视频播放量是 3,300 万次，在中国，搜索 Google year in search 2104 就有至少百位用户分享，最高的点击量 5 万次，搜狐视频上点击量最高 7 万，乐视视频也都破万，并且视频还被大量分享在各种社交媒体应用和移动终端中。全媒体语境下，技术的进步带来了西方主流价值观传播的便利，也为西方意识形态跨越国界的传播意图提供了实现条件。顺应生产者的主流价值观、有趣且含有主流价值观的传播内容和便捷的传播渠道，使西方意识形态的传播更加全面和多元，并且以润物细无声的方式影响着广泛的受众，产生潜移默化的影响，使得其主流价值观在全球范围内更易于传播并得到受众的接受。

思考题

1. 阿尔都塞意识形态的定义是什么？
2. 意识形态有哪些特点？
3. 试对奥巴马就职演说进行意识形态的分析和批评。
4. 如何在全球化背景下保持社会主义主流意识形态的话语权。

第八章　法兰克福学派文化工业批判

本章内容

1. 历史语境和发展源流
2. 核心概念及其基本观点
3. 法兰克福学派对文化工业的批判路径
4. 中国大众文化的形成以及法兰克福学派的应用

异化学说

异化学说是马克思理论中的一个重要观点。马克思认为，异化是物质生产和精神生产及其产品变异为异己的力量，反过来统治人。在资本主义社会中，人们通过生产劳动制造产品，但是却在生产关系和物质消费中被裹挟、被绑架。异化的根源是私有制，最终根源是社会分工的固定化。

大众文化

大众文化是指通过大众传播媒介传播的通俗文化，包括通俗小说、商业电影、电视节目、流行音乐等。在资本主义社会中，大众文化往往通过可复制性的形态，包裹着意识形态内容，操纵大众的思想和心理，将其变成丧失超越性的人群。

法兰克福学派是20世纪西方马克思主义的一个重要流派，该学派汇聚了众多著名的思想家，如霍克海默（M. Max Horkheimer）、阿多诺（Theodor W. Adorno）、马尔库塞、本雅明（Walter Benjamin）、弗洛姆（Erich Fromm）等，该学派对大众文化的批判理论是其社会文化批判思想的重要组成部分。第二次世界大战期间，该学派在欧洲和美国经历了重要的发展阶段。法兰克福学派通过对资本主义社会中的文化工业的审视，分析其造成文化商品化的深层次原因，反思大众传媒作为传播手段对文化工业的推动作用，以及反思大众传媒自身所形成的文化商品，进而批判性地反思这种机制异化对人类生存产生的深远影响。

第一节　历史语境和发展源流

1929年在全世界范围内爆发了经济危机，这对欧洲的资本主义国家影响巨大。其中，德国的经济濒临崩溃的边缘，政治的动荡一触即发，正是在这样的背景下希特勒（Adolf Hitler）开始了其专制独裁式的统治。经济上的垄断政策，导致大批中小企业纷纷破产。为了维护其专制统治，希特勒加强了通过报纸、广播等媒体的宣传，在内容中不断为其恐怖的独裁统治宣传，还强制性地组织人们集体收听。这些行为激怒了学界的研究者，以霍克海默等为代表的马克思主义研究者，对此展开了批判。

在法兰克福学派的思想源流中，有来自德国古典哲学的批判传统和辩证法，也吸收了马克思主义代表人物的批判思想。此外，在法兰克福学派的思想中还借鉴了弗洛伊德（Sigmund Freud）精神分析学的相关内容。

法兰克福学派认为，纳粹德国利用大众文化迷惑民众，让他们认同和接受纳粹统治，人的个性被抹平了。法兰克福学派对被纳粹包装、美化之后的大众文化进行了分析和批判，同时也将批判的对象指向了被集体无意识掌控的大众，试图通过这样的方式唤醒那些沉醉在纳粹宣传中的大众。

1933年，纳粹政府下令封闭法兰克福社会研究所，研究所及其成员迁往美国继续工作。如果说资本主义在欧洲是以挣脱原有体制进而取得发展机会的，那么在美洲大陆的生存环境就更加宽松，且自然资源丰富，使得资本主义的发展更加没有障碍，工业和商业得到了空前的发展，并且在大众传媒领域形成了商业化、规模化的发展态势。美国的大众文化对于人们的操控，自然地渗透在了社会生活之中。法兰克福学派的成员发现，新闻影片、广播节目、报纸杂志无孔不入地影响人们的日常生活，没有了法西斯的独裁统治，大众文化借助各种媒介对人们的控制却更加强烈，效果也更显著，更具备隐蔽色彩。

此时的文化工业借助技术的发展，有着高度商业化的外观。大众文化在技术的支配下，成为西方意识形态控制的新形式。其中，大众传媒就是最为重要的控制和操纵工具之一。法兰克福学派相信，在发达的资本主义社会中，普罗大众享受到了物质的极大丰富，同时付出了沉重的代价。这种代价就是丧失自我、丧失独立思考、丧失创造力。

文化工业

文化工业是霍克海默和阿多诺等人提出的概念，用于批判资本主义社会下大众文化的商品化及标准化。文化工业的概念首次出现在阿多诺的《启蒙辩证法》一书中，后来被用于描述文化事件和文化产品对社会的影响。在法兰克福学派学者看来，文化工业在资本主义社会中起着调和的作用，是与资产阶级统治相结合的工具。它通过自上而下的方式有意识地与消费者结合，完成在物质与精神上的调节与控制。

一、代表人物

1. 霍克海默

他是德国杰出的社会哲学教授，法兰克福学派的创始人。霍克海默在20世纪30年代致力于建立一种社会批判理论，他认为马克思主义就是批判理论，提出要恢复马克思主义的批判性，对现代资本主义从哲学、社会学、经济学、心理学等方面进行多方位的研究批判。他和阿多诺合著的《启蒙辩证法》一书，开创了法兰克福学派对现代资本主义的批判，为社会批判理论提供了标准的模式。

霍克海默曾先后在慕尼黑大学、弗莱堡大学和法兰克福大学求学，1931年他成为法兰克福大学哲学系教授并出任社会学研究所所长。1933年希特勒上台后，研究所先后迁到日内瓦、巴黎，最后迁至美国。1950年霍克海默回联邦德国，重建法兰克福大学社会学研究所，并出任所长，后任法兰克福大学校长。作为学者，在他的人生经历中，传统家庭及反抗家庭的经验、自由资本主义、犹太教等因素构成了他思考的元素，促使他后来把家庭和资产阶级社会的危机，及这种危机与独裁国家的出现之间的关系，反犹主义以及各种形式的社会偏见作为自己思索的主要对象。

在《传统理论和批判理论》一文中，霍克海默首次正式提出批判理论的知识形态。在这篇论文里，霍克海默正式把传统理论和批判理论确定为两种不同的认识方式，在这一基础上，他不仅对传统理论进行了批判性考察，而且力图对批判理论本身制定规范，为其制定理论纲领。霍克海默认为，批判理论就是同传统理论相对立的理论。这两者之间的本质区别在于：传统理论把自己置于现存社会据以再生产自身的专门化劳动过程中，旨在帮助社会再生产，而批判理论则把自己放在资本主义再生产和现行劳动分工的限制之外，使人意识到资本主义社会的基本矛盾，他旨在推翻这个社会再生产过程。传统理论实证主义从固定不变的既定事实出发，得出同现存社会秩序相调和的“顺从主义”的结论，而批判理论则认为自己的主要目的是破坏一切既定性、事实性的东西，证明它们是不真实的，所以，它是作为一种否定的理论出现的。

霍克海默的弟子施密特（Alfred Schmidt）将霍克海默的思想经历分为六个阶段。第一阶段是在第一次世界大战期间，当时黑暗的德国社会使霍克海默对不合理的社会现实产生了不满情绪以及产生了对更美好社会的憧憬，同时也表现出了某些悲观主义的倾向；第二阶段是大学阶段，他当时深受导师的康德主义影响，不仅博士论文主题论述康德，而且又以对康德著作的批判讨论取得了大学授课资格，开始教授康德和黑格尔的课程；第三阶段是大学讲师到副教授时期，这是他转向马克思主义的过渡时期，他以批判哲学为基础，吸收了叔本华（Arthur Schopenhauer）、黑格尔（Georg W. F. Hegel）、马克思和海德格尔（Martin Heidegger）的思想因素，探索克服不合理社会统治的可能方案；第四阶段是他创立批判理论的顶峰时期，关于批判理论的主要著作大部分是在这一时期完成的，如《权威家庭》《传统理论与批判理论》《独裁国家》等，显示出他的革命热情；第五阶段是批判理论转向意识形态、大众文化和理性批判的关键时期，他与阿多诺合著的《启蒙辩证法》以及《理性的黯然失色》是他的重要代表作，这一阶段，他的革命热情逐渐转为悲观主义；第六阶段他通过各种文章、讲话、发言来解释他本人以及法兰克福学派对20世纪各种政治制度的立场，并告诫人们警惕任何极权主义，同时不断增长的悲观主义和神秘主义情绪使他转而强调批判理论中叔本华的思想。

2. 阿多诺

德国著名哲学家、美学家、社会学家，1924年获博士学位，法兰克福学派第一代的主要代表人物，社会批判理论的理论奠基者。阿多诺深谙现代音乐之道，他的音乐批判理论是法兰克福学派社会批判理论中最具特色的。阿多诺一生著述甚丰，涉猎广泛，主要的哲学、美学著作有：《新音乐哲学》（1949）、《多棱镜：文化批判与社会》（1955）、《否定的辩证法》（1966）、《美学理论》（1970）等。他与霍克海默合写的论文集《启蒙的辩证法》代表着这一时期文化批判理论的最强音，对具有极权主义本质的启蒙理性即技术理性、意识形态、大众文化展开激烈的抨击，这部著作标志着法兰克福学派创立了划时代的社会哲学理论，为法兰克福学派成为西方哲学主要流派奠定了基础。

阿多诺文化批判理论甚至整个法兰克福学派批判理论，都是在德国法西斯主义盛行、美国大众文化蓬勃发展的先后两个社会大背景下产生的，法西斯主义和大众文化因而成为阿多诺批判理论前后两个时期的主要研究方向。对阿多诺进行研究就会发现，其实关于法西斯以及大众文化的批判自始至终都密切相连。可以说，德国法西斯主义的痛苦生命体验、美国大众文化蓬勃发展的体验这两个不可分离的因素，是阿多诺文化批判理论得以形成的历史语境。

美国学者马丁·杰伊（Martin Jay）以研究西方马克思主义著称。杰伊著有一本关于阿多诺哲学思想的研究专著《法兰克福学派的宗师：阿道尔诺》（1988），该书对我们掌握阿多诺思想形成的社会背景、文化语境、逻辑前提及其思想构成等有极大的帮助。书中围绕阿多诺思想中非正统的西方马克思主义思想、美学现代主义的思想立场、上流文化保守主义的美学姿态、微弱却很明显的犹太情感、解构主义精神、作为理论工具的弗洛伊德的精神分析学，这 6 种思想构成了阿多诺整个思想张力场彼此并列而不重合的基本要素来论述阿多诺的理论。在不同阶段也许会更明显地偏重其中哪一个因素，然而其整个理论应理解为 6 种因素的有机结合。

阿多诺的大众文化批判理论始于 20 世纪 30 年代，《论爵士乐》（1936 年）和《论音乐中的拜物教特性与听觉的退化》（1938 年）这两篇文章标志着阿多诺大众文化批判理论的初步形成。在这两篇文章中阿多诺对音乐尤其是爵士乐进行了批判。在这里通过对音乐的分析，阿多诺对大众文化的同一性本质以及标准化、伪个性化特征等做了初步分析和判断，所以 20 世纪 30 年代是阿多诺大众文化批判理论的初步形成阶段。阿多诺大众文化批判理论成熟于 20 世纪 40 年代，期间阿多诺与霍克海默合作写出了《启蒙辩证法》（1946 年），书中在《文化工业：作为大众欺骗的启蒙》这一章节中首次提出了“文化工业”的概念，并对这个概念以及文化工业的特征、功能等进行了系统的阐述。阿多诺大众文化批判理论于 20 世纪五六十年代进一步发展。这个时期，阿多诺在多本著作中都有对大众文化批判理论的论述，《否定的辩证法》将大众文化批判理论置于哲学的角度进行了批判，为他的大众文化批判理论提供了哲学依据，更有说服力。另外，他的《美学理论》一书的主题之一也是大众文化批判。这个时期阿多诺大众文化批判理论不再局限于大众文化的定义、特征等，而是从它的一些现象出发，从更深层次角度对大众文化进行批判，是对阿多诺大众文化批判理论的发展。

3. 哈贝马斯（Jürgen Habermas）

德国哲学家、社会学家，批判学派的法兰克福学派第二代旗手。1929 年生于杜塞多夫，曾先后在哥廷根大学、苏黎世大学、波恩大学，学习哲学、心理学、历史学、经济学等，并获得了哲学博士学位，是德国当代最重要的哲学家之一，他同时也是西方马克思主义中法兰克福学派第二代的中坚人物。由于思想庞杂而深刻，体系宏大而完备，哈贝马斯被公认为“当代最有影响力的思想家”，威尔比把他称作“当代的黑格尔”和“后工业革命的最伟大的哲学家”，在西方学术界占有举足轻重的地位。

哈贝马斯成长于纳粹德国时期，直到50年代末期才变得激进起来。他当过阿多诺的助手，并且三进两出法兰克福大学“社会研究中心”。早年即以批判理论扬名德国哲学界，在理论上他继承了德国理性主义的伟大传统，认识到马克思和弗洛伊德的学说对政治学和社会科学的重要性，并且大量吸收维特根斯坦（Ludwig Wittgenstein）的语言哲学。1961年完成教授资格论文《公共领域的结构转型》，获大学教授资格，任教于海德堡大学。1964—1971年在法兰克福大学任哲学和社会学教授，并协助阿多诺组织法兰克福社会研究所。1972年，他转入西德施塔恩贝格的麦克斯·普朗克协会，任普朗克科学技术世界生存条件研究所所长。后任法兰克福大学哲学系教授。1994年荣休。

哈贝马斯认为西方理性化进程主要表现为技术理性的发展和在各个生活领域的全面渗透，然而技术理性本身无法解决生活世界的价值观问题，因此哈贝马斯提出了沟通理性的概念，试图通过沟通行为的理性化进程解决晚期资本主义社会面临的诸多危机，其理论因而被称为“沟通行动理论”。

哈贝马斯认为，资本主义交往行为的不合理化主要表现在三个方面：

一是人们的交往关系呈现出病态的状况，如交往的物质利益泛化、沟通和理解产生障碍等。

二是交往的风险性增强。诚如贝克（Ulrich Beck）所言，现代社会已经处于“文明的火山口上”。吉登斯（Anthony Giddens）也中肯地指出，现代性或者说现代社会导致了风险性的增加，如核战争对人类生存的威胁以及风险环境的扩张等。

三是交往的空间范围不断缩小，生产、科学以及政治等主题化分化的专业领域，正逐渐形成以功利主义为价值取向和价值导向的专门化世界，进而吞噬着人们的交往行为赖以生存的基础——生活世界。

二、两个重要学说

在法兰克福学派的思想中，援引了几个重要的思想家的学说，包括了马克思的异化学说、卢卡奇的物化理论、弗洛伊德的精神分析学说等。下面对两个重要学说进行简单介绍：

1. 异化学说

异化学说是马克思理论中的一个重要观点。马克思认为，异化是物质生产和精神生产及其产品变异为异己的力量，反过来统治人。在资本主义社会中，人们通过生产劳动制造产品，但是却在生产关系和物质消费中被裹挟、被绑架。异化的根源是私有制，最终根源是社会分工的固定化。马克思的异化概念经历了从沿袭黑格尔、费尔巴哈的异化概念，到批判和改造两者的异化概念并赋予其崭新内容的几个阶段。马克思把异化作为解答历史之谜的理论基础，他认为，人的本质是生产劳动，因而所谓异化主要是劳动异化，这样，马克思就揭示了资本主义社会最典型的异化本质。尽管不同时代和不同的人对异化的理解和表述不一致，其涵义也不尽相同，但我们可以归纳出异化在哲学意义上的一般规定，即异化是指主体自身创造了一种与自己相脱离并反过来变成奴役支配主体的、与主体相对立的事物或力量，其核心也就是我们通常所说的主客体关系的颠倒。

将异化概念用于对社会历史的批判，是在马克思的异化劳动理论提出时达到顶峰的。马克思说："劳动为富人生产了奇迹般的东西，但是为工人生产了赤贫。劳动创造了宫殿，但是给工人创造了贫民窟。劳动创造了美，但是使工人变成畸形。劳动用机器代替了手工劳动，但是使一部分工人回到野蛮的劳动，并使另一部分工人变成机器。劳动生产了智慧，但是给工人生产了愚钝和痴呆。"从生产结果看，劳动者的劳动和他的劳动产品就是相异化的关系。

在马克思之后，将异化理论发扬光大的是卢卡奇。卢卡奇看到，异化不再仅仅局限于生产领域，而是延伸到整个的生活领域和消费领域，成为整个人类社会的一种普遍命运。异化不仅在人的意识层面展开，也在人的无意识层面展开。法兰克福学派的弗洛姆深受异化理论的影响，提出了异化消费的概念。而鲍德里亚（Jean Baudrillard）则看到，人不仅为具体的物控制，而且也陷入符号体系，被符号所异化。

弗洛姆在继承马克思主义异化观的基础上，结合弗洛伊德的精神分析学说，提出了"异化消费"的概念。在他看来，在消费社会中，异化非但没有减轻和消除，反而愈演愈烈。异化已经蔓延到整个消费领域，进入到人们的日常生活中。异化消费使消费者变成了消费机器。消费者获得商品不是为了使用，而是为了占有，为了显示自己的社会地位。消费本来是一种手段，现在变成了一种目的。而且，人与人之间的关系也被异化，变得日益冷漠。在消费社会中，交易型人格成为一种典型的人格。

法兰克福学派的思想家指出，当代发达资本主义社会的异化现象已经日趋严重和普遍，几乎是无孔不入并渗透到人的消费过程中。就消费而言，它的意义本来在于给人一种更幸福更满足的生活。人在消费中应该是实在的、有感觉、有感情和判断力的，进行着有意义、有人情味、创造性的消费。而在当今资本主义社会，消费却异化了，背离了其本来的意义，而被赋予了其他意义。它不再是满足人们需要的手段，和人的真正需要也失去了联系，消费已经从满足人需要的手段异化为目的本身。

2. 精神分析学说

精神分析学说将法兰克福学派的文化工业批判引入到了人们的心理层面。弗洛伊德的精神分析学说本身是一个庞杂的理论体系，其基本思想可以归结为几点：

首先，人的心理结构包括了意识、前意识和无意识。如果用冰山来比喻的话，人类的意识仅仅是冰山裸露在海平面上的这一部分。意识指导人类按照社会的规范行动。与此同时，在海里隐藏的更大的部分是无意识。在无意识中，存在很多人类无法掌控，无法自知的内容。此外，在意识和无意识之间的就是前意识。前意识是一个卫士，它横亘在意识与无意识之间，阻断了无意识进入意识的通道，防止人类做出超越社会规范的行为。

其次，弗洛伊德将心理结构理论发展为本我、自我和超我三重人格理论。本我是人类与生俱来的冲动，遵循快乐原则。自我是从本我中演化出来的，遵循现实的原则，在条件许可的时候会在一定程度上满足本我的需求，但更多的时候，却需要对本我提出的违反社会现实准则的要求进行压抑。超我是在高峰体验的过程中，形成的对于本我原始冲动的超越。

除以上两种学说以外，在《公共领域》一书中，哈贝马斯写道："资产阶级公共领域首先可以理解为一个私人集合而成的公众的领域；但私人随即就要求这一受上层控制的公共领域反对公共权力机关自身，以便就基本上已经属于私人，但仍然具有公共性质的商品交换和社会劳动领域中的一般交换规则等问题同公共权力机关展开讨论。"这种政治讨论手段，即公开批判，的确是史无前例，前所未有的。

因此，公共领域指我们社会生活中的一个领域，某种接近于公众舆论的东西能够在其中形成。向所有公民开放，这一点得到了保障。在每一次私人聚会和公共团体的谈话中都有一部分公共领域生成。然后，他们既不像商人和专业人士那样处理私人事务，也不像某个合法的社会阶层的成员那样服从国家官僚机构的法律限制。当公民以不受限制的方式进行协商时，他们作为一个公共团体行事——也就是说，对于涉及公众利益的事务有聚会、结社的自由和发表意见的自由。在一个大型公共团体中，这种交流需要特殊的手段来传递信息并影响信息的接受者。今天，报纸、杂志、广播和电视就是公共领域的媒介。当公共讨论涉及与国务活动相关的对象时，我们称之为政治的公共领域。

哈贝马斯有感于因为工具理性过度膨胀所产生的异化现象，致使人类丧失自主和反省的能力，而提出了沟通理性的主张。沟通理性促使个人从系统扭曲的沟通情境或僵化封闭的意识形态束缚中获得解放。依据哈贝马斯的观点，沟通理性是一种启蒙的理性，其目的在于批判、反省被社会系统所扭曲的沟通，以重建人类沟通的潜能，是人类寻回自我尊严和意义价值并迈向理性社会的先决条件。

这些学说，从不同层面上丰富了法兰克福学派的理论体系，使之成为一个跨学科的研究团体，并在其文化工业批判理论中发挥了重要的作用。

第二节　核心概念及其基本观点

一、两组核心概念

1. 大众文化

大众文化是指通过大众传播媒介的渠道传播的通俗文化，包括通俗小说、商业电影、电视节目、流行音乐等。在资本主义社会中，大众文化往往通过可复制性的形态，包裹着意识形态内容，操纵大众的思想和心理，将其变成丧失超越性的人群。

阿多诺的《文化工业》一文总结了法兰克福学派对现代美国文化的批判观点，其中提到，大众文化理论涉及的是一种意识通过大众传媒而达到的社会整合现象，其揭示的重点是大众传播在商业刻意指导下所形成的极权文化现象，即通过政治与广告术语创造和利用个人需求，日益取消私人与公共生活间的差异，并有效地支持资本主义制度。

阿多诺指出了大众文化的两种非艺术形式，他对大众文化的批判也因循这两方面展开：一是物化。在商品社会里，每件商品的使用价值的重要性降低了，重要的是它被抽象化的交换价值，即以量的等同取代了质的区别。交换价值等同性的普遍原则作为一种意识形态已经渗入到社会的方方面面，人的关系也无不打上了物的关系印记。处于这种状态的人仅有和物一样的抽象属性，即被物化了。二就是体现了施虐—受虐性的心理主义。这里，阿多诺和弗洛姆一样借鉴了弗洛伊德的心理批评理论。他指出，文化工业的施虐性就在于它通过生产剥夺个体权利特征的产品，永远禁止个体的发展和独立。通过这种大众化、集体化的文化产品，文化工业用强迫一律的方式窒息了个体的生命力。与此同时，大众文化接受者的受虐倾向也暴露无遗，他们被动地接受同一性的统治，对个体性麻木不仁。因此，大众文化也可以说是对大众的这种受虐性的依从欲的满足，大众文化的胜利正是以文化接受者的盲从和自愿投降为标志的。

精英文化是注重文字阅读并且诉诸受众想象力的文化样态，而视听文化作为一种大众文化，更偏重于图像对受众的冲击与感染，具有转瞬即逝而要求受众瞬间反应的特点。前技术时代的精英文化使阅读者能在感知、想象、体悟和反思中，自然进入了美的境界，性情、精神因之得到升华。而作为一种视听文化的大众文化靠离奇的画面、奇异的声响有意对受众造成巨大的震撼力与诱惑力，诱使受众全身心忘情地投入。当然，这些离奇的画面、奇异的声响是程式化的而不是制作者的创意，正是在这种程式化的反复刺激中，统治者的意图悄悄地被兜售出去了。

大众文化是一种视听文化，也是一种齐一化、标准化的商业文化，还是一种世俗化的消费文化。按照法兰克福学派的观点，大众文化就是指借助大众传播媒介而流行于大众之中的世俗文化，包括影视、艺术广告、流行音乐等。大众文化的信息性、商业性和娱乐性等特征决定了它的媚俗倾向，同时，这种媚俗倾向也巩固增强了大众审美文化的平面性、包装性和消遣性等特征。

2. 文化工业

文化工业是霍克海默和阿多诺等人提出的概念，用以批判资本主义社会下大众文化的商品化及标准化。文化工业的概念首次出现在阿多诺《启蒙辩证法》的书中，后来被用于描述文化事件和文化产品对社会的影响。在法兰克福学派学者看来，文化工业在资本主义社会中起着调和的作用，是与资产阶级统治相结合的工具。它通过自上而下的有意识地与消费者结合，完成在物质与精神上的调节与控制。

在《启蒙辩证法》中，阿多诺指出，按照通常理解，大众文化作为当前最流行的文化形式，似乎是从大众出发，并为大众服务的通俗文化。为了消除这种误解，必须用文化工业取代大众文化这个概念，并最大限度地将它们区别开来。这是因为，文化工业并不是真正服务于大众的，而是为了大众消费去制作并在很大程度上决定着消费性质的那些文化产品，它或多或少是可以炮制出来的，它的各个组成部分在结构上是相似的，或者至少是互相适应的，以便使它们自己构成一个几乎没有差别的系统。在《文化工业再思考》一文中，阿多诺强调，之所以用文化工业取代大众文化，是为了从一开始就排除那种与其鼓吹者相一致的解释：这里有点像从大众本身自发地产生的文化问题，即现代大众艺术形式问题。文化工业必定区别于与大众文化。

在《启蒙辩证法》第二部分《文化工业：作为大众欺骗的启蒙》中，阿多诺开宗明义地指出，现在的文化都是相似的，无论从微观上还是宏观上看，文化工业都表现出齐一性。这说明，文化工业的风格就是程式化、标准化。阿多诺还认为，文化工业本质上是一种"反文化"。文化工业之所以成为可能，一是由于当代科学技术发展，二是由于经济和行政集中化。他解释道，文化工业体系之所以出自工业文明国家，首先是因为这些国家成功地制造出了一切先进文化手段，例如电影、流行音乐和报纸杂志等。现在的作品都有一种新特点，那就是所有的文化、艺术和娱乐消遣作品，都按照一个虚假的公式，用于使文化工业完善化。

在阿多诺看来，文化工业使个性成为虚假的东西。在文化工业中，"技术"这个概念只是在字面上与艺术作品中的"技巧"是相同的。因为，"技巧"与对象本身的内在组织有关，涉及它的内在逻辑；相反，文化工业"技术"从一开始就是机械复制技术，所以总是外在于它的对象。同样，对于"工业"这个词，也不要太注重字面理解，它不是指那种严格的生产过程，而是指事物本身的标准化。文化工业以虚假的承诺、成功的神话来维护着意识形态的统治。它以提供娱乐的方式来让人们逃避现实，麻痹着消费者，以强大的排外机制来孤立那些挑战者，让人们停止反思，不再反抗；文化工业采取了标准化的生产方式，让文化失去了多样性，变得高度一致；文化工业造成了艺术的市场化，损害了艺术的独立性，让艺术变成了一种商品，同时也扭曲了艺术家的独立人格。

二、法兰克福学派的基本观点

1. 对人的本质与个性的消解

法兰克福学派沿袭了马克思主义思想中人本主义的传统，认为自由自觉的存在状态是人类理想的存在方式。马克思在《1844年经济学哲学手稿》中提出，动物只能按照那种它所属于的尺度去存在，人与动物不同之处在于：人在本质上具有自我超越的特性，能够按照不同的尺度建构自己的生活。

资本主义社会中的人，由于受到生产关系的制约，劳动者也被异化为商品，人呈现出了异化状态。马克思甚至认为在资本主义中的一切生产都是以交换价值为目的的。

法兰克福学派认为，资本主义社会生活组织模式具有强制性，当文化创造被限定在了工业化的商品体系中，就必然受制于交换价值产生的强制性，文化创造被流水线、标准化所代替，其充满灵感的创造性会萎缩。

由此，法兰克福学派提出，只有在纯粹的艺术文化中，人的本性才可以得到自由自在的释放，人也可以恢复理想的本质，这使得大众文化批判理论具有典型的人本主义内涵。

2. 大众文化对于文化的主体超越性的消解

文化工业的重要特征就是批量生产和大量复制，经由大众文化包装之后的人物丧失了个性，呈现出的是迎合市场需求的个性，后者更具有抽象的同一性。由于大众文化将标准制定了出来，普通民众在对大众文化的消费中，就逐步认同了文化商品中所统一化的意识形态。

大众文化作为商品具有某种欺骗性。作为商品的大众文化，与具体的商品不同，具体的商品，与人们的日常生活相关，提供了日常消费的必需品。而文化商品提供给了普罗大众消费，但其间所包裹的意识形态色彩却影响了人们的思维方式，一定程度上切断了人们对于现实的反思，相反认同那种裹挟在商品中的价值观。

文化工业操控了文化，使得文化丧失了生长力，并且把人类变成大众文化工业所期望的那一类人，让人们丧失了批判精神和独立思考的能力，对于日常生活不是采用创造性的手段去改变，而是将安于现状视为理所应当，这使得文化和人类同时失去了超越的能力。

案　例

美国真人秀节目《真心话大冒险》

《真心话大冒险》是由FOX电视网推出的一档真人秀节目，节目用高额奖金作为吸引，诱使参赛者在全国观众及自己的亲友团面前曝出难以启齿的个人隐私。共设置了21个问题，如果21个问题全部回答真心话，则可以获得50万美元的大奖。但是拿走奖金并不是易事。主持人所提的问题经过精挑细选，大部分都涉及选手的道德观，很尖锐，并且将要揭露的秘密非常隐私而且残酷，也许会伤害到参赛者自己，也许会伤害到现场的亲友团，这些真相也许可以深深伤害到这些选手的人生。例如在第一期中，退役的职业橄榄球选手在“作为私人教练，从未过度身体接触女性客户”的问题中说谎，空手而回。另一位选手通过回答最后一道问题，“你是否相信你父亲在成年后仍与未成年人发生性关系”，她回答“是”，拿走了50万美元。这一节目即是典型的文化工业生产出的电视节目，通过曝人隐私，而且是人性中最丑恶的那部分隐私，来吸引观众。在金钱的鼓舞下，参赛选手在所有人面前坦承自己曾经的丑事和心底的阴暗面，引发亲友们愕然和震惊的同时也获得了观众的眼球。

这样的节目完全不能称之为艺术或者文化，它只是工业生产出来用于获益的商品而已。它直截了当地把经济效益放到了首位，最终目的就是追逐利润。完全是为了迎合大众窥探他人隐私的癖好而产生的节目，作为大众文化商品，毫无生长力和生命力可言。在这样一套标准化流程中生产出来的电视节目，每一期都是相似的人物形象，相同的景别机位，相同的镜头组接手法，人物在其中丧失了真正的个性，表现出来的只是迎合市场需求的个性。这一表现出的个性就是大众文化标准制定出的个性，普通民众在消费这种大众文化时，会误把这种虚假的个性，当作真正的社会人物个性，从而产生对社会的不良认知，被大众文化商品所欺骗。因为文化工业提供了能“满足”消费者需要的产品，所以消费者就不得不容忍重复生产出来的几乎总是相同的产品。这样文化工业与娱乐消遣相结合，不仅导致了文化的堕落，而且导致了对消费者的欺骗。《真心话大冒险》这样一档节目在被制造出来时就没有想过要对本身有任何超越，因为它的唯一目的就是商业目的。受众收看这样的节目，也不会对自身产生任何超越，只是满足了自己窥探他人隐私的欲望。节目本身没有创造力，也不会对受众产生任何创造力的激发。不进则退，这样的文化工业产品大量占据受众的时间，就会让受众沉浸其中，安于现状，丧失原本的批判精神和独立思考能力。

3. 大众文化对于晚期资本主义意识形态的建构

晚期的资本主义阶段，不同于自由竞争时期，以自然科学技术的发展为基础，拥有发达的工业化生产体系。资本主义国家为了维护其统治，倾向于避免暴力型的冲突出现，往往加强国家对于社会生产和生活的宏观干预。此时的资本主义面临两重困难，一方面要弥合社会阶级之间固化的矛盾，另一方面要促使劳动者持续制造剩余价值。于是，文化工业在意识形态中的渗透，则可以缓和资本主义社会中的固有矛盾，并提供给消费者一个虚幻的世界。

《革命之路》中有这样一幕，由迪卡普里奥（Leonardo DiCaprio）扮演的男主人公出现的一刻，镜头徐徐拉远，瞬间几十个上班族同时映入画面，每个人都令人震惊的相似，一样的西装，一样的帽子，一样的步伐，甚至一样的面无生机。这就是上班族每天生活的开始，千篇一律的步调，一点一滴积聚起生活的压抑，反衬出工业社会劳动者逐渐丧失个性与创造力，成为机械化社会一部分的标准化零件，这一点在黑白经典的《摩登时代》中更是被卓别林演绎得淋漓尽致。

大众文化对于技术有极强的依赖性，我们一般认为，技术的进步将带动人们思想的进步和社会的全面进步。不过，在晚期资本主义社会中，科学技术的发展产生出了新的负效应。首先，技术对工业生产的支配地位，形成了一种强制性观念，掩盖了资本主义的本质；其次，基础的发展与文化工业相结合，制造出千篇一律的电影、电视和流行音乐等商品，技术的发达不断提供出更好的视觉、听觉奇观，但却让人们忽视这背后的工业化生产，一开始便由资本主义意识形态所支配，这种支配从一开始也就是针对文化工业的消费者所进行的。

第三节　法兰克福学派对文化工业的批判路径

一、对大众文化商品性的批判

法兰克福学派援引了马克思关于“商品拜物教”和卢卡奇的物化理论，作为其对大众文化商品性批判的重要理论工具。

马克思曾经指出，商品是使用价值和交换价值的统一体。不过，人们往往过分关注交换价值而忽略了真正的使用价值。卢卡奇在马克思认知的基础上进一步提出，在资本主义社会中，人和人的关系也被物与物的关系所替代，人如同商品一样，丧失了其独立的自主性。

技术进步为大众传媒的发展提供了助力，大众文化借助大众传媒得到迅猛的发展。媒介技术的更新，产生了不同样态的节目，拓宽了大众文化的领域，从小说、报纸、杂志，扩展至广告、音乐、电影、电视、互联网等。按理说，媒介的发展，促进了大众文化的勃兴，内容的丰富应该为人类提供更多样化的、更丰富的精神食粮，却为何被法兰克福学派所诟病?

1. 大众文化沦为追逐商业利润的工具

文化工业的产品是商家追逐利润的工具，市场需求和商业利润成为推动文化工业发展的幕后推手，这与文化本身的价值相背离。以美国好莱坞的电影制片厂、电视制作机构为例，商家并不真正关心艺术的审美价值，只是关心电影的票房和电视收视率，关心其背后的经济效益。阿多诺认为美国电影只是调剂大众对社会不满情绪的精神麻醉剂。因此，法兰克福学派认为，文化工业生产出的产品，对利润的追逐带有天生的强迫性和暴力色彩。

案　例

电　影

全球化总体上意味着跨国文化产业，尤其是美国式的霸权。例如，在加拿大，电影院中大约有95%的电影属于美国；美国电视控制着加拿大电视；美国七大公司决定着音乐唱片的发行；报摊上出售的80%的杂志不属于加拿大。

而近年来不断出现的东方元素，看似是好莱坞的变革或是推陈出新，实则依然运用其庞大的梦幻帝国，囊括更多的人进来，目标清晰，直指拥有世界第一大人口的中国。无论是其内容本质上的套路还是营销手段，音乐与人物关系的设定，依然遵循着符合市场与大众口味的原则，并没有因为东方元素的增加而改变追求视觉感官享受的消费文化本质。看过《花木兰》和《功夫熊猫》这两部电影的人都不难察觉，这些经好莱坞改编过的中国故事之所以好看，因为他们已经被西化了，只是套用了我们的故事情节，而人物的情感表达和价值取向及其他文化元素被一一消解而重构了。比如花木兰原本在《木兰诗》中的形象是一位替父从军的孝女，而在电影中却添加了许多虚构与煽情的成分，集中表现了她与另一位长官的感情纠葛。

2. 大众文化对于消费者的诱导和影响

大众文化产品在商品生产和流通环节中，往往携带了资本家对商业利润追逐的原动力。生产者通过五光十色的手段来提升商品的关注度，借助大众传媒对文化商品做铺天盖地的宣传，诱导人们进行消费。此时，艺术不再是超越与突破的路径，人们已经不再通过艺术完成自我的超越，相反在消费中成为商品的奴隶。

广告的虚假性是最直接的体现，商家通过真实的外表塑造不真实的印象使观众察觉不到，广告越美好，其现实或许越残酷。诱人的宣传效应使大众以为，他们真的也能如广告中说得那样，使用特定产品便能让生活变得更美好。即使是一模一样的商品，商家也会特意营造出一种为每一个人专属打造的一般，“特别为了你”在语言上拉近了与观众的距离。广告在现代社会中不仅成为人们消费的指南，更在潜移默化中改变着人们的价值观和人际关系。

例如前几年打开电视就可以看到脑白金的广告，以一种近乎洗脑式的宣传让观众记住了“今年过年不收礼，收礼只收脑白金”这一广告语。广告中突出了送脑白金就是送健康的概念，但脑白金的实际功效究竟如何，或者脑白金究竟有没有功效这些都不得而知。广告的主人公是两个充满活力的卡通爷爷奶奶的形象，诱导观众以为服用了脑白金就会像广告中的爷爷奶奶一样年轻百倍。而实际上脑白金的生产批准为保健品，甚至算不上是药品或营养品，只能改善睡眠和润肠通便，并没有延缓衰老、提高免疫力等众多功效。大众文化又一次通过铺天盖地的宣传和让人眼花缭乱的包装打开了观众的钱包，并且改变了部分观众对赠送礼品的观念。“今年过年不收礼，收礼只收脑白金”深入人心，成了观众过年送礼的消费指南，过年期间脑白金销量火爆就是最好的证明。阿多诺批判文化工业的真正原因，不仅在于文化工业的标准化、商品化的趋势，而且在于文化工业的虚假性、欺骗性的特征。脑白金广告体现出了资本家为了追逐经济利益欺骗观众，而这已经是最明显的诱导。在其他地方，观众已经几乎分不清哪些是广告，哪些是新闻、电影或者电视剧。有些看起来是新闻的报道，其实是记者为资本家或者当权者打出的广告；有些短片看起来像电影剧情般跌宕且画面标准，看完才发现是一个精心设计的推销广告。

二、对大众文化创造力丧失的批判

艺术本身具有启迪智慧、净化心灵的功能。同时，艺术需要不断变化、推陈出新。法兰克福学派认为，文化工业过度迷恋商品的利润，摒弃了对艺术创新性的追求，导致大量复制品在市场上流通。

1. 对于成功模式的简单复制

阿多诺曾经指出，标准化就是普遍性对特殊性的胜利。真正的艺术作品从来都需要创新，而文化工业的流水线制作，往往通过程式化的生产，来完成数量的堆砌，从而达到占有市场的目的。

法兰克福学派对流行音乐产业的研究发现，一切在市场中被认可的音乐处理技巧，包括切分音、滑音等都被反复使用。以至于有时人们在听到流行音乐的第一个音节时，就可以猜出后面的序曲，这背后的原因就是文化工业对于某种被认可技巧的复制。

以绘画为例，以前的人欣赏的是画家的画作本身（如毕加索的作品），但是在技术复制时代，大众欣赏的是画的机械复制品（如毕加索画作的赝品和照片）。

在大众传媒的传播中同样如此，一种成功模式出现之后，大量的复制品随之涌现。例如《非诚勿扰》出现之后，相亲类电视节目大量出现；《中国好声音》出现之后，全国铺天盖地的歌唱类选秀节目出现。在国外，《美国偶像》《英国达人秀》等节目则是所有同类节目的最初代表，成功迁移到中国形成了一大波真人秀的出现，良莠不齐。节目的实际功能性不断削弱，取而代之的是随市场口味而变，越发强调娱乐性、刺激性。看起来似乎是一个矛盾，全球化的发展带来了创新与发展，同时却建立起了一个更隐蔽更复杂的同质化世界。就像弗里德曼（Thomas L. Friedman）所说，文化的全球化表面看似为一个强势文化席卷全球的过程，但其实是各地文化借由不同文化策略运用同一机制，进而在全球场域中彼此相互影响的过程。

2. 对于艺术个性的深刻消解

文化工业发展的过程，破坏了文艺作品的创造性。艺术作品的天性就是需要不断的反叛：对于原有规律进行突破，以形成全新的内容和表达方式。但在文化工业的生产中，标准化的生产取代了审美的创新。

以好莱坞电影为例，几分钟一个爆炸，几分钟一次高潮，都已根据情节预先设定好了，这样的设定本身违反了艺术创新的规律。主角永远不会死，《007》中的邦德不管多少次命悬一线，最终都能幸免于难，抱得美人归。而《哈利波特》也有着不变的套路，在一次次战胜敌人后实现自我成长，然后和观众保持默契的“下次再见”。个人英雄主义式的人物设定不仅是好莱坞经典电影的基本标准，更是有形无形地宣扬了以西方为主导的价值取向，强调美国在世界的“救世主”地位。在满足观众各种想象的同时，悄无声息地影响人们接受其所代表的文化价值。

三、对于大众文化欺骗色彩的批判

从受众的维度来看，资本主义的文化工业借助技术的发展，使得大众文化呈现出绚丽夺目的外观，从而迷惑了受众，让普通民众被千变万化的形态所吸引和蒙蔽，从而放弃了对资本主义的反思。

1. 娱乐化是文化工业欺骗受众的手段

在法兰克福学派看来，文化工业所提供的娱乐，成了一支缓解痛苦的麻醉剂，让资本主义社会中的民众沉迷其中，忘却了社会所带来的痛苦和忧伤，这本身如同一种欺骗行为。

案　例

娱乐至死

从好莱坞电影的诞生历史就能看到，它是从绝望的现实中生出的梦幻世界，给当时经济萧条的社会和人们带来了短暂的麻痹与抚慰。虽然在影片和幻想过后，可能会面对现实中更大的失望和黑暗。一直发展到今天，伴随着高科技手段的大肆运用，好莱坞电影所带有的梦幻性与虚无性达到了前所未有的高度。《阿凡达》《魔戒》《霍比特人》等，不一而足。这些票房享誉全球的大片无一不是凭借着3D等技术常给观众“奇观”的效应和享受。所以，好莱坞电影给人以抚慰与幻想的娱乐功能一直没变，也是它存在与逐利的根本。

人们由于享乐失去了自由。在《娱乐至死》一书中，作者认为媒介不仅是“信息”而且是“隐喻”，隐喻是一种通过把某一事物和其他事物做比较来揭示该事物实质的方法。娱乐被认为是我们喜爱的东西，过度的娱乐将会毁掉我们的身体与心灵。

2. 对于受众想象力的遏制

从阐释学的角度来看，受众对艺术作品的解读本身也是一种创造。艺术作品的诞生除了需要艺术家的精神投注之外，还需要解读者的参与，而对艺术作品多视角、多侧面的解读和阐释，本身也丰富了艺术作品的生命。

在文化工业的语境下，人们倾向于在程式化的产品中被动接受“奇观”而获得满足，忽略了对真正的艺术作品的阐释所带来的颠覆性的创造过程，从而导致想象力的枯竭。

案 例

剧本创作

曾有国内编剧说过，“编剧结束是导演的开始，导演结束是演员的开始，演员的结束是观众的开始”。但如今，现实的情况是，我们的想象力已被完全提前限定，就连剧本创作都开始与大数据挂钩，影视公司会对剧集和收视率进行定向分析，再按标准找剧本。艺术的创造一旦标准化、模式化，也就意味着创造力与想象力的丢失。影视公司借助数据支持，把一年中播出的电视剧按照收视率从高到低排名，对收视最高和最低的几部进行收视分析。哪些点在哪一集中占收视高峰，哪里又下降了，他们会以此分析原因，并总结出符合观众与市场喜好的特定内容与桥段，最后在此范围内进行剧本的筛选。

而受众在这样标准化、制式化的剧本套路中则完全丧失了想象的空间。香奈儿五号香水的一个广告内容是女明星无法忍受媒体监视的压力选择出逃，期间遇到了相爱的男子，两人度过了愉快的时光，而后因为种种原因，女明星不得不回到光环下，与相爱的人分离。广告时长大约只有一两分钟，镜头组接的跳跃感也极强，但是所有人都看懂了这个广告，明白了其中的剧情。这是为什么呢？是因为导演镜头叙事的能力极强？不，是因为这个剧本已经无数次地通过影像的手段出现在大众的脑海中。仔细回忆广告中的情节，会发现与20世纪50年代的电影《罗马假日》的剧情如出一辙。所以并不是导演的艺术水平高超，一两分钟就讲出了完整曲折的故事，也不是大众的理解力惊人，只看了一些碎片化的镜头就完全了解了短片想要表达的意思。只是，这个标准化、制式化的剧本，已经无数次地被摆在大众面前，大众对这一剧情非常熟悉，所以只需要看到碎片化的镜头，就会立即联想到发生了什么。这其中，受众的想象力毫无施展的空间。影视公司已经根据受众口味做好了菜，而受众对这道菜的口味也早已了如指掌，再也不会做更多更深入的思考。受众的想象力就这样被一轮又一轮标准化、制式化的同类产品禁锢得动弹不得。

四、对文化工业控制力的批判

在资本主义社会中，艺术似乎是自由的，但实际上却有一只更大的无形的手在掌控着文化生产，这就是市场。市场以自己独特的方式对艺术创作产生影响，艺术品如果不合乎市场规律，自然就会被市场边缘化，市场的边缘化带来的就是话语上的弱势。

1. 文化工业通过市场影响社会生活

从表面上看，文化工业仅仅是资本主义社会文化领域中的一部分内容。但由于大众文化有极强的影响力和感染力，通过不同形式的文本将意识形态内容潜移默化地传递给了受众，而又只有固定的模式化产品能获得市场青睐，从而这部分大众文化所代表的价值观念不断强化，因此，文化工业对社会生活产生出极强的控制力。讽刺性在于，原本为了给人类提供信息，走出蒙昧无知而发明的电视、电影、广播等文化工业，在当代却成了一种反启蒙的象征。

案　例

电影《我的少女时代》

2015年年底，电影《我的少女时代》在内地上映，上映4天便票房过亿，并成为台湾年度最卖座电影。其剧情与其他青春偶像电影如《初恋这件小事》等大同小异，讲述青年男女的恋爱故事，再无其他深度可言，这些电影却都收获了不俗的票房成绩。自《那些年，我们一起追的女孩》大火之后，青春题材便炙手可热，《致我们终将逝去的青春》《左耳》《栀子花开》等电影层出不穷。导演已经摸出了这种固定模式的产品可以网罗一定的受众，获得市场青睐，所以不断换着花样地将同一个文本向受众不断传输。与此同时，也将此类电影所代表的价值观念不断在受众的脑海中强化，将此类文本所传达的意识形态潜移默化地传递给了受众。这种产品拥有市场和受众，被不断地制造出来占据市场，占据话语上的优势，进而对社会生活产生控制。资本市场和行政管理成为影响社会生活的两股重要力量。

2. 对受众的心理控制

按照弗洛伊德学说的基础，人的本我是按照快乐原则运行的，人的超我是在升华过程中实现的。文化工业则不是按照需求上限，提供艺术品让受众实现真正的精神升华，而是按照受众的需求下限，提供各种娱乐化的产品，这样的满足，只是低层次的满足。

案 例

娱乐工业的“腥膻色”倾向

娱乐业一向以满足观众所有的好奇心和庸俗趣味为核心，不断突破下限，制造强烈的感官刺激，使得观众在心理上成瘾，以获取最大的经济效益。从许多综艺节目选择嘉宾这一点上便能看出，综艺节目选择的嘉宾或是外表年轻漂亮，或是穿衣轻佻露骨，或是语言大胆泼辣，甚至有时突破日常道德底线引起公众争议，从而赢取收视率。收视率的高低反映观众的喜好程度，更是吸引广告收入的关键。这种为了节目“好看”而不择手段的现象比比皆是。在台湾媒体界尤为普遍，曾有关于一名男子打了妻子又喝药自杀的新闻报道，不但将遗体刊登出来，更配有血腥的照片。而在欧美流行文化的侵袭下，国内大量MV的拍摄制作也越来越没有顾忌，只为吸引眼球。一个令人担忧的社会问题便是，越来越多的青少年早熟，甚至酗酒、堕胎等行为逐渐低龄化，不免使人怀疑与这种娱乐工业的“腥膻色”倾向不无关联。儿童过早地闯入成人世界，被剥夺了单纯的童年时光。波兹曼（Neil Postman）所谓“童年的消逝”，即是如此。

更为深刻地来看，资本主义大众文化对于普罗民众的控制来自于心理的层面，这种控制有别于国家政治机器凭借强制手段和恐怖形式来完成，而是透过文本的宣传与传播，渗透到大众的无意识层面，通过更加隐蔽的形式发挥作用。

真实的需求，在马尔库塞看来是个体真实生命欲望和要求的直接反映。资本主义文化工业不关心个体真实的需求，而是通过大众文化向受众输出虚假意识。在使用消费娱乐与文化工业产品的过程中，使得消费者误以为虚假意识本身是真实的。由此，生产者、产品、消费者、意识形态之间达成了微妙的平衡。

第四节 中国大众文化的形成以及法兰克福学派的应用

在中国，大众文化生成语境和西方存在很大差异，不过我们同样可以应用法兰克福学派的相关理论，对大众文化的生成和发展做出透视，梳理其发展源流，保证大众文化在中国的健康发展。

一、中国大众文化的形成阶段

中国的大众文化萌芽在19、20世纪期间，但直到“五四”时期，在城市的小资产阶级和资产阶级知识分子阶层才开始涌动着大众文化的雏形。不过，由于中国历史发展的历程与西方不同，社会结构和社会各阶层的比例也与西方存在较大差异，社会经济的发展水平也不足以支撑大众文化的发展，当时的大众文化不具备规模效应。

20世纪30年代，毛泽东曾经提出了文化大众化的理论，一批有着深刻思想内涵的文化作品出现。此时的文化是自上而下的引导式发展，政治倾向比较明显，社会大众性并不突出。20世纪40年代在上海出现的通俗文学，经历过短暂的迸发期，也由于历史的原因而消失了。

改革开放之后，整体社会环境发生了很大变化，随着经济的发展，此时的大众文化在中国大陆开始真正发展起来。港台地区的消费性文化，为内地大众文化提供了模版。金庸的武侠小说、琼瑶的爱情小说都在中国产生了广泛的影响，以邓丽君为代表的港台流行歌曲也在大街小巷传唱开来。随着中国的进一步开放，一些周边国家的大众文化产品也进入中国，如日本、印度等国家的电影，都在中国产生了影响。另一方面，随着中国内地大众文化的发展，逐渐诞生了一批自己的作品：如电影领域的《少林寺》《红衣少女》等。此时的精英文化也对大众文化展开了批判，认为大众文化导致观众丧失独立的思考力与判断力，不过这些批判并无法阻止大众文化的发展势头。

进入20世纪90年代，与中国经济的发展相互辉映的就是中国传媒业的发展，中国的广播和电视开始了产业化、集团化、规模化的经营，并提出了社会效益和经济效益的双赢战略。以《渴望》《编辑部的故事》《我爱我家》《还珠格格》等为代表的一大批在社会上产生影响的电视剧陆续出现。

进入21世纪以来，大众传媒与大众文化的发展之间，相互借力发展的趋势更加明显。电视媒体的制播分离等改革促进了社会力量注入媒介生产的过程之中，有创意有想法的海外电视节目模式也在中国内地形成了自主发展品牌，这其中最具有代表性的，非湖南卫视的《超级女声》莫属。以真人秀为节目基本形态的《超级女声》，将电视节目的收视率带到了前所未有的高度，也带动了整个电视产业的发展。

近几年，电影产业、互联网产业、纪录片产业逐步发展，此时大众传媒的发展带来了大众文化的繁荣也带来了反思。被大众文化所削弱的主流文化和精英文化通过各种渠道发出自己的声音，学界也开始对大众文化进行重新审视。

二、对中国当代大众传媒发展背景下大众文化的批判

尽管其发展的历程和生成的语境有差异，但中国内地大众文化同样是在技术发展、商业化的背景下出现的。大众文化一方面丰富了人们的社会生活，但另一方面，正如法兰克福学派理论所提及的，大众文化同样对受众产生不可忽视的影响，包括过度商业化所导致的文化内涵缺失，以及受众在模式化的传媒娱乐内容中想象力的缺乏、欣赏能力的下降

等。因此，我们要借助法兰克福学派的理论，对中国大众文化进行批判性的反思。

在当代中国，随着市场经济的发展，大众文化呈现出较强的发展态势。产业化带动了前期策划、包装设计、内容制作、品牌宣传等全产业链的发展。不过，在媒介产业化的过程中，其丰富的产品背后所携带的商业属性十分显著，内容创作时常让位于商业流水线生产，导致产品质量参差不齐。

案　例

电视剧的粗制滥造

打开百度，搜索2015年初排前五名的电视剧：第1名《武媚娘传奇》，超过48万搜索条目，紧跟其后的是《二炮手》《神雕侠侣》《匹诺曹》《鹿鼎记》。其中，《匹诺曹》属韩国现代偶像剧，另外三部是经典国产剧，《神雕侠侣》和《鹿鼎记》曾多次改编，《二炮手》是国产抗战片，从题材和内容上来看便觉得乏善可陈。尤其是《神雕侠侣》已被一改再改，今年又再次搬上荧屏，不知还能有怎样的创新可以挖掘。若有人觉得情节变得更低俗浅显，也是意料之中的。但俗到何种程度？输入“神雕侠侣”关键词，可以马上搜索到令人大跌眼镜的标题，“新《神雕》小龙女1天要300次”“于正版《神雕侠侣》黄药师和洪七公都有爱情戏”“于正版《神雕侠侣》明晚开播，杨过小龙女更‘奔放’”等。

虽然在技术、化妆、场景等包装方面越来越先进，越来越追求精致的审美标准，但在实质内容上，精神层面的欣赏水准却在倒退。表面上看制作精良，实则空洞无物，鲜有内涵。中国古典文艺作品对英雄美人、爱情等话题，一向以“欲说还休”的矜持和距离感为最佳境界，直白露骨被视为俗不可耐。而如今的电视剧，似乎呈逆势，编剧们唯恐不够直接，无法吸引观众注意力。

不过，对于中国的大众文化发展应采取历史的、客观的态度。

首先，法兰克福学派的生成语境与中国现当代的语境不同。在西方，无论是在纳粹德国时期还是在晚期资本主义中，大众文化具有较强的意识形态色彩，是资本主义社会统治阶级用以控制民众的主要工具。在中国，随着改革开放发展起来的市场经济，带动了文化的繁荣，拓展了大众的认知视野，丰富了民众的业余生活。

其次，社会主义大众文化的发展过程中，渗透了主流意识形态和精英文化，保证了文化工业的出发点会在社会效益和经济效益之间寻找平衡点。此外，市场的流行程度可以变成检验产品的一个重要指标，也推进了大众文化在高雅审美和通俗审美之间的平衡。这种“百花齐放”本身，便显示着一种不同文化的杂糅甚至碰撞所产生的火花，带来了更多思索与批判的可能。

思考题

1. 名词解释：精神分析学说。
2. 法兰克福学派对文化工业的批判有哪些路径？
3. 生活中有哪些是文化工业欺骗受众的实例？

第九章　女性主义视角下的媒介批评

本章内容

1. 女性主义发展源流及其历史背景
2. 女性主义批评及其发展
3. 女性主义媒介批评的路径与方法

人类社会历史上，人权的概念已有200多年的历史，但人权概念在相当长的历史时期内并不包括女权。例如法国1789年的《人权与公民权利宣言》和美国的《独立宣言》中，“人权”（rights of man）的含义只是男人的权利。世界妇女解放运动推动女人的做人之权从边缘进入主流，使女权成为人权中的重要内容。

自18世纪末到19世纪初以来，从教育权、参政权、就业权、同工同酬权、身体自治权，到精神平等权及话语权等，一直都在随着时代不断演进。女性主义不仅批判男性霸权，而且逐渐增加了自我反思和自我批判的色彩；探究女性合法权利，注重对性别文化进行批判与建构，该理论关注女性视角、女性体验、性别敏感、女性话语权诉求等。理论的发展也影响到了社会现实，美国在1920年通过了《宪法第十九修正案》，禁止在选举等方面存在性别歧视。如果从哲学根源上看，女性主义的出现是西方个体主义哲学思想的分支。

女性主义的媒介批评，是一个跨学科的研究领域，包含了政治学、经济学、新闻学、传播学、心理学、哲学、法学等理论基础，主要从媒介体制、媒介机构、媒介作品、媒介行为、媒介现象等层面对女性所存在的性别歧视或某些成见进行分析与批判。女性主义媒介批评理应包括受众批判、传者批判、传播内容批判、政治与经济体制批判、社会习俗批判、方法论批判等。

20世纪90年代，相关理论与实践从西方发达国家开始传到中国，相关概念与观点虽然已趋约定俗成，但探讨与争鸣一直未停。因此，本章拟对其中涉及的主要概念进行梳理与阐释，并结合案例展示女性主义的分析路径。

性别意识是文化规范的产物。女性主义意指，支持男女平等的法律、政治主张或学术思想、侧重于批判男性霸权，后又增加了注重自我反思与批判和女性主体意识与女性独特视角。媒介批评的主要功能是监督大众传媒，针对大众传媒的病态现象提出预警或治疗方案。以批判大众传媒对女性性别歧视或贬抑女性合法权益为宗旨之一的女性主义视角，是一种富有批判精神的媒介批评。

女性主义

女性主义又称女权主义、妇女解放、性别平权（男女平等）主义，女性主义的基础观念认为当前的社会建立于以男性为中心的父权体系之上。女性主义是指为结束性别主义、性剥削、性歧视和性压迫，促进性阶层平等而创立和发起的社会理论与政治运动，批判之余也着重于对性别不平等的分析，以及推动性底层的权利、利益与议题。

社会性别

“社会性别”在英语中为“gender”，它与“sex”（性别）是相对的。“sex”指的是与生俱来的男女生物属性，而社会性别是一种文化构成物，通过社会实践的作用发展而成的女性和男性之间的角色、行为、思想和感情特征方面的差别，是基于可见的性别差异之上的社会关系的构成要素，也是表示权利关系的一种基本方式。“社会性别”概念的提出极大地推动了女性解放运动及女性主义的发展。

第一节　女性主义发展源流及其历史背景

西方的女权运动可以追溯到18世纪法国女性意识的兴起，然后是英国和美国，然后席卷了欧美，影响力甚至遍布了南半球的澳洲。从内涵和外延上来讲，西方的女权运动一共经历了三个阶段：揭示性别歧视现象和唤醒女性独立意识；关注平等要求，发现性别差异和独特性；着手构建理论，追溯女性主义的源头，从性别差异入手，旨在超越之前的世界观，发现新的观点。此时英国和美国的女权运动比法国的更为猛烈。

一、第一阶段：女权运动的兴起

1. 法国

1789年，法国爆发了人类历史上较为彻底的资产阶级革命。

法国女权运动是世界女权运动的开端，它是在法国大革命中发展起来的，参加革命斗争的妇女人数非常可观。1789年7月14日，妇女和男子一起攻克了巴士底狱，妇女拿起武器参加到保卫巴黎和进攻凡尔赛的斗争中去。这次斗争是法国历史上第一次大规模的妇女行动，它标志着法国女权运动的兴起。

“自由、平等、博爱”等口号广为流传。可是，加入到革命洪流中的妇女发现，这些所谓的口号，更多带有性别的色彩。甚至是在法国大革命的《人权宣言》中，也处处可见性别的偏向。革命并没有给女性的解放带来直接的效应，却让女性清醒地审视了这种历史的、文化的现象，在质疑父权秩序的同时，开始思考妇女解放的路径。

妇女领袖奥伦比·德·古日（Olympe de Gouges）随后发表了《女权宣言》，这篇1791年的宣言是法国历史上也是世界历史上第一份要求妇女权利的宣言，表现了一种独特的、完整的女权思想。宣言已经清楚地指出了妇女与男人一样，生来就是自由人，拥有平等的权利。同时，宣言中还指出，男人是构成权利不平等的主要障碍，因为男人向女性施加了各种限制。此外，宣言还呼吁通过改革，消灭掉针对妇女的歧视，让妇女获得自由和平等的权利。1793年，古日以“丧失女性应有品德的阴谋家”的罪名被处死，但她提出的理念却振聋发聩，也促使妇女追求平等自由的呼声从法国席卷了欧洲大地。

2. 英国

英国与法国一衣带水，因此法国大革命也影响到了英国。英国虽然是世界上最早爆发资产阶级革命的国家，但同时也是一个非常保守的国度。优雅、贤惠、隐忍等是社会认同的女性基本素养，家庭妇女也是女性被设定的主要社会角色。

身为国家元首的英国女王虽然也是女性，但却反对女权运动。她在诏书中说“女权运动拖延时日，贻害无穷，是违反道德的疯狂行为”。她还号召妇女团结起来，全力阻止女权运动。这种奇怪的错位现象也影响了英国每一代的女性领导者，甚至绵延到有铁娘子之称的撒切尔夫人（Margaret H. Thatcher）。她们总是尽量克制自己的女性特质出现在公众面前，而倾向于以一种近似男性的准则要求自己。

在法国《女权宣言》发表前后，英国也出现了女权主义的先锋。玛丽·沃尔斯通克拉夫特（Mary Wollstonecraft）在《为男人的权利辩护》和《为女人的权利辩护》两篇文章中，公开支持法国大革命，同时也旗帜鲜明地支持女权主义运动。她认为，女性不应该被排斥在人类的自然权利之外，并呼吁“不惜一切代价要竭力保护这一恩赐”。她同样遭受到来自社会的污蔑和咒骂，被冠以“哲学脏婆”的名号。不过，正是她与后继者的努力，才形成了对卢梭（Jean-Jacques Rousseau）等启蒙主义中针对女性的偏见进行的审视与反思，推动了女权主义的发展。

3. 美国

美国女权运动是在独立战争时期兴起的。1776 年美国颁布了《独立宣言》，人人生而平等的天赋人权思想，成为美国女权主义的思想理论基础。在独立战争中，美国妇女不仅为争取民族独立而战，同时也为争取女性解放而战。同年，美国女权运动的著名人物艾比盖尔·亚当斯（Abigail Adams）和玛丽·奥提司·华伦（Mary O. Warren）等人联名上书大陆会议，以妇女参战为理由，要求给妇女以选举权，所以美国妇女运动以争取妇女参政权为出发点。

1848 年，首届女权大会在美国田纳西州召开，会议上《女性独立宣言》获得通过。在宣言中，妇女们列举了社会、经济、法律等不同领域存在的歧视妇女现象，提出了妇女的教育、就业平等权，以及参政等权利。

二、第二阶段：女权运动的发展

20 世纪 20 年代之后资本主义的发展，让消费主义观念盛行，此时的妇女不再关心妇女权益问题。此后，又经历了 20 世纪 30 年代的经济大萧条和 40 年代的第二次世界大战，女权组织游离在社会的主要话题之外。

第二次女权运动于 20 世纪 60 年代中期在美国爆发，后期波及西欧和整个资本主义世界。1968—1970 年，英国的新女权运动已遍及全国各地，法国更受到 1968 年的“五月风暴”的洗礼，新女权运动进入了一个新高潮。此外，北欧的丹麦、挪威的新女权运动也蓬勃开展，各种妇女解放组织如雨后春笋。

这次女权运动的目标和范围涉及妇女权益的方方面面，在广度和深度上都超过了第一次女权运动。如果说第一次女权运动致力于争取妇女的普选权等政治法律权利，那么第二次女权运动的斗争则是全方位的，包括政治、经济、教育、文化等诸多领域，涉及社会、家庭和学校等诸多方面。而且，第二次女权运动更为激进，它不是在现有制度上通过修改立法使社会改良，而是主张彻底变革社会制度，为妇女解放创造必要条件。

这一时期的女权主义向社会发起全面挑战。在政治上，号召妇女积极参与政治，影响政治权力；在经济上，号召妇女争取工作权利，取得独立的经济地位，争取工资、地位等方面与男性平等；在文化上，争取把女性从以男性为中心的传统社会和文化价值观中彻底解放出来；在历史上，争取社会承认女性与男性具有同等的贡献。激进女权主义是这一时期的主流，主要代表人物有美国的凯特·米利特（Kete Millett），其中《性别政治》一书是激进女权主义最重要的代表作之一。

1963 年，贝蒂·弗里丹（Betty Friedan）出版了《女性的奥秘》一书，该书通过翔实的材料，展现给人们一个惊人的事实，那就是社会对于妇女的奴化与摧残，并揭露了宣传工具在此过程中所扮演的角色。贝蒂·弗里丹在书中还呼吁妇女走出家庭，寻找生命的价值。由于该书契合了战后妇女的心理，一度十分畅销，在全社会中营造出了一种反思的氛围。

同时，20 世纪 60 年代旨在实现种族平等的公民权运动如火如荼地开始了，这让自由平等的观念蔓延到了整个社会。在这些活动过程中，一批妇女解放运动的先锋人士成长起来。此外，美国社会爆发了声势浩大的针对反越战的抗议活动，在这些活动中，人们对整个政治文化产生出了强烈的不满，由此也形成了对于父权体制整体的质疑，更加多维的价值观逐渐开始形成。

例如，在美国早期情景喜剧中，天然的存在一种设定模式：甜美的家庭主妇，这种设定是整体社会价值观在传媒领域的投射。女性被媒介塑造成完美的母亲、情人、妻子、主妇、迷人的附属品等，这些角色都是父权制度的需要。

三、第三阶段："女性主义"发展

20 世纪的 60—80 年代，是女性主义发展的第三阶段。此时，人们不再简单地将两种性别对立起来，而是注重对每种性别的特征进行研究，不仅注重对男性霸权的批判，也注重反思女性自我的不足。此时的思想原点，是将女权权利视为人权的一种进行捍卫。学术界用"女性主义"代替了"女权主义"，以避免原有的强势话语造成与男性话语的紧张，两性和谐成为重要的前提。

社会性别理论作为女性主义的核心理论，对于女性是劣等性别的观点予以了批驳，突破了两性对立的二元论思路，从社会发展的历史性角度观察男女两性在社会中的地位，进而挖掘出女性受压迫的真正原因。社会性别理论反对对女性的歧视与压迫，反对男女不平等。

不过，由于各个国家和地区的经济发展水平、政治话语环境、社会民情风貌有不小的差异，这一阶段的女性主义发展也呈现出了复杂性。

1. 自由主义的女性主义

自由主义的女性主义并非从根本上反对资本主义，也并不希望通过革命的手段获得权利，而是寄希望于体制内的改良。自由主义的女性主义认为，女性的根植地位屈从于一整套的社会习俗和法律限制。自由主义的女性主义主要著作有英国的玛丽·沃斯通克拉夫特的《女权辩护》、穆勒（John S. Mill）的《论妇女的屈从地位》。《女权辩护》被后世称为“第一部女性主义作品”，不过，它是在承认现有政治、法律体制的前提下寻求法律保护，争取妇女享有参政权、受教育权。女性的不平等地位是妨碍女性进入公共领域并获得成功的重要原因之一。

自由主义的女性主义在媒介传播领域主要通过对内容的分析来展开研究的，包括对媒介内容中女性的呈现方式、出现频次等的分析。

2. 激进女性主义

激进女性主义将男女之间的不平等完全归结于男权/父权制度。观点的多样性是激进女性主义的特点，所有的激进女性主义者都特别关注生理性别、社会性别和生育问题，并以此为女性主义思想的论题领域。她们坚持认为女性气质是被男人构建出来的，是为父权制度服务的。为了得到解放，妇女必须跳出异性恋欲的限制，并通过独身、自娱或女同性恋创造出独到的性欲。

激进女性主义者认为，从历史中建立起来的父权制度，让妇女变成了一个客体，她们是为映衬男性的主体地位而存在的。

激进女性主义者还认为，在父权制度的阴影笼罩下，男女之间的矛盾是无法调和的，只有建立女性独立的社会群体，才有可能满足女性的特定欲望与需要。在社会架构中，激进女性主义者也呼吁打破一切让女性变成从属地位的机构。以激进的态度与歧视妇女的行为做斗争，从而实现妇女的解放。

3. 马克思主义的女性主义

马克思主义的女性主义认为资本主义和父权制的结合是女性受压迫的根源，妇女受压迫起源于私有制的引入。资本主义社会结构的固化模式，是造成女性边缘化、被歧视的重要原因。女性群体，同工人阶级、少数民族等一样属于“弱势群体”，在社会结构中处在被压迫、被剥削的地位。只有到了共产主义社会，妇女受压迫的基础——对男性的经济依赖才能消失，孩子的公共抚养以及家务劳动的双方承担才能免除妇女的家务负担，使她们能够充分就业。这一变革是经济发展特殊历史阶段的产物，仅仅通过寻求正义是不能实现的。在一些具体问题上，马克思主义的女性主义学者还有许多分歧、争论。

4. 后现代女性主义

后现代女性主义受后现代主义的影响，试图发展出一套不依赖传统哲学基础的新的社会批判范式。它彻底否定传统女性主义的“男女平等”观念，后现代女性主义可以分为唯本论后现代女性主义和构成论后现代女性主义。唯本论后现代女性主义继承并修正了传统女性主义理论，用解构主义作为方法论，重新讨论女性解放的可能性，基本承认男女是两个相互对立的范畴。构成论后现代女性主义则以解构主义为目的，否认“男性”“女性”观点，认为两性平等观是男权逻辑思维的延伸，不能从本质上认识女性受压迫的问题。

后现代女性主义自诞生起就受到了各种批判，最尖锐的批判是指向了它的政治倾向，这种批判认为如果过分强调女性内部差异则会丧失女性运动、丧失斗争目标，而且会导致女性运动的毁灭。

延伸阅读

在最具影响力的女性主义者当中，目前仍然健在的澳大利亚的杰梅茵·格里尔（Germaine Greer）和美国的贝蒂·弗里丹无疑是女权运动的领军人物，被称为 20 世纪六七十年代西方女性主义的两面旗帜，她们对女性运动有着相同或相异的主张，她们与其追随者一道，共同推动了西方女性运动的展开，影响了南北两个半球的几乎每个角落。

乌克兰女性组织“FEMEN”由奥克萨娜·莎蔻（Oksana Shachko）、安娜·荷索尔（Anna Hutsol）和萨莎·舍甫琴科（Alexandra Shevchenko）3 名女孩在 2008 年创立，这个如今已拥有 300 多位年轻女性成员（组织内部也有少部分男性成员）的组织目标是“培养乌克兰年轻女性的领导能力、智慧和品德，并在 2017 年进行女性革命”，于是她们将自己的组织命名为“FEMEN”，意在向外界展示一个女强人的形象。赤裸上身抗议社会女性问题使得该组织颇受国际媒体瞩目，这种以身体作为政治抗争武器的出位行为招致不少争议，但“FEMEN”的创办人认为，唯一让她们的诉求被听见的方法，就是“脱掉衣服”，哪里有不平等，哪里就有“FEMEN”的存在。

总而言之，回顾和审视 20 世纪 60—80 年代的女性主义运动的历史，我们不难看出，伴随着妇女解放运动而诞生和发展的西方女性主义批评有其积极的一面。它顺应了国际社会妇女解放运动逐渐深化的趋势，对父权制社会给予了全面、深刻的批判，极大地推动和促进了女性争取独立和解放的实践活动；它的批评、研究成果也有许多创新和拓展之处，为西方文学史研究提供了新的思维模式。但是，女性主义同时也呈现出很大的局限性和偏颇，政治色彩过于浓厚和实践行为太激进，例如把婚姻叫做“奴役”“合法的强奸”和“无偿的劳动”，把所有男性都当作“敌人”，把女同性恋、性分离主义作为唯一可行的女性主义选择。为此，女性主义在世界上一度声名狼藉。

第二节　女性主义批评及其发展

一、女性主义批评

女性主义批评起源于20世纪六七十年代，是西方第二波女性主义。整体来看，可以分为英国、法国和美国三大流派。英国女性主义沿袭了马克思的思想脉络，强调压迫和反抗；法国女性主义批评继承了精神分析的方法，注重压抑等心理学领域的研究；美国女性主义更注重文本的分析，注重实践与表达。

英国批评家伍尔芙（Virginia Woolf）发表的《一间自己的屋子》抨击男性控制了社会和文学领域，将女性作为次等公民，因此，女性需要拥有“一间自己的屋子”。《一间自己的屋子》被认为是女性主义批评的奠基之作。

此后，法国作家波伏娃（Simone de Beauvoir）发表了《第二性》，提出法国乃至整个西方社会都是在男权统治之下的，女性只是“第二性”，是“他者”的存在。该书抨击了男性作家作品中对女性形象的歪曲，让读者特别是女性读者意识到妇女在社会中的真实生存状态，该书开创了女性主义批评实践的先例。

女性主义批评有两方面的含义：一是纯粹意义上的“文学批评”，通过对具体的文学文本的研究，揭示其中蕴含的性别歧视和女性意识的内容；二是含有“社会批判”的意义，通过文本内容的研究，进而批判社会中男女不平等的现实。

不过，第二次浪潮与第一次浪潮相比，其进步之处在于，女性开始反思与男性的关系，不再仅仅将批判指向男性，而是增加了自我审视、自我批判的内容。

二、女性主义批评的特征

在女性主义批评中，反对性别歧视，反对男性中心理论，其背后是对男权制度的一种反叛，有强烈的政治属性。

从批评的内容角度看，女性主义批评对文学史进行了重新审视，以一种女性的视角关注文学史中的文本与现象，展开批评。在批评实践中，女性主义批评十分注重女性意识的探索，主张通过女性特征、女性经验来构造一个文学分析体系。

在批评的手法上，女性主义批评摆脱了静默，而从道德、社会、精神等多个层面展开分析与批评。在后现代的语境下，解构主义等批评方式也被广泛地运用在了女性主义的批评实践中。

王安忆在20世纪80年代后期，发表了女性自我意识比较张扬的“三恋”系列之后，被许多批评家称为“女性中心主义者”或女权主义者。不少人在论及当代文学中的女性主义时，认为王安忆的创作正是一种女性话语对传统男性话语进行颠覆的努力。

王安忆是新时期女性作家中较早关注和表达两性关系微妙心理、审视女性灵魂的作家。在“三恋”系列中，王安忆一方面以女性特有的细腻笔触描绘了女性的性爱心理，另一方面又以自觉的女性意识表现了女性在两性关系中的处境、心态和超越。

在《岗上的世纪》中，王安忆完全把两性关系中一直以男性为中心的快感转移到一个女性文化视阈的心理世界的真切感受上，小说中的男主人公完全丧失了传统的那种以男性为主导地位的情感体验，显得非常“猥琐可悲”。在她的大多数小说中，男人不知为什么大都非常脆弱、猥琐，在世事无常中，很容易就被击败。而女人却非常柔韧、坚强，具有深厚的母性情怀，在多变的世事中，扮演着母亲或支配者的地位，成为呵护男人的温馨港湾。《流逝》中的欧阳端丽曾是养尊处优的资产阶级家庭的少奶奶，然而，当生活的变故到来，家庭面临危机之时，她一改过去对丈夫的依赖，坚强地担负起家庭的责任，用女性特有的柔韧、宽容护卫了颠簸中的家。这样阴盛阳衰或女强男弱的关系模式在王安忆的作品中随处可见。

并不是所有“女人书写”或“书写女人”的文本都可纳入女性主义文本的解读范畴。只有女作家以自觉的女性意识和鲜明的性别立场进入女性内心世界，对传统的男性中心社会文化建构具有颠覆和反叛的意义，这样的作品才能称之为女性主义文本。

三、女性主义批评与媒介

在女性主义发展过程中，媒介批评是与其社会生活互动最有价值的路径之一，是最有影响力的话语方式之一。由于媒介是社会的投射，女性主义通过媒介在该领域的批评，研究了权力、话语等与女性之间的相互关系，在理论与实践的双重意义上形成了深刻的解构力量。

例如，媒介经济学视角下的女性主义批评认为：在资本主义社会中，商品经济的绝对化发展与父权体制的结合，导致妇女在现代工业中常常处于被剥削和压迫的地位。因为，媒介工业化是资本主义体制内重要的营利机构，在传媒领域同样以追求商业利益的最大化为目标。因此，女性作为被观看的对象、被消费的对象，是为男性观众消费服务的。女性观众也不过是产业链条终端被剥削和消费的对象，她们同媒介中的女性形象一样，成为产业链条下的牺牲品。

女性主义媒介主要批评的是对媒介领域内的现象和问题进行的批判性、警示性的研究，成为媒介批评中一个非常独特的视角，具有较为突出的解构色彩。

作为一种政治思潮、一个理论视野、一种批评路径的女性主义，源自西方国家的历次女性主义（女权主义）思潮和运动。在媒介发展的过程中，多元文化交叉的背景下，女性主义媒介批评呈现出新的变化：女性主义的发展，从对妇女政治权利的关注转移到了女性在大众传媒中的主体意识、身份表达、话语权利等相关问题；从西方社会辐射到了全球。在新闻传播学、政治经济学、哲学、心理学等学科的相互关照之下，形成了极具特色的批评路径。

第三节　女性主义媒介批评的路径与方法

在对女性主义媒介批评进行关注的时候，要结合传播学的研究方法，把批评的视角对准传播链条中的传播内容、传者以及受众。

一、女性主义的媒介内容分析

1. 充当男性凝视的客体对象

有的理论家从弗洛伊德心理学的角度，对媒介内容进行分析，发现在好莱坞电影中，“男性”和“女性”之间存在着一种对立，女性充当了一种“被凝视的客体对象”。商业电影往往迎合男性的审美需求，以男性的要求来塑造女性形象。这种被塑造的过程，从文本制作的初期已经开始。也就是说，制片人、编剧、导演往往都是男性，他们以男性的审美标准来设定女性。同时，在商业电影中的女性，也是电影中男性的观看客体。最为重要的是，女性形象成为男性观众的视觉乐趣和消遣。

玛丽莲·梦露（Marilyn Monroe）是 20 世纪美国最著名的女演员之一，她一共出演过 30 部电影，1953 年，梦露出演了《绅士喜爱金发女郎》中的一位物质女孩罗拉蕾·李，并在影片中演唱了“钻石是女人最好的朋友”。这种娇柔、艳丽、无知、孩子气的性感宝贝形象被认为是梦露最受欢迎和最广为人知的银幕形象之一。而两年后在比利·怀德（Billy Wilder）执导的《七年之痒》中，梦露一袭白裙站在人行道上，被地下通风口喷上来的冷气掀起裙摆露出双腿，这一造型在当时引起了巨大反响，从此成为“梦露式性感”的招牌形象。这种“梦露式性感”主要包括了丰乳肥臀、金发碧眼、白肤、天真可爱、迟钝、脆弱无能等形象和气质要素，她成为好莱坞 20 世纪 50 年代的性感女神，也代表了一种广为流传的文化符号。

女性主义文化批评家认为梦露本人是好莱坞明星工业之下的一个悲剧，而她被男权文化建构起来的性感形象也成为她的悲剧之一。梦露的银幕形象常常被视为男性文化贬低女性身体的一种方式。美国的经典电影就建立在以牺牲女性为代价的体系上，它按照男性主体的欲望来决定女性的各种形象，好莱坞将梦露包装成“梦中情人”的形象，是对女性身体的利用和奇异戏仿，而这一身体与她的精神、情感、灵魂分离。

2. 叙述的程式化与女性形象的刻板化

在不少的媒介文本中，会刻意固化、强调、凸显女性的某些特质，让人物形象刻板化。刻板化的人物形象，正如同福斯特（Edward M. Forster）在《小说面面观》中所论述的“扁形人物”一样，性格缺乏弹性，呈现出比较单一的特质。这种单一特质，损害了女性形象本应具备的丰富层次，让受众对女性的理解也趋于平面化，从而加剧了女性的从属地位。

灰姑娘的故事深入人心，这种“麻雀变凤凰”的性别陈规在大众文化领域内不断得到生产和复制，好莱坞影片中也经常出现灰姑娘的形象。在这些影片中，人们关注的焦点并不像通常所认为的那样，是一个关于美德与报偿的神话，而是一个关于美貌与权力的神话。灰姑娘作为一种“美的典范”，体现了父权制社会的女性理想：美貌和驯服。符合这种理想的女性将会得到奖赏，获得权力和幸福，不合乎这种理想的女性则会受到惩罚，被放逐到社会的边缘。通过这种“美的典范”建立起来的性别认同感，将会把女性的人格理想紧紧限制在一个被动和屈从的角色上。例如《打工女郎》（1988）这部电影在很大程度上保留了传统灰姑娘故事的母题，因此可以被称作现代的灰姑娘童话。尽管在电影中故事发生的背景已有很大不同，两个现代灰姑娘的身份和性格也与辛德瑞拉相距甚远，但是剧中女主角获胜的原因仍然是美貌和对男性的吸引，在整个故事中起到决定性作用的因素也依然是男性的力量。

美艳、神秘、邪恶的美丽坏女人，也是好莱坞影片中常见的女性形象。女性主义电影批评认为在男权主义话语下传统电影中塑造的女性只有两种类型：天使型和妖妇型。妖妇型的女性原形是夏娃。她有两个基本特征：一是她自身容易受到撒旦的蛊惑，容易走上邪恶之路；二是她对男性富有影响力，能够使无辜的男人走入歧途。这种女性形象表达了男性对人性某些破坏性力量的恐惧和把这些力量归罪于女性的思路。这种恐惧心理和归罪思路源远流长，形成了影片中的妖妇型女性。她们破坏男性社会中固有的秩序，令人望而生畏，最后往往都不得善终。以厌憎、恐惧的态度设置这类女性形象，表现的是男权文化对女性的生命力、女性自主精神的压抑。好莱坞影片如《本能》（1992）玩起了“女猎人玩弄男猎物”的性爱游戏，女主角既是杀人犯又是同性恋者，是典型的妖妇型女性的代表。她的出现是对传统女性温婉美丽形象的挑战，简直就是恶魔的化身，这种“厉害”角色的出现，符合了人们“最毒不过妇人心”的心态。人们顺理成章地接受这种人物的出现，她的出现，也是现实生活中人们的心理在大屏幕上的投射。

可以看到，这种设定的方式，通过童话、电视剧、商业电影等操作模式，植入到社会认知的层面，一代代相传。女性受众也在此过程中，以“准男性观众”的视角来解读媒介文本，进一步强化了对其文本背后价值观的认同。女性主义理论家进一步提出，摄影机通过影像的捕捉，将女性身体“物化”和“矮化”，来减轻男性对性别差异所产生的恐惧。

3. 对社会的麻痹

在媒介中，往往倾向于制造“完美家庭”的神话，强调女性在家庭和社会中的从属地位，进而完成社会的麻痹。

在不少电视剧或电影等媒介文本中，男性都是家庭的支柱，掌握了经济管理权。女性的职业身份可有可无，即使有也是一种内隐式的描述，女性因为丈夫的工作而有了安全感，因为儿女的存在而有了幸福感。这样的完美家庭充斥在媒介文本中，提醒女性要忠于家庭，克制自己不安分的想法。对于有僭越想法的女性，文本往往给予无情的鞭挞，暗示其没有好的结果。

从另一个角度看，往往在这些媒介文本中的男性形象也被刻板化，有些男性的严厉，被美化为严谨而内敛，有些恶劣的男性，也被冠以浪子回头的模型。通过对于男性气质的拜物式表述，来完成对男女不平等现实的遮蔽。

《阿甘正传》讲述亚拉巴马州一位智障儿童阿甘的成长经历，影片以宏大的画面讲述了一个横跨 30 年的故事，如今《阿甘正传》毫无争议地成为美国文化的经典，阿甘的形象成为积极向上、努力奋斗的新美国梦的代名词。

影片中主要的女性人物是阿甘的母亲，以及阿甘的好朋友珍妮。阿甘的智商远远低于普通人，但是母亲对他不离不弃，从没有把他当成一个残疾人看待，母亲总是以最容易理解的方式告诉阿甘生活的哲理和做人的道理：人生就是一盒各式各样的巧克力，你永远不知道下一块将会是哪一种。妈妈嘴里说出的这些简单而又富含哲理的语言成为阿甘的座右铭，阿甘也是按照母亲的话去对待别人、对待生活的。

阿甘虽然智商平平，但是听母亲的话，他脚踏实地地一步一步从小学到大学，从军队到经商，完成了一件件看似不可能完成的事情。母亲就像圣母玛丽亚一样既呵护阿甘的成长，又给他神谕似的启示。母亲于阿甘而言就是家的全部，是一种精神的寄托，是阿甘生活勇气的来源与支撑。父亲的概念在阿甘的意识中是缺席的，这从反面说明了女性扮演好母亲的角色对家庭和个人成长的意义。

与阿甘相反，在珍妮的生活中母亲是缺席的，其结果是珍妮一生的颠沛流离和不幸的命运。珍妮的父亲酗酒且有虐待倾向，在幼小的珍妮心中留下了永远的阴影与创伤，珍妮梦想有一双翅膀能逃离父亲的魔爪。珍妮长大以后，成了一名不折不扣的叛逆者。先是在酒吧从事裸体演唱，希望能成为一名歌手，因为客人的侵犯，阿甘一怒之下痛打客人，珍妮放弃了这份工作继续漂泊。后来珍妮又加入到反文化运动的大军之中，成为左翼运动组织黑豹党主席威斯利的女朋友，在这个左翼组织中，珍妮时常受到威利斯的暴力侵害。再后来珍妮开始在酒吧吸毒并肆意地与男人厮混，感染了艾滋病。如果说人生就是一场旅途，珍妮从一个地方到另一个地方，从这一站到另一站，却始终没有收获生活的意义。

每当珍妮有麻烦的时候，阿甘都会出现，酣畅淋漓地展示了男权观念，也似乎在说，女人只有回到传统的男性家长制家庭才能得到保护，除此之外，只能意味着漂泊和危险。

珍妮一次次地抛弃阿甘，阿甘却仍然一如既往地对她好。直到最后，珍妮才发现回到阿甘的身边，组建她们自己的家庭才是最幸福的事，才是生命的意义所在。影片一方面维护了保守的意识形态，说明诚实、遵从秩序、维护传统才能获得事业的成功和生活的意义；另一方面，也力图反对反文化运动和女性主义运动，从而达到维护传统价值观念和男性气质权威的目的。

在媒介形象建构中，女性往往存在一定的刻板形象。这种刻板形象借由媒介的传播对受众产生影响和误导。这种设计也是为了驯化女性受众群体，接受歧视女性的各种成见，同时也强化了男权社会秩序在男性受众中的地位。①

二、女性主义视角下的受众批判

在马克思主义的女性主义学派看来，女人受压迫的根本原因源自于资本主义制度。女人的社会地位，来自资本主义父权制度对于女工（女人）的双重剥削。女性应该摆脱这种被操弄的边缘地位，推翻资本主义制度。

如前文所述，媒介在女性形象建构过程中，不时会贬低职业女性，甚至歪曲职业女性的性格，从而对于女性受众群体进行无意识的“询唤”，警告她们要安于现状，听天由命，接受被剥削的安排。另一方面，通过贬损女性形象，吸引男性受众的认同与支持，巩固男权秩序，维护资本主义制度。

研究者可以采用比较研究的方法，将媒介中所建构的女性形象，如电视剧或电影中所建构的女性形象，与现实中的女性工作者进行比较，从而揭示出传播者的潜在意图，重点探寻这种媒介形象建构对于受众的影响。

解析和批判传媒领域叙事文本所采用的叙述策略、对受众的想象性期待、对受众实际产生的客观影响效果；当女性作为叙事元素出现在叙事文本中时，就会承担一定的表述功能，这会对男性受众产生相应的影响。而当女性作为受众时，不同的叙述文本也倾向于给出各具特色的文本构成方式。女性主义媒介批评正是根据以上现状，对现实问题展开研究的。

从媒介受众方面看，《非诚勿扰》有着一批忠实的女性受众，她们喜欢这个节目，无疑是从中获得了解读的快感。女性在主流媒介中的边缘地位决定她们不能找到真正属于自己的表达空间。她们迫切需要一种能够真实反映女性生存状态，洞察女性心理并传播女性文化的媒介。这种媒介以女性的视角去观察世界，反映女性独有的生活经验和情感体验。

有人曾采访过相关女性受众，得出了以下结论：第一，她们在观看《非诚勿扰》的过程中非常关注女嘉宾是否漂亮，身材是否苗条，衣着是否好看。第二，她们普遍认为女嘉

---

① 参见董雪飞：《90年代中期以来好莱坞电影中的男性气质研究》，武汉大学博士学位论文，2012年。

宾要在《非诚勿扰》这个舞台上占优势，首要的条件是面容优秀和身材苗条，气质良好是其次。第三，她们在观看《非诚勿扰》时会关注女嘉宾的服饰妆容，并对其进行评判。

与此同时，她们把节目中女嘉宾可取的装扮用于现实中，作为自己打扮的参照。可以看出，这些女性受众觉得女人漂亮和身材好是女人的资本，她们非常关注《非诚勿扰》中女嘉宾的外貌和身材。她们在审视女嘉宾身体的同时也在审视自己的身体。这种双重审视不仅是对《非诚勿扰》中女性身体符码的主动消费，也是在对自己的身体进行规范和约束。而女性对自己规范的目的从深层次来说不过是为了吸引男性的目光，这点正好切合了男性的需求。其对信息解读的方式和过程完全符合于《非诚勿扰》编码时所设定的预期。[①]

三、对于女性主义传者的研究

如果承认女性与男性存在着社会性不平等这样一个前提，那么，在媒介批评的传者方面，首先应该关注的就是女性的传播者。她们存在于一个男性主导的社会中，她们对于周遭世界的感知是与男性、非女性主义的女性传者之间存在差异的。她们作为女性，对于性别的差异有清晰的感受。作为女性主义者，她们对于社会中的性别不平等更有敏锐的洞察力。在男权主义与文化商业的体系下，女性主义的传者/传播者除了被遮蔽，也有可能会被利用，成为一种特殊的被看。如何摆脱男权秩序，这取决于女性主义的传者主体充满智慧的表达。

有些对女性主义传者的研究，仅仅将对象集中在女性记者、女性导演，或者女性作者上，其实是不足的。毋庸置疑，女性的传媒工作者或文化工作者，她们对于性别的歧视会有天然的敏感触觉。同时，由于她们善于表达，在各种媒介文本中，均可以形成具有批判力的文本形态。但女性主义传者的批判，应该也要关注男性和非女性主义者的记者、作者、导演等。这些人群，会在他们的表达中，折射出其对于女性的态度，及对于女性主义的态度，这同样是非常重要的研究对象。

《阴道独白》是由伊娃·恩斯特（Eve Ensler）执导，伊娃·恩斯特等人主演的一部电影，影片讲述了女性的故事。《阴道独白》揭露战争施与女性的暴力形式——强奸，这是剧本的主题之一，由一位波西尼亚女性的独白来表现。作家谈到，1993 年，大约有 2 万—7 万的妇女在欧洲中部的战争里被强奸。她看到报纸上被轮奸的妇女的照片，深为震惊，由此联想她们内心的改变。她到克罗地亚和巴基斯坦做了两个多月的采访，到波西尼亚去了两次，而凝结在剧本中的只是一段简短的诗性叙述：“我的阴道是我的村庄”。在剧本中，过去和现在的心境由两种不同的字体区别开来，正体和斜体穿插并置，形成对照：“我的阴道是绿色的田野、流水轻盈的粉色田野，牛群哞叫太阳升起，可爱的牛郎用柔软的金色稻草轻轻抚摩它。”但是士兵们将枪支、棍棒、瓶子、扫帚塞进去或挤入撕裂，他们连续

① 参见李解：《<非诚勿扰>中女性形象的呈现与受众解读研究》，西南政法大学硕士学位论文，2012 年。

7天的轮奸，让那里发出粪便和腌肉的恶臭：“我变成一条流淌毒液脓汁的河流，所有的庄稼死去，鱼也死去。”重新想象妇女的身体，让女人的欲望、幻想获得新的文化表达，从这里展开了该剧意义更丰富的层面。

反对针对妇女的性暴力，不仅是要暴露暴力的恶果，更重要的是改造我们的传统和文化，让妇女的身体获得解放，让妇女肯定自己、壮大自己，重新塑造女性的主体意识，重建文化主体。剧中把人们羞于启齿的性经验、女性的欲望和幻想等角度都包括进来，从而打开了女性言说自己的深度空间，敞开了一个充满幻想、充满欢笑和幽默的天地。该剧在哈佛大学演出时，全场不断爆发笑声。正如剧作家所说：“随着更多的女人说出‘阴道’这个词，说它就不再是什么不得了的事。它成为我们语言的一部分、我们生活的一部分。我们的阴道变得完整、可敬和神圣。它成为我们身体的一部分，与我们思维相连，点燃我们的精神。耻辱消失，暴力终止；因为阴道是看得见的、真实的；它们与强大、智慧、敢于谈论阴道的女人们相联系。”

《阴道独白》最后一幕是一首诗，作家把它献给儿媳。题目中《我曾在那个房间》，指的是医院的产房。在那里，作家目睹这羞涩的孔道变成考古隧道、运河和深井。阴道改变颜色，血像汗水一样渗出、屎和血块撑开所有的孔道……母亲们、丈夫和护士围在床边，他们忘了阴道，直待小生命冒出头、胳膊，落入人世。医生血淋淋的双手把撕裂的阴道缝合起来，这时，它就像一颗贲张搏动的红心。这诗篇结束全剧：

心有能力牺牲，
阴道也一样；
心能够原谅和修复，
它能改变形状容纳我们，
它能扩张让我们出去，
阴道也一样；
心能为我们疼痛、为我们伸展、为我们死，它流血，
而流血是为了我们进入这个困难的奇妙的世界，
阴道也能够；
我曾在那个房间。
我记得。

通过女性主义的视角对传者进行批评性研究，可以通过男女传者在工作领域的职务分布、工作状态、思维方式等角度进行观察和反思来一一展开。具体的研究方法则可以通过文献分析、个案研究、专访调查等方式进行。

对女性作为传者时，则以所处的客观语境和自身主观态度进行研究。在现实世界中，相对于男性传者而言，女性传者的职业状况，被对待的方式，等等，由于其社会性别而形成了种种差异。女性主义媒介批评从这个角度切入进行研究，对现象背后的历史、社会、

心理、意识形态等各层面的原因进行了解析，同时提出建构性的解决方法。

新闻传播中的女性传播者本体即文本所指的女性新闻从业者。大众传媒从它诞生的那天起，是以男权为中心形象出现的，女性新闻从业者在新闻领域的生存状况是处于劣势地位的。但是近年来，越来越多的女性进入传媒的领域，比如我国出现了一批非常优秀的女新闻记者，柴静、张泉灵、杨澜。就整体而言，新闻职场内的女性从业者顶起了半边天，她们挑战传统女性角色定位，不断扩展报道领域。

柴静，作为一名记者兼主持人，始终站在离新闻最近的地方，以她的犀利和敏锐、坚定与坚持，最终历练成为一名优秀的新闻工作者。在非典期间，她成功报道了“非典”专题节目，她本人也因《北京“非典”阻击战》等专题节目，成为著名的“非典前线”女记者。2015 年初她推出的空气污染深度调查《穹顶之下》，拍摄费用达 100 万元，包括国内外的拍摄和后期制作的费用，都是柴静自己用稿费负担的。

女性在新闻职场上力量的崛起，不仅提高了女性在媒介当中的地位，也使女性话语权得以建构。女性的特质如敏感、冲动、亲和力、柔韧和独特的新闻关注点彰显了女性新闻从业者的职场优势。

综观女性主义的理论，有些激烈如火，有些平静如水，有些主张决死抗争，有些认可退让妥协。但是所有的女性主义理论都有一个基本的前提，那就是：女性在全世界范围内仍然是一个受压迫、受歧视的群体。近年来，女性主义的研究已经延伸到了对儿童等弱势群体的研究。

延伸阅读

女性主义传媒批评虽然着眼于传媒现实中的男性中心主义，但却并非是要以一种女性的一元论，来取代另一种男性的一元论。尽管当代中国的女性主义传媒批评者，大都是在承认男女两性平等和谐的前提下，对女性在媒介中的现实状况展开批判的，但是在研究实践中却表现出过于强调男女两性之间性别差异的倾向，普遍将女性作为一个群体与所谓男权社会加以对立。这一“性别二元对立”的观念直接导致批评者的批评视角更多的是“重解构、轻建构”，其论述也因此而常常显得激情有余但理性不足。于是，批评的矫枉过正实际上反而使得批评本身有了方向偏失的可能。此外，由于女性主义者相较于普通女性在当今更加受到大众传媒的“妖魔化”：“（她们）与大多数市民的日常生活事物既没有联系又不相适应”“某种程度上（也）不做与普通女性相同的事情”“观众可能认为女性主义及其所关注的与寻常百姓无关，还可能认为它们实际上是异常的。”因此，盖尔·塔奇曼所指出的“象征性歼灭”对于矫枉过正的女性主义传媒批评者本身或许更应该成为一个需要加以重视的问题。

（王波：《颠覆与重构之间——对当代中国女性主义传媒批评的反思》，《新闻与传播研究》2006 年第 2 期。）

思考题

1. 社会性别是什么？它与生理性别有什么差别？
2. 女性主义是女权主义吗？女性主义的流派有哪些，各有什么样的特点？
3. 女性主义媒介批评的路径和方法有哪些？请简单介绍。

后 记

《媒介批评》写作开始于2013年，当时笔者还在美国访学，接到学院的通知，在“十二五”规划教材广播电视学体系内，需要撰写这本教材。接到任务后，便开始搜集资料、梳理观点，准备一段时间后动笔写作。

但一进入初期写作才发现，这个领域没有想象得那么简单。对于媒介批评的界定、批评对象的选定、使用理论的筛选等，都存在着非常多的困难。为了将任务完成好，笔者开始了一项长期的工作课题，当然，这也是一次理论学习和实践应用的机会。从2013年开始，重新梳理大纲、整理案例、撰写文字。

感谢中国传媒大学新闻传播学部高晓虹学部长在此过程中给予的建议。在商议过程中，我们按照广播电视学本科生培养的需求，确立了“以应用为目标，以理论为支撑”的总体撰写思路。根据这个思路，本书的框架分了两大部分，第一部分为样态解析，第二部分为应用批评。解析的部分，针对不同形态的新闻节目做了分析；批评的部分，则根据不同的理论视角，对视听文本做了批评。

笔者的学生也参与到了这个过程中。2013级研究生孙翔、刘胜楠、吴凝、杨子、万晓晖，承担了解析部分的案例分析工作；2014级研究生阿力米来·阿斯克尔，2015级研究生刘晓寒、李沛坤、马姝婧、姚瑶，以及2016级国际新闻传播学的研究生王达等同学，承担了批评部分的案例分析和文字梳理工作。

还要感谢司马兰、姜颖昳、刘英编辑的每一次督促与鼓励。

在此要一并感谢他们。

图书在版编目（CIP）数据

媒介批评 / 李智著. -- 北京：中国传媒大学出版社，2016.11（2024.5 重印）
（广播电视新闻专业“十二五”规划教材）
ISBN 978-7-5657-1711-6

Ⅰ. ①媒… Ⅱ. ①李… Ⅲ. ①传播媒介—批评—高等学校—教材 Ⅳ. ① G206.2

中国版本图书馆 CIP 数据核字（2016）第 108979 号

广播电视新闻专业“十二五”规划教材

媒介批评

MEIJIE PIPING

著　　　者　李　智
责 任 编 辑　姜颖昳　司马兰
特 约 编 辑　刘　英
装帧设计指导　吴学夫　杨　蕾　郭开鹤　吴　颖
设 计 总 监　杨　蕾
装 帧 设 计　刘鑫等平面设计创作团队
责 任 印 制　李志鹏

出版发行　中国传媒大学出版社
社　　址　北京市朝阳区定福庄东街 1 号　　邮　　编　100024
电　　话　86-10-65450532 65450528　　传　　真　65779405
网　　址　http://cucp.cuc.edu.cn
经　　销　全国新华书店

印　　刷　唐山玺诚印务有限公司
开　　本　787mm × 1092mm　1/16
印　　张　12.5
字　　数　259 千字
版　　次　2016 年 11 月第 1 版
印　　次　2024 年 5 月第 5 次印刷

书　　号　ISBN 978-7-5657-1711-6/G · 1711　　定　　价　39.80 元

本社法律顾问：北京嘉润律师事务所　郭建平

本书更多相关资源可从中国传媒大学出版社网站下载
网址：http://cucp.cuc.edu.cn
责任编辑：姜颖昳　司马兰
联系电话：010-65783601